FREIHEIT STATT DEMOKRATIE

Thomas Fasbender

FREIHEIT
STATT
DEMOKRATIE

Russlands Weg
und
die Illusionen des Westens

Lichtschlag in der Edition Sonderwege

INHALT

VORWORT

Der erste Russe, an den ich mich erinnere, trug eine Budjonowka auf dem Kopf, die spitze, asiatisch anmutende Filzhaube mit dem roten Stern der Revolution. Seine Stirn mit den engstehenden, verschlagenen Schlitzaugen ragte über den Horizont der Erdkugel, und seine Krallenfinger schoben sich gierig quer über den blutroten Osten Europas gegen die westdeutsche Grenze vor. Es war ein Wahlkampfplakat aus der Zeit des Kalten Krieges.

Die Eltern eines Mitschülers, 1945 aus Ostpreußen vertrieben, horteten bis in die siebziger Jahre hinein Mehl, Trockenmilch, Haferflocken, Rosinen und Konserven in sauberen Mülleimern für den Tag, an dem der Russe kommt. Der Iwan. Die Angst fesselte eine ganze Generation.

Heute besitze ich selbst eine Budjonowka, doch eine aus ganz dünnem Filz, die nur für die Banja taugt, die russische Sauna, in der man sich ohne Kopfbedeckung die Ohrläppchen verbrühen würde. In den Krieg ziehen möchte ich nicht damit. Am allerwenigsten in den Krieg gegen den Iwan, den Russen. Schließlich lebe ich seit über zwanzig Jahren in seiner Hauptstadt, in Moskau, und sein Volk geht mir zu Herzen wie kein zweites. Ich habe seine Sprache gelernt und kenne seine Sitten und Gebräuche. Ich habe Ausländer kommen und gehen sehen, Manager, Journalisten, Diplomaten, Händler, Berater, Halsabschneider. Viele waren froh, den kalten Wintern bald adieu zu sagen, andere wären gern länger geblieben und wussten oft selbst nicht, warum. Wie viele Male habe ich die gleichen Fragen gehört, in verständnislose Gesichter geblickt und die Gespräche verfolgt, die sich so oft und unersprießlich um das eine Thema drehen:

Wann wird man endlich dieses Russland verstehen?

Zwei berühmte Zitate halten gewöhnlich als Antwort auf diese Frage her, sei es in Reiseführern, bei Tischreden oder in den Präsentationen alerter Vorstandsassistenten. Das eine stammt

aus einer BBC-Rundfunkansprache Winston Churchills am
1. Oktober 1939 unter dem Titel *Das russische Rätsel*:

> »Russland ist ein Rätsel in einem Geheimnis, umhüllt von
> einem Mysterium.«

Das andere ist ein Vierzeiler des russischen Dichters Fjodor
Tjutschew aus dem Jahr 1866, der zum geflügelten Wort geworden ist:

> Mit dem Verstand ist Russland nicht zu fassen,
> Gewöhnlich Maß misst es nicht aus:
> Man muss ihm sein Besonderes lassen –
> das heißt, dass man an Russland glaubt.[*]

In der russischen Literaturgeschichte, Kategorie Romantik, gibt
es eine ganze Unterabteilung, die sich »Rätselhafte russische
Seele« nennt. Doch das ist selbstverliebte Koketterie, überflüssig und verzeihlich, wie junge Mädchen, die sich für undurch-
schaubar halten.

Churchills eigene Worte legitimieren die Skepsis. Sein Zitat
ist aus dem Zusammenhang gerissen, Russland war keine Unbekannte für ihn. Was hat er vier Wochen nach Kriegsausbruch
1939 im englischen Radio wirklich gesagt:

> »Ich kann Ihnen nicht vorhersagen, wie die Russen handeln
> werden. Russland ist ein Rätsel in einem Geheimnis, umhüllt
> von einem Mysterium; doch vielleicht gibt es einen Schlüssel.
> Dieser Schlüssel ist das russische nationale Interesse.«[**]

Also gibt es einen Schlüssel. Und in der Tat, auch wir können
die Russen verstehen und ihr Land, und das mit demselben

---

[*] Aus dem Russ. übertragen von Siegfried von Nostitz
[**] Übersetzung aus dem Engl. Th. F.

Verstand, mit dem wir die Mathematik, den Kosmos und die schönen Künste verstehen. Oder auch nicht verstehen. Aber das liegt dann schon an uns.

Vorab: Dies ist kein wissenschaftliches Buch. Dennoch steckt es voller Informationen, die helfen sollen, Russland zu verstehen. Das Wort Russland-Versteher ist nämlich ohne Not in Misskredit geraten. Gerade die Russland-Kritiker sollten Russland-Versteher sein.

Die Ukraine-Krise 2014 hat gezeigt, was geschieht, wenn die Medien – in den Augen des Publikums – parteiisch werden. Ein *Shitstorm* zorniger Reaktionen füllte die Kommentar- und Leserbriefspalten. Das Publikum wird nun einmal ungern belehrt und bevormundet. Zudem wächst in Deutschland der Unmut angesichts der glatten, offiziellen Weltsicht des Westens. Die Menschen wollen auch über Russland mehr wissen und erfahren als nur Schwarz und Weiß.

Diesem Publikum gehört mein Buch. Es soll Anstöße geben und Mut machen – die Herausforderung bleibt sowieso. Denn natürlich ist Russland rätselhaft und geheimnisvoll. Churchill war schließlich kein Dummkopf.

Und es bleibt ein fremdes Land, ungeachtet der nur zweieinhalb Flugstunden und ungeachtet dessen, dass wir Deutsche uns dort jahrhundertelang wohlgefühlt haben, als Bauern, Kaufleute, Prinzessinnen, Handwerker, Offiziere, Unternehmer und Beamte. Die Erinnerung an zwei Kriege mit Millionen Toten ist noch lebendig. Und beide Länder, Russland und Deutschland, gehen unterschiedliche Wege ins 21. Jahrhundert; keines kann sich seiner Zukunft sicher sein.

Wer Fremdes begreifen will, muss um die Ecke und spiegelbildlich denken, Widersprüche ins Verhältnis setzen und Verständnis reifen lassen. Humor ist ein Muss und Angst ist verboten. Seit Jahren gebe ich jedem, der zum ersten Mal nach

Russland kommt, zwei Ratschläge mit auf den Weg, die nicht nur ironisch gemeint sind:

Erstens: In Deutschland zuvor keine Zeitungsartikel über Russland lesen, am besten vier Wochen lang – Schrothkur fürs Hirn.

Zweitens: In Russland keine Fragen stellen, die mit »warum« beginnen.

Warum? Wir Westeuropäer sind von Kindesbeinen an darauf gedrillt, alles und jedes in den Schraubstock unserer Logik zu spannen. Jede Ursache hat eine Folge, jede Folge eine Ursache. Wir denken linear, wir begreifen linear und wir urteilen linear. Allenfalls um 90 Grad gedreht; solche Menschen nennt man dann Querdenker.

Russland dagegen steht mit einem Bein in Asien. Und in Asien gibt es Folgen ohne Ursache, Leben ohne Ziel und Weisheit, die sich in endlosen Spiralen zum Nichts aufschwingt. Womit wir wieder bei Churchill wären: Rätsel, Geheimnis, Mysterium.

I.
ZWEI KONTINENTE

Das Gemälde heißt *Abschied von Europa* und hängt im Museum der Unabhängigkeit in der Warschauer Solidarność-Allee. Es zeigt Menschen, Schnee und einen gemauerten Obelisken, darüber einen tiefen, bleiweißen Winterhimmel, der mit der niedrigen Bergkette am Horizont, jenseits der verschneiten Ebene, eisgrau verschmilzt. Müde, abgeschlagen, mit hängenden Köpfen stehen hundert frierende Gestalten um den Obelisken herum. Einige hocken im Schnee, halb zusammengebrochen vor Erschöpfung, andere beten und bekreuzigen sich; ein Hund ruht sich aus. Im Hintergrund erkennt man Schlitten und Reiter.

Es sind polnische Verbannte mit ihren Bewachern, Verurteilte nach dem vergeblichen Januaraufstand 1863 gegen die russische Herrschaft auf ihrem Weg in die Katorga, das Straflager in Sibirien. Einhundert von achtzehntausend.

Der Obelisk markiert die Wasserscheide des Urals, die Grenze zwischen Asien und Europa.

Aleksander Sochaczewski, der malende Chronist des polnischen Freiheitskampfs, der ebenfalls unter dem Obelisken steht, hat später das Leid der Zwangsarbeit gemalt, die Lager, den Hunger, das Knechteleben. Aber sein größtes, sein großartigstes Sibirienbild hat nicht die Erniedrigungen und Entbehrungen zum Gegenstand.

Es ist der Abschied von Europa.

Neunundneunzig Staaten umfasst der eurasische Kontinent, und nur zwei davon liegen zu beiden Seiten der fiktiven Grenze, die ihn in Europa und Asien teilt – Russland und die Türkei. Kein Wunder, dass die Diskussion um die eigentliche Zugehörigkeit in diesen beiden Ländern immer wieder aufflammt. Dabei bedeckt die Türkei das europäische Territorium nur mit drei Prozent ihrer Landfläche, der Altstadt von Istanbul und dem östlichen Thrakien. Russland liegt zu einem ganzen Viertel in Europa. Die übrigen drei Viertel, das ist der Norden

Asiens von Jamal bis Sachalin – Tundren, Moore, Moos und Krüppelkiefern, weiter südlich Wälder und Berge über Millionen von Quadratkilometern, unterbrochen von drei großen Flüssen, Ob, Lena und Jenissei, die den Kontinent nach Norden durchströmen.

Spätestens seit dem 19. Jahrhundert beschäftigt dieses Thema die russische Intelligenz: Wer sind wir? Wo ist unsere Heimat? Wo gehören wir hin?

Anfangs fiel die Antwort leicht. Europa stand auf dem Gipfel seiner Macht. Technik, Wissenschaft, Aufklärung und bürgerliche Revolution umgaben den Kontinent mit einer alles überstrahlenden Aura; Europa war das Synonym für Fortschritt und Vernunft. Aber es gab auch immer eine Gegenpartei. Den russischen Europa-Begeisterten galten sie als Rückwärtsgewandte, als Unwissende, religiöse Idealisten und Ewiggestrige, die an Tradition und orthodoxer Weltauslegung festhielten. Europa war ihnen der Antichrist. Europa hieß, den Menschen über Gott zu stellen. Ihre Schlussfolgerung lautete: Was für Europa passen mochte, bedeutete für Russland den Untergang.

Der gleiche Satz, doch mit umgekehrter Logik, fiel angeblich in einem Gespräch zwischen dem russischen General Levin August von Bennigsen und dem französischen Kaiser Napoleon: »Was dem Russen wohl bekommt, ist des Deutschen Tod.«

Bennigsen versuchte dem Kaiser zu erklären, dass der harte Winter im russischen Soldaten erst die Lebensgeister wekke. Den Deutschen, die zu jener Zeit noch an der Seite der Franzosen kämpften, bringe dasselbe Winterwetter den Tod. Der General wusste, wovon er sprach; er entstammte einer niedersächsischen Familie und war in Braunschweig geboren. Bennigsens Satz verkörpert diesen trotzigen Stolz, der viele Russen – jahrhundertelang isoliert, von der Welt abgeschnitten, am Rande lebend – insgeheim erfüllt. Immer wieder leuchtet das Bewusstsein durch, anders zu sein. Nicht besser, doch anders, irgendwie.

Natürlich verbirgt ein solches Gefühl auch Angst, geboren aus Unerfahrenheit und der Ahnung, den Ansprüchen nicht zu genügen. Die russische Mentalität ist ungeachtet der Turbo-Industrialisierung unter Stalin weithin agrarisch geprägt. Die Bauernbefreiung 1861 kam spät, sie war die letzte auf dem europäischen Kontinent, ein halbes Jahrhundert nach den deutschen Staaten. Ein selbstbewusstes Bürgertum, wie es sich in den deutschen Reichsstädten über fast tausend Jahre hinweg herausbilden konnte, existierte nicht.

Dabei war es einst anders gewesen in fast schon ferner Vorzeit in der Kaufmannsrepublik des Großen Nowgorod, Sitz eines der vier wichtigsten Hansekontore, das während seiner Blütezeit im ausgehenden Mittelalter den russischen Nordwesten beherrschte. Nowgorod wurde von einer Kaufmanns- und Bojarenelite auf Basis der Volksversammlung, der *Wetsche*, regiert.

Doch so viel Mitsprache passte nicht zu den Vorstellungen der Moskauer Großfürsten, die nach dem Rückzug der Mongolen alle Kraft auf die Wiedergeburt des russischen Staatswesens richteten. In grausamen Feldzügen machten die Moskauer der stolzen Stadt am Ilmensee den Garaus. Kein Russe, ob Bauer, Kaufmann oder Oligarch, hat die Lektion des Jahres 1570, die endgültige Vernichtung Nowgorods, je vergessen.

Die fixe Idee einer Sonderstellung, das Bewusstsein des Andersseins, wurzelt in jahrhundertelanger Abgeschiedenheit und territorialer Randlage. Dabei hatte die Kiewer Rus, der mittelalterliche Vorläuferstaat des heutigen Russlands, der um die erste Jahrtausendwende blühte, diesen Anspruch nie erhoben. Die Rus war selbstverständlicher Teil des damaligen Europas. Dann kam im 13. Jahrhundert, während in Westeuropa die starken Nationalstaaten entstanden, die mongolische Invasion. Die in Russland Mongolenjoch genannte Epoche drückte das Land nieder, ein Vierteljahrtausend lang.

Manche Historiker bezeichnen die Mongolenherrschaft als verhängnisvolle Phasenverschiebung der russischen Geschichte. Die Deutung ist umstritten; sie setzt voraus, dass man Geschichte als linearen, auf ein Ziel gerichteten Prozess begreift. Nicht jeder ist damit einverstanden.

Das Mongolenjoch war der Wurzelboden für den folgenden Aufstieg des Moskauer Fürstentums. Das Leben unter den Eroberern aus Asien, die Erfahrung ihrer Herrschaft und ihres Denkens, so ganz anders als jenes der Byzantiner oder der Westeuropäer, hat das russische Staatsverständnis geprägt wie die *Magna Charta* das englische, vor allem Begriffe wie Recht, Ordnung, Verwaltung und Macht.

Zwar entstand nach dem Ende der Mongolenherrschaft ein Reich, das auf den ersten Blick wie ein Spiegelbild der westlichen Monarchien erscheint, mit einer zentralistischen Verwaltung, einer hinreichend großen Bevölkerung, einem stehenden Heer und rudimentären Strukturen von Wissenschaft und Bildung. In Wirklichkeit jedoch wurde Russland zum eurasischen Zwitter, geprägt von Erfahrungen, die den Westeuropäern bis auf den heutigen Tag fremd und unbekannt sind.

Das feudale Zusammenspiel von König, Adel und Bürgertum, aus welchem heraus die Entstehung von Repräsentation und Gewaltenteilung in Westeuropa erst möglich wurde, hat sich im Moskauer Reich nicht herausgebildet. Dabei gab es Bojaren, Dienstadel, Stadtbürger und Kaufleute. Doch die altslawischen Strukturen von Mitsprache und Repräsentation, *Semstwo* und *Wetsche*, waren mit Nowgorod im 15. Jahrhundert untergegangen. Nie wieder hat eine soziale Schicht an diese Traditionen glaubhaft angeknüpft. Echter Föderalismus gilt auch heute noch als Vorstufe der Zersplitterung. Macht ist in diesem Land eine Einbahnstraße.

Tyrannei gipfelt immer dann, wenn die Untertanen in ihrer Ohnmacht den Tyrannen feiern. Zwei von der Sorte hat

Russland in den vergangenen fünfhundert Jahren erlebt; bis heute gelten beiden die Sympathien breiter Bevölkerungskreise. Den Auftakt gab Iwan IV. aus der Dynastie der Rurikiden, dessen Beinamen *Grosny* man im Deutschen mit »der Schreckliche« übersetzt. Mit solcher Grausamkeit und Willkür zwang er sein Reich unter die Knute, dass die Mongolenzeit dagegen in mildem Licht erscheint. Der zweite war ein Ausländer, ein Georgier, Josef Wissarionowitsch Dschugaschwili, der sich mit seinem revolutionären Decknamen Stalin nannte. Stalin, der Stählerne.

Bezeichnend ist, dass das Wort *grosny* im Russischen nicht schrecklich bedeutet. Es kommt von *grosa*, das Gewitter. *Grosny* steht also für streng, dräuend, donnernd. Das Wort für schrecklich ist *straschny*, doch der Beiname *Straschny* wurde im Russischen nie vergeben, auch nicht an Stalin, dessen geschichtliche Rolle von mehr als der Hälfte der russischen Bevölkerung heute als positiv bewertet wird.

Wie müssen wir uns einen Herrscher vorstellen, den sogar die Russen schrecklich nennen?

Befehl und Gehorsam, nur so scheint es in dem wilden Land zu funktionieren. Das kollektive politische Selbstverständnis gesteht dem Herrscher einen wesentlich größeren Spielraum und wesentlich mehr Rechte zu als in Westeuropa vorstellbar. Für den Moskauer Zaren gab es nur ein einziges Gegenüber auf Augenhöhe: Gott. Noch kurz vor Ausbruch der Revolution hat die deutsche Ehefrau Nikolaus' II., Alix von Hessen-Darmstadt, ihren Mann unter Tränen beschworen, nicht von der Autokratie zu lassen. Auch im 21. Jahrhundert ist die Vorstellung, dass eine Verfassung, eine Parlamentsentscheidung oder die Meinung irgendwelcher Richter größeres Gewicht besitzen könnten als Wort und Wille eines Präsidenten, für viele russische Politiker ähnlich absurd wie für Alix von Hessen und Dschingis Khan.

Institutionen sind nicht heilig.

Befehl und Gehorsam heißt aber noch lange nicht, dass es wie auf dem Kasernenhof zuginge, im Gegenteil. Der Satiriker Saltykow-Schtschedrin hat schon im 19. Jahrhundert das Bonmot geprägt, dass die Strenge der russischen Gesetze gemildert werde durch ihre bedingte Geltung. Das zu verstehen ist für uns Deutsche eine Herausforderung – liegt doch das Wesen eines Gesetzes gerade darin, dass es gilt. Der russische Volksmund hat daraus ein geflügeltes Wort geformt:

Ist das verboten? – Ja, aber wenn man unbedingt will, darf man.

Diese biegsame Einstellung zur öffentlichen Ordnung und ihren Regeln interpretieren Fremde oft als anarchischen Zug im russischen Nationalcharakter. Dabei gibt es nirgendwo weniger Anarchisten als in Russland. Anarchismus als Philosophie, als Weltanschauung, ist in diesem Land der permanent aufgehobenen Regeln völlig überflüssig.

Das Verhältnis der Russen zu ihren eigenen Gesetzen basiert auf einem Gentleman's Agreement zwischen der übermächtigen Obrigkeit und dem flüchtigen, schlüpfrigen Untertan. Beide sichern sich auf diese Weise ihren wohlverdienten Feierabend. Nur die wirklichen Tyrannen, die wahren Idealisten der Macht, beschäftigen ihre Kader rund um die Uhr und lassen sie mit eisernen Besen kehren, Ordnung schaffen, einsperren, aufhängen und erschießen.

In diesem weitgehend undefinierten Raum zwischen Staat und Gesellschaft können Reformen nur angestoßen werden (und sind jedesmal ein neuer, vergeblicher Versuch, die Menschenmillionen und ungeheuren Ressourcen endlich effizient einzusetzen). Im Unterbau gären allenfalls Revolten und Aufstände, ungestüm wie Vulkanausbrüche und angeführt von zukunftslosen Charismatikern nach der Art eines Stenka Rasin oder Jemeljan Pugatschow. Einem einzigen der Revoluzzer und Usurpatoren gelang der Griff nach der Macht, mit epochalen Folgen, nicht nur für Russland allein – Wladimir Iljitsch Uljanow, genannt Lenin. Es war eine historisch einmalige Situation, vier europäische Kaiserreiche standen kurz davor zu bersten, als er 1917 den Sprung wagte.

Allen Phrasen und Hoffnungen zum Trotz bewegte sich auch Lenins Sowjetunion letztendlich im Fahrwasser der Moskauer Herrschaftstradition. Nach siebzig Jahren war sie ein Ding der Vergangenheit. Blut ist dicker als Wasser.

Das Volk in seiner Masse hat stets nur gelitten und gemurrt: unter den Zaren vor 1917, unter den Generalsekretären vor 1991, unter den Präsidenten seitdem. Leiden und Murren hat uralte Tradition.

Ist Russland deshalb ein asiatisches Land? Die Antwort hängt davon ab, wie eng der Begriff Europa gefasst wird – mit dem, was im westlichen Medien-Mainstream als modernes Europa gilt, hat Russland nicht viel gemein.

Die Strahlkraft des europäischen Kontinents, die europäische Idee, zieht auch weiterhin Russen in ihren Bann. Das Erbe Peters I., der sein Land mit einer neuen Hauptstadt dem Westen verpflichtete, ist noch lange nicht aufgezehrt. Gern wird jedoch übersehen, dass es dem großen Zaren (buchstäblich bei über zwei Metern Körperlänge) nie darum ging, Russland in das westliche Europa hineinzuführen. Das haben sich die Europäer in ihrer Selbstliebe nur eingeredet. Peter war an den Errungenschaften gelegen, an Wissenschaft und Technik und Fortschritt, an einem permanenten Ostseezugang und an Schwarzmeerhäfen in russischer Hand. Alles andere war schmückendes Beiwerk. Romantische Ideale waren seine Sache nicht, darin glich er allen Moskauer Herrschern bis auf den heutigen Tag.

Auch das Wort vom europäischen Haus, das der letzte Generalsekretär der KPdSU, Michail Gorbatschow, so oft wiederholte, war letztlich – ein Lippenbekenntnis. Russland ist zu groß, zu vielfältig und eigen, um sich mit seinen Nachbarn ein Haus zu teilen, auch wenn das Dach von der Iberischen

Halbinsel bis an den Pazifik reicht. In seiner Ausdehnung über neun Zeitzonen hinweg ist dieses Land ein Staat *sui generis*, von eigener Ordnung, ein Phänomen der Geschichte und darin nur vergleichbar den USA.

Inzwischen geht der Streit um den richtigen Weg in eine neue Runde. Die Gewichte in der Welt verschieben sich. Zwei Weltkriege, die rapide voranschreitende Globalisierung – Europa hat sich an die Welt verausgabt. Seine Wirtschaftskraft schwindet, und seine Werte verlieren an Glanz. Offiziell und an der Oberfläche gilt alles fort: Zivilisation, Kultur und Wissenschaft, eine Gesellschaftsordnung, die auf Vernunft und Gerechtigkeit aufbaut, die Errungenschaften des säkularen Staates. Aber die Schattenseiten schieben sich in den Vordergrund.

An Russland geht die Zeit nicht vorüber; von der Krise des christlich-abendländischen Weltbildes ist das Land so betroffen wie jedes andere auf dem Kontinent. Da ist es nur verständlich, wenn russische Intellektuelle und Politiker alles Übel dem Einfluss des Westens und der amerikanischen Kultur zuschreiben. Schließlich war schon die russische Katastrophe des 20. Jahrhunderts, der Bolschewismus, in ihren geistigen Wurzeln ein Westimport.

Am Anfang des 21. Jahrhunderts spüren die Vertreter der eurasischen Denkrichtung Auftrieb. Seit Beginn der panslawistischen Bewegung vor zweihundert Jahren ist sie das Dach der russischen Europa-Skeptiker. Das hält die Reichen nicht davon ab, ihren Urlaub in Courchevel, an der Côte d'Azur oder in Marbella zu verbringen und ihre Kinder auf englische oder Schweizer Schulen zu schicken. Doch nicht nur eurasische Intellektuelle stellen inzwischen die Frage: Ist Europa wirklich unsere Zukunft?

II.
ZEITREISE

Ein echter Europäer beherrscht drei Sprachen: eine romanische, eine germanische und eine slawische (eigentlich auch noch Hebräisch, oder wenigstens Jiddisch, aber wer kommt schon dazu). Die slawische ist besonders wichtig, denn das slawische Europa, dessen Siedlungsgrenze vor tausend Jahren noch über die Elbe hinaus in den Westen reichte, war viel zu lange an den Rand unseres Bewusstseins gedrängt.

Parallel zum Aufstieg Europas zum Mittelpunkt der Welt fiel der Balkan stückweise dem Osmanischen Reich anheim. Böhmen, Mähren, die Karpaten und Galizien wurden im Laufe der Jahrhunderte von Österreich geschluckt, Pommern, Schlesien und das westliche Polen vom jungen Preußen, das östliche Polen von Russland. Nachdem 1795 auch der letzte Krümel Polen von der Landkarte verschwunden war, gab es jahrzehntelang keinen souveränen slawischen Staat in Mitteleuropa. Und im Osten – nur das riesige Russische Reich.

Aus westeuropäischer Sicht blieben die slawischen Nationen sogar bis zum Ende des Kalten Krieges *terra incognita*, unbekannte Größen hinter dem Eisernen Vorhang. Nach 1989 wurden sie aus geostrategischen Gründen rasch der EU und der NATO einverleibt. Am Ende wird die Geschichte weisen, wer stärker ist: das Prokrustesbett der Gemeinschaft oder die zähen Völker, die schon die Herrschaft ganz anderer Imperien überdauert haben.

Wenn schon die halbe slawische Welt unbekannt ist, wie groß ist die Chance der Russen auf Würdigung ihrer Eigenheiten? Immerhin kann Russland, das anders als seine ehemaligen Nachbarn im »sozialistischen Lager« über Rohstoffe und Atomraketen verfügt, sich jede Menge Bockigkeit erlauben. Wie sehr das dem Westen auf die Nerven geht, spüren wir an der Reaktion der westlichen Medien und inzwischen auch der Politiker.

Im Gewitter der Ukraine-Krise 2014 haben sich Spannungen entladen, die sich über Jahre aufgebaut und aufgestaut hatten. Sie warteten nur auf die Gelegenheit, die politischen Heucheleien mit der Kraft reinigender Blitze auszutreiben: die Floskeln vom europäischen Haus und den strategischen Partnerschaften, von den Modernisierungen und dem Wandel durch Annäherung.

Zum dritten Mal in fünfhundert Jahren steht die westliche Welt vor einem Paradigmenwechsel. Die erste Erkenntnis war, dass der Kosmos sich nicht um die Erde dreht, die zweite, dass er sich nicht um die Sonne dreht, und die dritte ist, dass er sich nicht um die westlich-demokratische Weltanschauung dreht.

Die Chinesen hätten uns das auch sagen können, aber sie sind zu zivilisiert, nicht grob genug, deshalb verstehen wir sie nicht. Da sind uns die Russen ähnlicher. Sie sind uns auch näher, nicht nur geographisch. Deutschland wurde nach 1945 nachhaltig auf Westen gebürstet, durchaus auch gegen den Strich. Die Russland-Versteher stellen das in Frage. Ist das politische Ketzerei? Hochverrat?

Die Sympathien, die deutsche Zeitungsleser für den russischen Präsidenten empfinden, lassen manchem studierten Redakteur die Halsschlagadern schwellen. Dabei sind die Russland-Versteher keine schlechteren Demokraten. Aus welchem Grund auch? Deutschland ist immer gut gefahren, wenn es mit dem großen Nachbarn im Osten im reinen war. Das wird sich auch nicht ändern, nur weil inzwischen das 21. Jahrhundert ist.

Man muss die Russen nicht lieben, aber man sollte ihnen, wenigstens symbolisch, schon einmal die Hand geschüttelt haben. Ein Grund mehr, sich ein wenig mit der Geschichte, der Herkunft und den Quellen dieses großen, fremden, verwandten und eigenartigen Volkes zu befassen. Es tut nicht weh. Packen wir's an.

Die Urheimat der Slawen, dieses großen europäischen Stammes, liegt geradeso im Dunkel wie die Frage, ob es überhaupt je Urslawen gegeben hat. Der herrschenden Meinung zufolge stammen sie aus der Gegend um die Pripjetsümpfe, zu beiden Seiten der heutigen weißrussisch-ukrainischen Grenze. Von dort aus, so die gängige Theorie, haben die slawischen Völker sich um die Mitte des ersten Jahrtausends in alle Himmelsrichtungen aufgemacht. Mittel- und Osteuropa waren ein einziger menschenleerer und weitgehend morastiger Wald.

Bald lebten slawische Stämme auch an den Ufern des fischreichen Dnepr und seiner Nebenflüsse. Im achten Jahrhundert fuhren Männer aus Skandinavien in schnittigen Booten den Fluss hinab, Waräger, wie man sie im Osten nannte, Händler und Räuber, gelockt von den Schätzen des unermesslich reichen Byzanz. Es waren die Vettern der Seefahrer, deren Überfall auf die englische Klosterinsel Lindisfarne 793 in Westeuropa eine Ära voll Angst und Schrecken einläutete: die Wikingerzeit.

Die Waräger gründeten Siedlungen entlang der Wasserwege, sicherten den Nachschub für die skandinavischen Händler, traten auch selbst in den Dienst der umliegenden slawischen Fürsten, nahmen ihre schönen Töchter zu Frauen und raubten, was man ihnen für Geld nicht gab.

Der Legende zufolge war es ein Waräger namens Rurik aus Nowgorod, der im neunten Jahrhundert ein Staatswesen zwischen den Flüssen Moskwa und Oka unter seiner Herrschaft einen konnte. Wie Wilhelm I. in der Normandie oder Robert Guiscard in Sizilien gelang Rurik in fremdem Land nicht nur die Gründung einer Herrschaft, sondern einer Dynastie aus normannischem Stamm – ein Reich, das vierhundert Jahre lang unter seinen Nachkommen gedeihen und blühen sollte: die Kiewer Rus. Noch die Moskauer Großfürsten stammten von ihm ab; erst mit dem Sohn Iwans des Schrecklichen, Fjodor I., erlosch 1598 die Dynastie.

Im Jahre 998 wurde die Rus, die sich von ihrem Kiewer Zentrum aus über weite Teile des russischen Kernlandes nach Norden erstreckte, mit der Taufe Wladimirs I. offiziell zum christlichen Staat. Dabei handelte es sich um einen Akt politischen Kalküls.

Der griechische Kaiser Basileios II., innenpolitisch extrem bedrängt, hatte Wladimir für die Gestellung von sechstausend Soldaten die Hand seiner Schwester Anna versprochen, vorausgesetzt der Kiewer nahm zuvor den wahren Glauben an.

Eine byzantinische Prinzessin, eine Purpurgeborene, mit einem Barbarenfürsten zu verheiraten, das hatte es in der Geschichte noch nie gegeben. Kaum verbesserte sich Basileios' Lage, war seine Zusage wieder vergessen. In dieser Situation gab Wladimir ein frühes Beispiel russischer Sturheit. Er besetzte das griechische Cherson auf der Krim so lange, bis der Kaiser sich an seine Worte erinnerte und Anna, sehr wider Willen und mit großem Hofstaat, gen Norden zog.

Mit dieser Standeserhöhung begann die Einbindung der Rus in das europäische Staatengeflecht. Wladimirs Halbschwester Eupraxia wurde die Ehefrau des deutschen Kaisers Heinrich IV., desjenigen, der später nach Canossa ging. Sein Sohn Jaroslaw der Weise heiratete eine schwedische Königstochter; unter seiner Regierung stieg die Rus zu ihrer größten Blüte auf. Jaroslaws jüngste Tochter heiratete Heinrich I. von Frankreich, eine zweite den künftigen Norwegerkönig Harald III. und eine dritte den ungarischen König Andreas I. Schließlich ehelichte Jaroslaws Sohn Wsewolod eine weitere Purpurgeborene, die Tochter des Kaisers Konstantin IX.

Die Reihe ließe sich verlängern. Das Land mit seinen siebeneinhalb Millionen Einwohnern war fest in die christlich-europäische Staatenwelt integriert, auf Augenhöhe mit dem Heiligen Römischen Reich der Deutschen und den großen Königreichen des Westens.

Gefahr und letztlich Untergang drohten von Osten. Die halbnomadischen Petschenegen aus den Ebenen nördlich des Schwarzen Meers waren noch durch eine Kette von Wehrburgen zu kontrollieren gewesen, doch der vernichtende

Schlag kam mit den mongolischen Horden aus den Tiefen der asiatischen Steppe.

Horde ist ein ursprünglich mongolischer Begriff, *hordu*, eine mehrere zehntausend Berittene umfassende Reiterarmee. Dschingis Khan hatte die Stämme der heutigen Mongolei um das Jahr 1200 zu einer Nation geeint. Aus bescheidenen Anfängen, mit Hilfe überlegener Kriegsführung, schufen er und seine Nachfolger binnen weniger Jahrzehnte das größte Reich, das die Erde je gesehen hat. Um 1270 erstreckte es sich von Ungarn bis zum Pazifik, wie durch einen Zauber aus dem Nichts geschaffen und beinahe so schnell wieder verschwunden, spurlos wie das Grab seines Gründers, des großen Khans.

Der Zauber verdankte sich einer frühen, zur Perfektion ausgebildeten Variante der Blitzkriegsführung, die allen zeitgenössischen Dogmen des Kriegshandwerks entgegenstand. Die orientalischen und europäischen Heere waren in enger, überkommener Schlachtordnung auf den frontalen Zusammenprall gedrillt, die Mongolen umritten die feindliche Phalanx. Während der Gegner den Kontakt Mann gegen Mann suchte, hielten sie auf Distanz, galoppierten in Zehnergruppen parallel zur Frontlinie des Feindes und ließen, aufrecht in eisernen Steigbügeln stehend, ihre Pfeile genau in dem Moment von der Sehne schnellen, wenn keiner der Hufe ihrer kleinen, zähen Pferde den Boden berührte.

Jeder Pfeil traf.

Ihre Kriegsführung war eine Mischung aus Genie, perfekter Anpassung an die baumlosen Hochebenen der mongolischen Heimat, Disziplin und eisernem Training von Kindesbeinen an. Aufwendigen Nachschub konnten sie sich nicht leisten; was sie an Nahrung brauchten, gaben ihnen das Land, eine Angelschnur und ihre Pferde (fast immer Stuten), deren Milch sie tranken und deren Blut sie, an knappen Tagen, aus einer angeritzten Vene zu saugen wussten.

Der Verzicht auf Nachschub und die leichte Bewaffnung – Bogen und Krummsäbel – erlaubten ihren Armeen eine nie zuvor gekannte Mobilität. Jeder Reiter führte drei oder vier Pferde, gewechselt wurde mehrmals am Tag, und die zurückgelegten Wegstrecken ganzer Armeen – bis zu zweihundert Tageskilometern – wurden erst im Zeitalter der Motorisierung wieder erreicht. Ein weiteres Moment war die hohe Flexibilität in der Schlacht. Die mongolischen Unterführer besaßen weitgehende Handlungsfreiheit in einem locker vorgegebenen Rahmen und praktizierten eine fertig ausgebildete Auftragstaktik nach modernem Verständnis.

Die erste Berührung der Russen mit dem in jeder Beziehung neuen, unbekannten Feind war die Schlacht an der Kalka nördlich des Schwarzen Meeres im Jahr 1223. Zwanzigtausend mongolische Reiter trafen auf ein zahlenmäßig überlegenes slawisches Heer, das binnen Stunden in Chaos und Pfeilhagel zugrunde ging. Doch die Eindringlinge waren wie absichtslos, ein ungeheurer, unentschlossener Spähtrupp; sie plünderten und brandschatzten die nahe gelegenen Siedlungen, dann verschwanden sie in den Weiten der Steppe. Es folgten dreizehn friedliche Jahre.

Der entscheidende Schlag kam im Herbst 1236.

Fünfunddreißigtausend mongolische Reiter überquerten die Wolga und zerstörten im Laufe von vier Jahren, planmäßig und in immer neuen Wellen, alle wichtigen Städte der Rus. Nur die uralten Zentren Nowgorod und Pskow im äußersten Nordwesten blieben verschont. Der Blutzoll, nicht zuletzt unter den adligen Familien, war unermesslich; das Land verarmte, in Scharen flohen die Überlebenden in den kargen, von den Mongolen gemiedenen Norden. Als die Eindringlinge sich 1240, da es schon nichts mehr zu erobern und zu plündern gab, Polen und Ungarn zuwandten, war die Rus als Staat zerstört.

Übrig blieben geschwächte Fürstentümer, mindere Vasallen, die während der folgenden zweihundert Jahre dem Khan der Goldenen Horde in seinem Sitz in Sarai an der unteren Wolga tributpflichtig waren. Mittels Strafexpeditionen wurden sie unter der Knute gehalten, mussten sich mit der ungerufenen Obrigkeit arrangieren oder riskierten auf der Stelle Besitz, Titel und Kopf.

Nicht minder schmerzlich für die einst so stolze Rus war der Verlust umfangreicher Gebiete im Westen, wo unmittelbar nach dem ersten Mongolensturm die litauischen Herrscher begannen, ihr Land auf Kosten des darniederliegenden Nachbarn um ein Mehrfaches zu vergrößern. In den folgenden zwei Jahrhunderten schoben sie ihre Grenzen bis fast vor die Tore Moskaus. Gebiete, die seit uralter Zeit slawisch besiedelt waren, wurden dem neuen Großreich einverleibt, so dass Litauen zu Zeiten seiner größten Ausdehnung Anfang des 15. Jahrhunderts von der Ostsee bis zum Land der Krimtataren nördlich des Schwarzen Meeres reichte.

Im Nordwesten nutzte der Deutsche Orden die Schwäche und besetzte Pskow und Nowgorod. Der Ritterorden mit dem markanten schwarzen Kreuz auf weißem Grund war Ende des 12. Jahrhunderts von deutschen Kreuzzüglern in Palästina gegründet worden. Nach dem Untergang des Königreichs von Jerusalem konzentrierte er sich auf die Ostmission, zweihundert Jahre später beherrschten seine Ritter von der mächtigen Marienburg aus Preußen und den größten Teil des Baltikums.

Der Sieg auf dem Peipussee 1242 gegen die Ordensstreitmacht, den der zwanzigjährige Nowgoroder Prinz Alexander mit kluger Berechnung erzwang – er lockte einen Teil der Ritter auf das dünne Eis, das unter dem Gewicht ihrer Rüstungen zerbrach –, steht in der Walhalla der russischen Triumphe neben Borodino und Stalingrad. Sergej Eisenstein, der geniale Filmemacher, hat die Schlacht 1938 in einem epochalen Film verewigt, einer dunkel-ahnungsvollen Einstimmung auf den bevorstehenden Krieg mit dem fernen und so vertrauten Reich im Westen.

Das Land, dessen Fürstentöchter einst begehrte Bräute europäischer Könige waren, war ausgelöscht, reduziert auf kraftlose Herrschaften, rückständige Bojaren und kläglich in den Wäldern siedelnde Bauern. Der Austausch mit den Nachbarländern war zum Stillstand gekommen. Das expansive, katholische Litauen lag wie ein Riegel im Westen, und Byzanz war mit seinem eigenen Untergang befasst.

Das Spätmittelalter, in dem Europa sich vorbereitete auf den großen Sprung, als Philosophen, Mathematiker, Entdecker, Seefahrer und Wissenschaftler das Wissen der Araber und Griechen aufsaugten und den Kontinent geistig in Stellung brachten für ein halbes Jahrtausend Weltherrschaft, alles ging spurlos an den Russen vorüber. Russland war kaltgestellt und eingeklemmt, ausgesaugt von der Goldenen Horde und innerlich zerrissen.

Nun dürfen wir uns die Mongolenzeit keinesfalls als lichtlose Epoche vorstellen. Die asiatischen Eroberer glänzten nicht nur durch geniale Kriegsführung; das Niveau ihrer Friedenskünste, Verwaltung, Logistik und Diplomatie, auch ihre Fähigkeiten im Dialog der Kulturen waren ausgeprägt genug, die ungeheuren Eroberungen in Osteuropa, im Nahen Osten, in Persien, Zentralasien, Indien und China mit einem minimalen Aufwand an eigenen Ressourcen über viele Jahrzehnte, oft Jahrhunderte hinweg zu sichern.

Einer ihrer ersten Schritte war die Errichtung einer dauerhaften Basis, der Stadt Sarai, als Sitz der Goldenen Horde. Zweihundert Kilometer nördlich des Kaspischen Meeres, am linken Ufer der Achtuba, eines Mündungsarms der Wolga, liegt der Ort begraben unter gelbem Sand. Kaum jemand, wenn er sich nicht intensiv mit russischer Geschichte befasst, kennt diesen Namen – und doch zählte Sarai mit sechshunderttausend Einwohnern einmal zu den größten Städten Europas.

Die nächste Maßnahme war die Erfassung aller neuen Untertanen auf der Basis des von den Chinesen übernommenen Dezimalsystems. Volkszählungen wurden alle zwei bis drei Jahre wiederholt und lieferten die Daten zur Steuerfestsetzung. Fasziniert berichtete der Habsburger Gesandte Siegmund von Herberstein, der zum ersten Mal 1516 in Moskau war, von der neuartigen Einrichtung; in Europa gab es Vergleichbares erst nach dem Ende des Dreißigjährigen Krieges.

Kaum weniger eindrucksvoll war das Netz der Postreiter, *Jam* genannt, das sich schon unter Dschingis Khan über das gesamte Reich erstreckte. Es war die IT-Infrastruktur der mongolischen Heerführer, deren schnelle, autarke Armeen nur auf der Basis zutreffender Informationen sinnvoll eingesetzt werden konnten. In seinem Buch *Die Kunst des Krieges*, das zu Dschingis Khans Zeiten bereits eineinhalb Jahrtausende alt und dem Mongolen gut bekannt war, widmet der chinesische General Sun Tzu das abschließende dreizehnte Kapital ausschließlich dem Thema Information.

Wissen ist Macht.

Das Jam bestand aus Relaisstationen im Abstand von zweihundert Kilometern und verband die unabhängig operierenden Armeen der Mongolen, ihre Heerlager und Städte. Diese Distanz entsprach der Tagesleistung eines Reiterkuriers mit mehreren Pferden, und an jeder Station warteten neue Kuriere und neue Pferde.

Auf dem Gebiet der Rus war das Netz mit fünfzig Kilometern Abstand zwischen den Relaisstationen noch deutlich enger geknüpft; es gehörte zum administrativen Apparat der Goldenen Horde und erlaubte den Gouverneuren des Khans, den Steuereintreibern, den russischen Fürsten und ihren Abgesandten einen steten und engen Kontakt mit dem Palast in Sarai. Wichtige Nachrichten wurden ohne nächtliche Unterbrechung mit einer Geschwindigkeit von weit über dreihundert Tageskilometern befördert.

Beides, das Jam und die Volkszählungen, wurden auch nach dem Ende der Mongolenzeit von den Moskauer Herrschern nicht aufgegeben. Der Russlandreisende Herberstein, der in nur zweiundsiebzig Stunden von Nowgorod nach Moskau fahren konnte, war beeindruckt von dieser Geschwindigkeit. In Westeuropa war es zu Anfang des 16. Jahrhunderts unvorstellbar, fünfhundert Kilometer in derart kurzer Zeit zurückzulegen.

Einer der klügsten Bausteine der mongolischen Politik war ihre religiöse Toleranz. Zu Beginn des Eroberungszuges hatten die Mongolen schamanistischen Glaubensrichtungen angehangen, konvertierten aber bald nach dem ersten Kontakt mit dem Islam, der in Zentralasien seit Jahrhunderten in Blüte stand. Zwar lebten damals schon nestorianisch-christliche Missionare in der mongolischen Hauptstadt Karakorum, doch letztlich war es die Religion des Propheten aus Mekka, zu der das rauhe, kriegerische Volk sich einhellig bekannte.

Den unterworfenen Völkern erlaubten sie die ungehinderte Ausübung ihrer jeweiligen Religion – wir wissen nicht, ob aus kluger Berechnung oder weil es ihnen nicht wichtig war. Jedenfalls sorgte die Toleranz dafür, dass religiöse Differenzen gar nicht erst zum Stein des Anstoßes wurden. Die Mongolen akzeptierten auch, wenn einzelne aus ihren Reihen zum Christentum übertraten, sie stärkten sogar die Position der orthodoxen Kirche, die in jener Zeit zur geistigen Stütze der russischen Bevölkerung wurde. Dabei war es kein Geheimnis, welches Schicksal die Kirche den fremdländischen Eroberern in ihren Gebeten an den Hals flehte.

Die Ikone der Gottesmutter vom Don, die der Überlieferung nach während der Schlacht auf dem Kulikowo Pole, dem Schnepfenfeld, an einem trockenen Spätsommertag im September 1380 unter lautem Hymnengesang dem Moskauer

Fürsten, den die Nachwelt Dmitri Donskoi – Dmitri vom Don – nannte, vorangetragen wurde, hängt heute in der Moskauer Tretjakow-Galerie. Kulikowo Pole, das war der erste große russische Sieg über mongolisch-tatarische Truppen nach mehr als einhundertfünfzig Jahren und der Anfang vom Ende der Mongolenzeit. Im nationalen russischen Selbstverständnis hat dieser Sieg die gleiche Bedeutung wie für Europa die Belagerung von Konstantinopel 718 oder die Schlachten bei Tours und Poitiers 732 und bei Wien 1683: Meilensteine des christlichen Abendlands, Prellböcke gegen die islamische Expansion.

Zweihunderttausend Tote lagen an jenem Abend dahingemetzelt am Ufer des stillen Flusses. Die Wissenschaft stützt inzwischen die Hoffnung, dass die berühmte Ikone dem Anblick nie ausgesetzt war. Angeblich hat Theophanes der Grieche das Bild erst zwei Jahre nach der Schlacht gemalt. Wer immer es einrichten kann, muss sie einmal im Leben auf sich wirken lassen. Das weiche, zugleich traurige und glückliche, tränenlos dem Kind zugeneigte Gesicht der Mutter mit dem fast unmerklichen Lächeln über dem Grübchenkinn. Der winzige Kopf des Menschensohns voller Vertrauen und Zärtlichkeit an ihre Wange geschmiegt.

Gottesmütter gehören nicht in den Krieg.

Wenn er nun schon ein Teil der menschlichen Existenz ist wie Liebe und Tod, dann soll man ihm Mars oder Ares oder Odin vorausschicken oder meinethalben den Pantokrator, den Weltenherrscher, wenn es denn ein christlicher Krieg sein muss.

Nur keine Mütter.

In der Rückschau auf die Jahrhunderte begreifen wir vieles von dem, was uns heute fremd erscheint, viele von den Entscheidungen der Zaren, der Sowjetführer und der Präsidenten des neuen Russlands.

Um die Mongolenherrschaft abzuschütteln, musste der russische Staat sich neu erfinden, ein leidvoller, erniedrigender

Prozess. Das Volk und seine Fürsten vergaßen die Rus mit ihren Traditionen; aufbauend auf dem Stadtstaat Moskau schufen sie ihr neues Russland, ein Reich, ein Imperium, ein Weltreich.

Rus und Russland, bei aller vermeintlichen Kontinuität sind es zwei ganz verschiedene Gebilde, einander so unähnlich wie die Bundesrepublik und das Heilige Römische Reich.

Zwei Jahrhunderte lang buhlten die Fürsten um die Gunst des Khans in Sarai. Er war es, der jährlich die begehrte Stellung des Großfürsten von Wladimir verlieh, des Ersten unter den russischen Fürsten und Steuereintreibers im Namen der Horde. Mehrmals in ihrem Leben zogen die Fürsten in die Stadt am Steppenrand, blieben mitunter Monate oder Jahre und warfen sich vor dem Großkhan in den Staub, gierig auf Titel, Ehren, Geld und eine Gelegenheit, den Nachbarn auszustechen. Nicht wenige fanden den Tod, sei es von der Hand ihrer Nebenbuhler oder von der des Khans. Mord, Lüge, Kabale, Durchstecherei – keine Schweinerei, die auf der Bühne der Goldenen Horde nicht eingeübt worden wäre.

Vorübergehend kam es sogar in Mode, sich der mongolischen Sprache zu bedienen. Russen und Mongolen heirateten untereinander, sowohl innerhalb der Aristokratie als auch unter dem Volk, aber wenig ist überliefert aus der fernen Zeit. Von einer Assimilierung der dünnen Herrscherschicht kann zwar, anders als bei den Warägern ein halbes Jahrtausend zuvor, keine Rede sein, dennoch besaßen zur Zeit der Thronbesteigung Peters I. fünfzehn Prozent der russischen Adelsfamilien mongolisch-tatarische Ahnen.

Im Verhältnis zu den unterworfenen Fürsten setzten die Mongolen auf eine Politik des Teilens und Herrschens. Die russischen Fürsten verweigerten sich nicht; ungeniert paktierten sie mit den Eroberern, sicherten sich deren Hilfe im Wettstreit mit ihren Nachbarn, und es erstaunt, mit welcher Inbrunst sie während all der Jahre gegeneinander kämpften und nicht gegen die fremden Eindringlinge. Moskau und Twer taten sich besonders hervor; über Generationen stritten sie um die Vorherrschaft, und Moskauer Fürsten führten sogar mongolische Truppen gegen ihre slawischen Nachbarn ins Feld.

Mit Iwan I., noch in tiefer Mongolenzeit, gewann Moskau schließlich die Oberhand. Die große Zeit der Stadt begann. Dieser Iwan, der auch Kalita (auf deutsch: Geldbeutel) genannt wurde und der mit den Mongolen zeitlebens kungelte, wusste wie Bartel, wo der Most zu holen war. Sein Vorgehen war beispielhaft für alle spätere russische Politik: klug und gemessen bei der Auswahl seiner Ziele; bereit zum Risiko, dabei die Chancen genau kalkulierend; misstrauisch und zäh; rücksichtslos in der Umsetzung; immer etwas von einem Raufbold.

Die Lehrjahre in Sarai waren fruchtbar gewesen; die Russen hatten das Siegen gelernt. Das Abschütteln des Mongolenjochs, der Aufstieg vom winzigen Moskauer Stadtfürstentum mit zwei Handvoll Land jenseits des Palisadenzauns sowie die Sammlung der russischen Erde unter dem Doppeladler waren ihr Gesellenstück. Den Meister verdienten sie sich zwei-, dreihundert Jahre später mit dem Aufbruch zu den Ufern des Pazifik und den Gipfeln des Pamir und des Kaukasus. Im 20. Jahrhundert schließlich schufen sie die sowjetische Großmacht, warfen den Faschismus nieder und leisteten Beihilfe zur Wiedergeburt Chinas.

Das Erbe der Mongolenzeit ist so außergewöhnlich wie widersprüchlich. Ihre Feldzüge waren wie Wüstenstürme, grausam und unerbittlich, barbarisch nach unseren Begriffen, aber was galten die vor so langer Zeit. Ihre Herrschaft entbehrte bei aller Brutalität nicht der Klugheit und einer beeindruckenden Effizienz der Mittel. Sie führten eine zentralistische Verwaltung ein, die bis zum Absolutismus im 17. Jahrhundert in Europa ohne Beispiel war. Mit den demokratischen Traditionen der Rus, der kommunalen Selbstverwaltung, haben die Eroberer dagegen kurzen Prozess gemacht; die letzten Reste davon in Pskow und Nowgorod wurden von den Moskauern selbst beseitigt.

Die Fähigkeit, frei und schnell in kleinen Gruppen zu operieren, mit geringsten Mitteln wirksam zu improvisieren und im Handstreich Erfolge zu sichern, gehört seitdem so sehr zur russischen Realität wie Speichelleckerei und Beamtenwillkür, formalistischer Stumpfsinn, grenzenlose Gleichgültigkeit und Entscheidungsangst.

Die Wunden aus alter Zeit wirken fort, viele hundert Jahre lang. Bei allem Respekt für die Kriegskunst, das Verwaltungsgenie und die Toleranz der asiatischen Eroberer, ebenso für den Siegeszug der Moskauer Fürsten, gilt doch auch: Das Potential dieses großartigen russischen Volkes, reich wie kaum ein zweites, liegt auch im 21. Jahrhundert noch halb verschüttet unter den Herrschaftsprinzipien einer halbnomadischen Reiterarmee.

III.
IN DER BANJA

Über dem Eingang zur Badstube der Sandunowski-Banja, des teuersten und renommiertesten unter den Moskauer Schwitzbädern, hängt eine längliche Holzschnitzerei aus heller Kiefer, ähnlich dem Herrgott in bayerischen Pensionen. Es zeigt ein Halbrelief, fünf oder sechs nackte Männer mit dicken Bäuchen eng nebeneinander sitzend auf eine schmale Bank gedrückt.

Generalow w bani net, steht in geschnitzten kyrillischen Buchstaben darunter: In der Banja gibt es keine Generäle.

Wo kann man Menschen besser studieren als dort, wo sie sich freiwillig aller Hüllen begeben? Wobei einschränkend hinzugefügt sei, dass ich nur von der männlichen Hälfte berichten kann. Gemischte Saunen sind in Russland nicht populär, und es ist zweifelhaft, ob sich das rasch ändern wird. Uns soll es recht sein; der Anblick nackter Frauen lenkt ab, und Ablenkung ist das Gegenteil dessen, was die Banja bewirken soll.

Sinn und Zweck der Badstube – die Übersetzung passt besser als das finnische Wort Sauna – ist der Rückzug auf das Wesentliche. Nackt auf gehobelten Brettern liegend, brennend heiße, dampfgeschwängerte Luft auf der Haut, der Kampf mit dem wohligen Schmerz und dann, nach zähem Aushalten, der kalte Schauer der Erlösung, wenn der Körper nach der überstandenen Tortur, aus allen Poren tropfend wie ein lecker Beutel, in das eiskalte Tauchbecken gleitet.

In Moskau gibt es vielleicht dreißig öffentliche Badstuben, dazu unzählige kommerzielle. Die kommerziellen, die mit VIP- und 24-Stunden-Service werben, genießen einen eher zweifelhaften Ruf. Wenn ein Geschäftsfreund in seine private Banja auf die Datscha einlädt, das Sommerhäuschen im Grünen, dann ist das größte Risiko dabei eine Alkoholvergiftung.

Geht es dagegen in eine der kommerziellen VIP-Saunen, meist spontan nach einem ausgiebigen Abendessen mit reichlich Wodka, dann stecken besser schon zwei oder drei Kondome in der Tasche, je nach Restlibido. Die HIV-Durchseuchung, deren Trend in Moskau steil nach oben zeigt, ist mehr als doppelt so hoch wie im deutschen Durchschnitt. Kein Wunder bei dem verbreiteten Fatalismus, ob es nun um Sicherheitsgurte oder Präservative geht.

Mindestens fünf Prozent aller russischen Prostituierten (eine unter zwanzig) tragen das Virus in ihrem zumeist sehr jungen, sehr schönen, sehr gesunden und sehr verführerischen Körper. Der ahnungslose Saunagast, der sich plötzlich von halbnackten Mädchen umringt sieht, hat mehrere Möglichkeiten. Zugreifen ist immer eine davon. Wer aber zum Beispiel das Ehesakrament ernst nimmt, muss nicht fluchtartig den Raum verlassen. Jeder russische Gastgeber kann das Argument nachvollziehen, auch wenn er es gegen sich selbst nicht gelten lässt.

Wer standfest bleibt, riskiert nicht seinen Ruf, im Gegenteil. Die Russen haben ein gutes Gespür dafür, ob jemand Rückgrat hat oder nicht. Konflikten oder Versuchungen aus dem Weg zu gehen gilt nicht als Heldentum. Das Denken ist archaischer als in Westeuropa: Ein Mann verdient sich Respekt in der Auseinandersetzung, ob mit einem Gegner oder mit einer Versuchung – hinter der doch auch immer ein Gegner steckt, ein unsichtbarer nur mit Hörnern und einem Pferdefuß.

In den großen, öffentlichen Banjas kommt es nicht zu kompromittierenden Begegnungen dieser Art. Man muss sich das vorstellen wie in einem antiken römischen Bad oder in einem türkischen Hamam. Die eigentliche Badstube, das höllisch heiße Paradies, ist zwar der entscheidende, aber auch der kleinste und innerste Teil des Ganzen. Vorgelagert ist eine Ruhezone mit separaten Nischen, Eisenbahnabteilen ähnlich, die durch hölzerne Wände oder Vorhänge getrennt vier Personen Platz bieten. Dahinter liegt ein gekachelter Saal mit steinernen Ruhebänken, Duschkabinen an der Wand, außerdem Tauchbecken oder altmodische

Holzzuber, durch die beständig eiskaltes Leitungswasser strömt. Auf den Bänken stehen Schüsseln mit heißem Wasser, in denen Birkenzweige zum Einweichen liegen. Im teuren oberen Saal der erwähnten Sandunowski-Bäder gibt es sogar ein Schwimmbecken in einem charmant heruntergekommenen, gekachelten Spiegelsaal mit Säulen im sowjetisch-griechischen Stil.

Diese grundsätzliche Aufteilung ist typisch für alle öffentlichen Badstuben. Zwischen den einzelnen Aufgüssen begibt man sich auf seinen Platz in den Ruheraum, in ein weißes Bettlaken gehüllt, das um Bauch, Hüfte und Beine geschlungen und vor dem Nabel verknotet ist. Angrenzend gibt es ein einfaches Restaurant, einen Massage- und Friseursalon. Wer Geld sparen will, bringt sich Bier, Kwas oder halbgetrockneten Fisch von zuhause mit.

Größere Gruppen mieten sich ein abgetrenntes Séparée. Dort werden typische Banjaspeisen serviert, rustikal nach russischem Verständnis: Schüsseln voller leuchtendrot gekochter Krebse, Butterbrote mit Kaviar und Zitronenscheiben, Matjes mit büschelweise Dill und Salzkartoffeln oder einfach deftige, saure Soljanka. Und natürlich Bier, Tee mit Honig und Wodka in allen Sorten, klar und rein, mit Chili versetzt, mit Beeren- oder Zitronenauszügen ...

Den gekachelten Saal mit den steinernen Ruhebänken betreten die meisten schon nackt. Dort wird geduscht, manche bringen ihre wöchentliche Körperpflege hinter sich, andere rasieren sich am Kinn oder am ganzen Körper – bis sich plötzlich, wie aus dem Nichts und ohne klares Signal, eine Schlange nackter Leiber vor dem Eingang ins Allerheiligste formiert, einer starken, schmucklosen Tür aus Kiefernholz, dem Zutritt zu Glück und Schmerz im heißen Dampf.

Die Banja.

Es ist wirklich die eigentliche Banja, die hinter dieser Tür verborgen ist. Alles andere war Vorspiel. Die mit Holz verkleidete

Badstube, die zwei, drei Dutzend hitzebeständiger, schmerz-verachtender, echter Männer fasst. Hort des Feuerofens und Werkstatt des diensthabenden Banjakommandos, das über Aufguss und Durchzug entscheidet, nach jedem Durchgang die hölzerne Empore schrubbt und von den Blättern der Weniki, der Birken- oder Eichenwedel, befreit, kalte Außenluft – Sauerstoff! – hineinströmen lässt, alles neu aufheizt und aus vollen Kübeln Wasser durch ein großes, rundes Wandloch in das brüllheiße Ofeninnere schüttet.

Dann stiebt, wie aus einem Düsenaggregat, der kochend heiße Dampf aus dem Ofenloch, und wehe dem, der seine Haut nicht rechtzeitig in Sicherheit bringt. Wenn die Badstube schließlich mit heißem Dampf bis an die Grenze gesättigt ist, steigt der Mutigste oder auch der am wenigsten Empfindliche auf die Empore, Hand und Arm in die schützende Hülle eines Bettlakens gewickelt, um den Kopf eine Strumpfmaske, und ver-wirbelt, indem er das zum Strunk gedrehte Laken kreisen lässt, die heiße Luft, die wie ein Kissen unter der tiefen Decke hängt.

Dann endlich ist es soweit. Rot wie gegarte Hummer taumelt das Banjakommando aus der Badstube, und in entgegengesetz-ter Richtung strömen die Wartenden, vom Kind bis zum Greis. Die Luft ist klar und gesättigt, die Hitze konzentriert unter der Holzdecke. Alle steigen auf die breite Empore und werfen sich der Länge nach, kaum dass sie in die Schicht der heißen Luft ge-raten, flach auf die Dielen wie Soldaten in einem Hinterhalt. Da liegen sie wie die Sardinen und genießen den ersehnten Schmerz.

Als nächstes steigt erneut jemand aus dem Kommando auf die Empore, die Finger in dicken Fäustlingen und in der Hand einen langen Stab, an dem ein Laken wie eine Flagge hängt. Gleichmäßig und langsam (nur ja langsam!) wedelt er die extrem heiße Luft, die inzwischen wieder unter die Decke gestiegen ist, über die nackten Körper zu seinen Füßen. Es ist das Wechselbad aus heißer und sehr heißer, viel zu heißer Luft, dieser Höhepunkt des Glücks, den nur eine russische Banja hervorrufen kann.

Wie alles Glück ist es vergänglich. Rasch sinkt die Lufttemperatur auf langweilige achtzig oder hundert Grad. Ein letztes Wedeln mit dem Laken am Flaggenstock, Beifall braust auf, und alle flüchten aus der Badstube ins Tauchbecken, unter die kalte Dusche und zu mehr als einem Schluck Kwas oder Bier.

In deutschen Saunas, wie es sie in Kurhotels oder in großen Schwimmbädern gibt, geht es zivilisierter zu, sicherlich auch viel gesünder. Dort haben die Dinge ihre Ordnung: Aufguss exakt zur halben Stunde; während der Aufgüsse ist das Reden zu unterlassen; zwischen den Aufgüssen ist das Betreten der Sauna untersagt; Alkohol wird gar nicht erst ausgeschenkt und so fort. Ein Bademeister haftet für die Einhaltung der Maximaltemperatur und der Luftfeuchtigkeit.

Wir Deutschen schützen hingebungsvoll, uns selbst und andere, den Wald und die Umwelt, was und wen immer wir zwischen die Finger kriegen. Mit guten Ratschlägen, freundlichen Hinweisen, am liebsten mit Verboten.

Zu einer deutschen Kurortsauna verhält die russische Banja sich wie Sibirien zum Schwabenland. Darin liegt ihr großer Reiz.

Im übrigen haben die Dinge auch in russischen Banjas ihre Ordnung, so ist es nicht. Aber die ist von der Art, wie sie in Russland alles öffentliche Leben bestimmt: *po ponjatju,* was ungefähr heißt »dem Verständnis nach, je nachdem« – nicht *po sakonu:* »nach dem Gesetz«. *Po sakonu* ist das glorreiche Prinzip des Westens – in Friedrich Schillers großem Gedicht *Der Spaziergang* von 1795 in klassischer Weise formuliert:

Wanderer, kommst du nach Sparta, verkündige dorten,
du habest
Uns hier liegen gesehn, wie das Gesetz es befahl.

Sieg oder Tod – das karge, zweidimensionale Prinzip. Kein Hintergrund, kein Ausweg, keine Hoffnung und nichts zwischen den Zeilen. Auf der anderen Seite der Osten: *po ponjatju* – je nachdem. Weder Sieg noch Tod; seien wir froh, wenn wir morgen früh noch einmal erwachen. Wasser ist stärker, der Tropfen, der den Stein am Ende höhlen wird.

Es amüsiert Russen ohne Ende, dass deutsche Autofahrer nachts außerhalb geschlossener Ortschaften, kein Licht und kein Fahrzeug weit und breit, vor roten Ampeln halten. Der Deutsche sieht darin einen Ausdruck seiner Selbstachtung: Im freiwilligen Befolgen eines allgemein gültigen Gesetzes habe ich Anteil an der allgemeinen Vernunft (mogeln kann ja jeder Wurm).

Was soll ein Russe mit so etwas anfangen? Offensichtlich hat der Deutsche nur Angst vor der Polizei, und dann scheut er sich auch noch, das zuzugeben. Was hat eine Ampel um drei Uhr früh mit Philosophie zu tun?

Die Banja verleiht den Gedanken Flügel. Vom heißen Dampf, an den noch Tage später rote Placken auf Schultern und Rücken erinnern, geht das Gespräch über zu den Grundsatzfragen des Lebens. Deutsche und Russen, zwei Völker, die immer auf der Suche nach dem Schönen, Wahren, Guten sind, geradezu vernarrt darin bei allen krassen Unterschieden. Nur suchen die Deutschen die Wahrheit noch in der Philosophie, während die Russen sie im Wodka schon gefunden haben. Aber das bringt man nur in einer echten Banja unter einen Hut.

Mein Leibbad sind die *Rschewskije Bani* im Norden des Stadtzentrums, die Rschewer Bäder, ein einstöckiger Ziegelbau aus der Zarenzeit, der immer nur diese Bäder beherbergt hat, ein paar Steinwürfe hinter der Metrostation Prospekt Mira in der Banjagasse Nummer drei (Rschewer Bäder heißen sie nach dem Städtchen Rschew im Twerer Gebiet, mit weichem, stimmhaftem »sch«; mir gefällt die englische Transkription des Buchstabens, der nicht wie das stimmlose Schule-Sch klingen darf: »zh« – weich, durchaus zärtlich).

Banjas sind nicht dazu gedacht, dass man sie einmal besucht und einen Eindruck mit nach Hause nimmt; das wäre so hohl und leer wie Städtereisen am Wochenende oder ein One-Night-Stand. Eine Banja ist wie eine Frau, die man sich für immer aussucht oder doch für lange Zeit, sie muss passen, auch zum Rhythmus der Lebensjahre, denn niemand bleibt sich gleich. Wir ändern uns, unser Geschmack ändert sich, aber selten, wenn überhaupt, wechseln wir die Banja. Oder die Banja verändert sich und wechselt uns, auch das kommt vor, genau wie bei den Frauen.

Mitunter gehe ich fremd und betrüge meine Banja mit der vorigen. Die liegt viel näher, in der Usatschowskaja-Straße keine fünfzehn Gehminuten von meiner Wohnung entfernt. Dann sitze ich auf einer mit grünem Kunstleder bespannten Bank, schwitze mich kühl und warte, bis sich eine neue Schlange vor der Badstubentür bildet.

Aber keine wird heißer eingedampft als die Rschewer. Zudem besteht hier das Aufgusskommando aus Profis – ungefähr zehn Männer, die immer am gleichen Wochentag von sechs Uhr abends bis Toresschluss den Höllentempel regieren.

Es ist eine muntere Truppe, immer gut drauf, selten betrunken, nie böse. Fast alle sind Ausländer. Wie ich auch … aber nicht wirklich.

Ein russischer Freund hat mich eingeführt, an einem kalten Winterabend im Februar. Schneeflocken trieben durch die schmale Banjagasse, und unter den Sohlen knirschte der Schnee. Den Weg zu der abgelegenen Adresse findet kein zufälliger Gast; die Rschewer Bäder sind Eingeweihten vorbehalten. Man kennt sich wie in einem Herrenclub, und wie in einem Herrenclub ist es besser, wenn ein Bürge den Neuen begleitet.

Die Männer saßen auf drei breiten Sofas um einen quadratischen Tisch, feuchte Laken um die Hüften, Schweiß auf der Brust, und der Tisch war ein Meer aus Salaten, Schweinskarbonaden, Schinken, eingelegtem Knoblauch, *Lipjoschki* – Fladenbroten aus Zentralasien –, Wodka und

Bier. Alles in kleinen Plastikcontainern oder in Alufolie gewickelt.

Jeder von ihnen wusste, was ein Deutscher war, aber die meisten nur aus dem Film. Einer hatte in der DDR als Offizier gedient, Naumburg, Neuruppin, Halberstadt, es war der Usbeke. Er konnte noch einige Brocken Deutsch und wies mir einen Platz an seiner Seite an.

»Deutsch gut. Freund«, strahlte er und drückte meine Hand mit kräftigen Fingern voller Karbonadenfett.

Er hieß Raschid und wurde mein Beschützer. Eigentlich war er nur ein einziges Mal in der Rolle gefordert. Ein ziemlich betrunkener Dagestaner, der in die Runde hineingeraten war, hatte mich als Stellvertreter des verhassten Westens ausgemacht. Alle Versuche scheiterten, ihm klarzumachen, dass ich zwar ein gläubiger Christ sei, aber kein gläubiger Westeuropäer. Und vor allem nichts gegen Muslime hätte. Nichts half. Am liebsten hätte er mich kopfüber in den Saunaofen gestopft. Konsequent verweigerte ich ihm einen ernsthaften Streit, schließlich fühlte er sich auf den Arm genommen, wurde grob und packte mich an der Schulter.

Es war das einzige Mal, dass etwas anderes als entspanntes Lächeln auf Raschids Zügen lag. Ich bin auch sonst nie Zeuge einer körperlichen Auseinandersetzung in einer Banja geworden, nicht einmal einer handfesten Streiterei, wo doch beides zum Umgang russischer Männer gehört, etwa im Ferienflieger nach Antalya oder Scharm El-Scheich.

Eine Banja ist wie ein Marktplatz oder ein winziger Park in der Stadt, wo die Nachbarn einander kennen, sich grüßen und Worte wechseln. Die meisten Besucher kommen am gleichen Wochentag zur gleichen Stunde, und mindestens so wichtig wie das Schwitzen im Dampf ist die zwanglose Pflege der vielen Freundschaften, leise und unaufdringlich.

Außer dem Usbeken und meinem russischen Freund Schenja (wieder das weiche »sch«) gehören zu der Crew, die an dem gewissen Wochentag das Banjakommando stellt, noch ein Tschetschene, ein Ingusche und zwei Turkmenen. Außerdem ein Armenier, ein Baschkire und zwei oder drei andere, die ebenso unregelmäßig erscheinen wie ich. Es kommt vor, dass ich monatelang aussetze, von Mai bis September sowieso, denn im Sommer liegt mir die Hitze nicht. Solange es im Freien warm ist, sträuben sich die Haare bei dem Gedanken an die Banja.

Wenn ich dann wieder hinzustoße, immer abends vor halb sieben, damit ich die drei Stunden bis zum Betriebsschluss auskosten kann, begrüßen sie mich mit einer Herzlichkeit, die mich verlegen macht. Es hat wohl damit zu tun, dass ich, wie sie es nennen, ein »richtiger« Ausländer bin. Sie kommen aus dem wilden Kaukasus oder aus der Wüste Karakum im Osten des Kaspischen Meers, stammen von Dschingis Khan ab, von Tamerlan oder Jemeljan Pugatschow – aber der Exot bin ich.

Ein Deutscher.

Ein einziges Mal in seiner Geschichte hat Europa erlebt, dass fremde Völker den Kontinent durchzogen, von fern aus Osten kommend, mordbrennend und plündernd oder friedlich auf der Suche nach einem Dach über dem Kopf und Weideplätzen für das Vieh. Das war vor gut eineinhalb tausend Jahren.

Hunnen, Wandalen, Goten, Burgunder, Awaren, Alanen … nomadische Reiter, die Europa und Nordafrika durchzogen, alte Reiche zerstörten, neue gründeten und endlich, nach Generationen und mit den Ureinwohnern lange vermischt, eine neue Zeit wachsen ließen im Licht der alten, römischen Religion. Das Mittelalter.

Auch die Urslawen, als sie sich nach Norden und Osten ausbreiteten, zogen in kein leeres Land. Seit Jahrtausenden besiedelten uralische Völker den Norden Eurasiens zu beiden Seiten der flachen Gebirgskette. Es waren Jäger, Sammler, Rentierzüchter, die vor den ackerbauenden Slawen nach Norden auswichen, bis sie nur noch im heutigen Finnland und Estland Siedlungsraum fanden und in den wenigen russischen Republiken, wo sie die namengebende Minderheit sind: Mordwinen, Udmurten, Mari, Komi, Chanten, Mansen und ein paar andere, von der Geschichte versprengte Völkchen. Ihre Sprachen sterben aus, ihre Traditionen werden vergessen; das Rad der Zeit mahlt sie zu Staub.

Nicht ausgeschlossen, dass kein Genpool so groß ist wie der russische – Millionen Vorfahren unter allen Völkern Eurasiens: außer den uralischen Stämmen noch Hunnen, Tataren, Burjaten, Tschuwaschen, Kalmücken, Osseten, Juden, Jakuten, Deutsche, Mongolen, Baschkiren, Tscherkessen ... und Russen natürlich, Ukrainer.

In dem Drama *Des Teufels General* lässt Carl Zuckmayer seinen General Harras von der Kelter Europas schwärmen, dem Rhein, wo Lust und Liebe aus den Genen römischer Feldhauptleute, jüdischer Gewürzhändler, böhmischer Musikanten und tausend anderer den Cocktail mixen, der in Form der je lebendigen Generation vor uns steht. Das ist der wahre geschichtliche Reichtum, die zahllosen Geschichten, Geschlechtsakte und Geburten, aus denen wir im Wortsinn hervorgegangen sind. Die Millionen weicher, warmer Brüste, die unsere Ahnen genährt haben. Tausendfache Perlenschnüre von Herkunft, aus denen unsere DNA geflochten ist.

In Russland hat das uralte Gemisch aus Ost und West die Frauenköpfe mit den hohen Wangenknochen gezaubert, deren schmale, leicht gewinkelte Augen westeuropäische Männer zu den größten Dummheiten veranlassen. Daneben findet man die klassisch slawische Variante, die runden Gesichter, die an Milch und Honig erinnern und auf denen ein Lächeln wie eine Blumenwiese vom Frühling erzählt. Östlich der Wolga trifft man sie seltener; recht eigentlich in der Ukraine blüht dieser Typus.

Diese Mädchen dominieren die Catwalks von Mailand bis New York. Lange, schlanke Beine, ebenmäßig und hoch aufgerichtet das Rückgrat, ballettgestählt, grazile Silhouetten in Stöckelschuhen.

In Europa gibt es nur drei Völker mit wirklichem Humor: die Russen, die Juden und die Engländer. Sie erfüllen die wichtigste Herausforderung: sie lachen über sich selbst. Die Engländer, weil sie es sich leisten können, die Juden, weil ihnen nichts anderes übrigbleibt, die Russen, weil es sonst nicht zum Aushalten ist.

Mit diesem Talent haben die Russen alle Völker ihres Imperiums infiziert. Und in der Tat, sie lachen, meine Banjafreunde, jeder über die anderen und alle über sich selbst. Wenn das Schwitzen ein Jungbrunnen ist für die Haut, ist dieses Lachen einer für die Seele.

»Glaub ihm nicht«, sagt Ahmad, der Tschetschene, der neben mir sitzt, und deutet auf Schenja, der mir eine Geschichte erzählen will. »Er ist ein Russe, bestimmt lügt er dir was vor.«

»Wetten, du hast heute zuerst gelogen«, erwidert Schenja (er weiß, dass Ahmad, der von Beruf Polizist ist, an diesem Tag Frühschicht hatte).

Der Tschetschene grinst über beide Backen und hebt sein Glas, ein Wasserglas, bis zum Rand mit Wodka gefüllt. Da unterbricht ihn Habib, der Baschkire.

»Ej, was soll der Deutsche denken? Ein Muslim und säuft Wodka.«

Ahmad blickt mich an und grinst immer noch.

»Glaubst du an den Koran?«, fragt er schließlich (er sieht sowieso die Kette mit dem Kreuz vor meiner Brust). Und ohne auf eine Antwort zu warten: »Siehst du, das ist das Problem. Der Prophet und ich, wir haben ein Abkommen. Aber wenn du nicht an ihn glaubst, verstehst du das nicht.«

Er kippt den Wodka, schüttelt sich und prustet. Der ganze Tisch lacht aus vollem Hals.

»*Alhamdulillah*. Allah will auch nur, dass wir glücklich sind.«
»*Inschallah*«, sage ich.
Gemeinsam gehen wir in den heißen Dampf.

Anfang des 10. Jahrhunderts, genau sechsundsechzig Jahre vor der Taufe der Rus, nahmen die Wolgabulgaren, ein Turkvolk, das seit Jahrhunderten etwa auf der Fläche des heutigen Tatarstan am Zusammenfluss von Kama und Wolga siedelte, den muslimischen Glauben an, und das immerhin aus der Hand eines persönlichen Gesandten des Kalifen, Ahmad ibn Fadlan. Somit ist, streng gesehen, der Islam die älteste der drei Buchreligionen auf dem russischen Territorium.

Nicht dass das von Bedeutung wäre. Es zeigt nur, wie sehr das Land seit uralter Zeit, seit seinen Ursprüngen im ersten Jahrtausend, Vielfalt und Durchmischung kennt. Die Frage »Gehört der Islam zu Russland?« ruft selbst unter russischen Christen nur Stirnrunzeln hervor.

In Westeuropa dagegen bemerken die Menschen überhaupt erst jetzt, dass Millionen Muslime unter ihnen leben. Unbeholfen und mit Schmerzen gewöhnen sie sich an den Gedanken eines multikulturellen Nebeneinanders, und deutsche Politiker hadern mit verfemten Parallelgesellschaften, als träumten sie immer noch vom Ideal der Volksgenossenschaft.

Die Lippen reden von Toleranz. In den Herzen sitzt die Angst. Und bisweilen auch Neid auf jene, die einen Glauben haben, wo unsereiner vor allem Mangel spürt.

Russland ist von der Wiege an als Durcheinander der Völker und Religionen gewachsen. Nicht immer friedlich – aber das Land hat Übung. Muslime haben über Christen geherrscht und Christen über Muslime. Kaftan und Turban gehörten zum Moskauer Straßenbild, als der Westen noch ungläubig den Geschichten der heimgekehrten Kreuzritter lauschte. Christen und Muslime sind einander Nachbarn und Geschäftspartner, gute oder schlechte, wie es kommt, oft genug auch Schwager oder Schwägerin, Ehepartner oder Schwiegersohn, Schwiegertochter.

Nie ist das orthodoxe Christentum dem Islam gegenüber radikal und feindlich aufgetreten, das verhinderte schon die geographische Nähe am östlichen Mittelmeer. Im Gegenzug sind auch die Aussichten kaukasischer und arabischer Muslime gering, ihre russischen Glaubensbrüder in der Breite fundamentalistisch zu mobilisieren. Der russische Staat bietet wesentlich weniger Angriffsflächen als die säkularen, Kreuz und Kopftuch gleichermaßen ablehnenden Gesellschaften des Westens. Die für Islamisten kennzeichnende antiliberale, antisäkulare Haltung wird in Russland von vielen Christen eher noch geteilt.

Am Inventurtag stehen jedenfalls nicht nur die Rohstoffe auf der Aktivseite der russischen Bilanz. Auch die lange Erfahrung des kulturellen Miteinanders wird zu berücksichtigen sein, jener *modus vivendi*, den zu finden die europäischen Länder noch vor sich haben.

Allerdings sehen das nicht alle Russen so. Fremdenangst ist ein deutsches Wort, aber kein auf Deutschland beschränktes Phänomen. Daher ist auch »Moskau den Moskauern« keine unbekannte Losung. Rechte Splittergruppen, manchmal auch mit Unterstützung von Teilen der russisch-orthodoxen Kirche, rufen zur Bewahrung des reinen Slawentums auf. Am äußersten Rand tummeln sich Skinheads unter dem Hakenkreuz, Rudel russischer Halbstarker, die Menschen mit anderer Hautfarbe und anderem Augenschnitt auf der Straße niederstechen. Jährlich sind durchaus einige Dutzend Opfer zu beklagen, wobei die Behörden derartige Tötungsdelikte oft als Hooliganismus herunterspielen, gewissermaßen als öffentlichen Unfug mit Todesfolge.

Was bedeutet »Moskau den Moskauern« in der Praxis: Fort mit Turkmenen und Tadschiken, die den russischen Bauarbeitern die Arbeit wegnehmen; zur Hölle mit Georgiern und Armeniern, die die russischen Babuschki von den Märkten vertreiben und ihr schlechtes Gemüse zu Wucherpreisen verkaufen.

Natürlich sieht die Wirklichkeit anders aus. Es gibt nicht annähernd genug Moskauer Maurer und erst recht keine, die sich so schamlos ausbeuten lassen wie die verängstigten Illegalen aus Zentralasien – außerdem trinken die nicht und erkennen auch mittags noch, ob eine Wand lotrecht steht.

Und erst die Märkte. Welcher Moskowiter erscheint freiwillig jeden Morgen um vier Uhr am Großmarkt und trägt Gemüsekisten zu seinem Kleinlaster? Dagegen garantieren die mafios organisierten kaukasischen Marktleute mit ihren Familienclans die Versorgung der Riesenstadt, tagein, tagaus, bei Regen, Schnee und Hagelschlag, effizient und halblegal (und sind obendrein eine willkommene Einkommensquelle für korrupte Stadtbeamte).

Das populistische Argument – Moskau den Moskauern – ist immer eine verführerische Waffe, auch wenn sie schlussendlich nach hinten losgeht. Wer dicklippig verkündet, man brauche nur reinblütige Einheimische an die Stelle der vertriebenen Fremden zu setzen und schon morgen liege das Gemüse schmackhafter, sauberer und billiger am Stand, hat die Frustrierten und Zukurzgekommenen immer und überall auf seiner Seite, nicht nur in Russland oder in Österreich.

Viele Experten erwarteten gegen Ende der Sowjetunion, dass auch die größte Teilrepublik der UdSSR – Russland – in ihre ethnischen Bestandteile auseinanderbrechen würde. Seinen Erhalt verdankt das Land dem forschen Handeln des späteren Präsidenten Boris Jelzin. Mit den Parteiführern Weißrusslands und der Ukraine besiegelte er im Dezember 1991 die Auflösung der UdSSR. Damit konnten die Teilrepubliken als völkerrechtlich lebensfähige Auffangstationen des Riesenreichs fortbestehen. Hätte die Agonie der UdSSR sich hingezogen, wäre auch der territoriale Bestand Russlands bedroht gewesen.

Der Untergang der Sowjetunion kennzeichnete zwei historische Zäsuren: das Ende des letzten großen europäischen Kolonialreichs, vierundvierzig Jahre nach dem Abzug der Briten vom indischen Subkontinent, und die partielle Rückabwicklung des Hitler-Stalin-Pakts mit der Unabhängigkeit des Baltikums und Moldawiens (die polnische Teilung von 1939 scheint irreversibel zu sein).

Übrig blieb Russland, wo der Bevölkerungsanteil der Titularnation etwa achtzig Prozent beträgt – verglichen mit weniger als fünfzig Prozent in der späten Sowjetunion. Auch der Anteil der Muslime liegt mit fünfzehn Prozent deutlich niedriger als in der UdSSR.

Kritisch ist, dass ethnische und religiöse Differenzen regional konzentriert auftreten, vor allem, und dort mit der größten Sprengkraft, im Nordkaukasus, wo Dutzende von Kleinstvölkern mit ebenso vielen Sprachen und völlig verschiedener Herkunft, teils muslimisch, teils christlich, zumeist heftig zerstritten, einen veritablen Pulvergürtel bilden.

Trotz der jahrhundertealten Praxis im Umgang der Kulturen miteinander bleibt ein Restrisiko. Wenn es etwas gibt, das Russland wirklich zusetzen kann, dann seine ethnischen Fliehkräfte. Die Gefahr ist größer als jede, die von außen droht, sei es von Amerikanern, Chinesen oder Georgiern.

Ob die russische Politik das begreift? Im Kaukasus baut man auf die Zusammenarbeit mit loyalen lokalen Herrschern, die stark genug sind, ihr Land nach innen zu stabilisieren. Die Strategie entstammt dem Repertoire der Kolonialmächte; die Engländer haben auf diese Weise Indien regiert. Sie ist mittelfristig wirksam, löst aber nicht das Problem – wobei es für den Nordkaukasus ohnehin keinen realistischen, überzeugenden Lösungsentwurf gibt.

Droht Russland also mit hundertjähriger Verspätung das Schicksal des Habsburgerreiches? Unser westliches Denken treibt uns, jeden Schluss sofort zu ziehen, jede Gleichung sofort zu lösen, jede Frage sofort zu beantworten. Der Westen liebt keine offenen Fragen, keine Unbekannten, er tut sich schwer mit Widersprüchen. Schwarz oder weiß, Grautöne sind verdächtig.

Das Genie der Völker im Osten liegt in der Fähigkeit, Unschärfen auszuhalten; sie lassen sich was einfallen zur rechten Zeit. Auch Russland ist immer noch an seinen Herausforderungen gewachsen. Und alles läuft auf eine russische Lösung hinaus. Die Menschen wissen, dass ein Miteinander mehr Varianten bietet als Anpassung oder Abgrenzung. Ein Nebeneinander in herzlicher Verschiedenheit ist auch ein Weg.

IV.

DIE RUSSISCHE SEELE

Zwei Orte gibt es, an denen ist der Russe ganz bei sich selbst, in der Banja und beim Picknick. Und da ist er schon wieder: der Russe. Politkorrekte Menschen werden einwenden, dass derartige Pauschalaussagen unangebracht, herabwürdigend und unzutreffend sind. Fehl am Platz ist demnach vor allem dieses eine Wort: »der Russe« – denken wir da doch unwillkürlich an »den Iwan« aus der Ostfrontzeit. Zudem habe ich schon durchklingen lassen, dass er, der Russe, in dieser Form gar nicht existiert. Das folgende Kapitel umfasst also Aussagen zu etwas, das es nicht gibt. Damit dürfte es über alle (Selbst-)Zensur erhaben sein – was kann man Falsches sagen über das Nichts?

Der Leser ist vorgewarnt.

Die Moskauer Badstuben haben wir ausgiebig kennengelernt. Wochenlang hingen Eiszapfen von den Dachrinnen, die Sonne blieb versteckt hinter schneegrauen Wolken, zehn Minusgrade fast den ganzen Januar hindurch, nicht einmal um die Mittagszeit wurde es warm, und durch die Fensterritzen der alten Wohnung, unzulänglich mit Stoffstreifen abgedichtet, pfiff ein eisiger Wind.

Doch einmal in der Woche krochen wir in den heißen Dampf wie in Mutter Erdes wärmenden Schoß. Die Bilanz kann sich sehen lassen: keine Erkältung und kein Schnupfen, kein Gliederreißen und gute Laune vom letzten bis zum ersten warmen Tag. In den Rschewer Bädern zählen wir zu den Stammgästen. Wir waren auch in anderen berühmten Stadtteilbanjas: in Krasnopresnja, auf der Warschauer Chaussee und im Stadtteil Marino. Die Banja in Marino ist schon beinahe exotisch; es wird mit Holz gefeuert, einzigartig in Moskau, und es geht rauh und naturnah zu, entsprechend hemdsärmelig ist das Publikum. Und plötzlich, fast hätten wir alle Hoffnung fahrenlassen, steht der Monat Mai vor der Tür.

Mai in Moskau, das ist wie der erste Kuss im Leben, alle Jahre neu. Weich und zögernd kündigt er sich an, vorsichtig sendet die Sonne ihre Strahlen aus, tastend zuerst, dann rasch mit Nachdruck, kaum dass sie spürt, wie sehr die Kälte ihrer langen Herrschaft müde ist. Väterchen Frost, im Russischen *Ded Moros*, braucht den Sommerschlaf; die Füße tun ihm weh vom langen Wachestehen.

Es sind Tage, Stunden fast, während derer die Röcke kürzer und die Absätze zu High Heels werden.

Auch zieht ein anderer Geruch durch die Straßen, über die Plätze und Boulevards. Im Mai riecht die Stadt jung. Nach jungem Grün, nach jungem Leben, nach jungen Frauen. Was monatelang grau war im Winterlicht, eisgrau, steingrau, mausgrau, erwacht zur Farbe. Frisches Grün sprießt vor der rotgewaschenen Kremlmauer am Fluss. Helloliv und weiß leuchtet die englische Residenz vom gegenüberliegenden Ufer. Sogar der Schaum auf den Bugwellen der Ausflugsdampfer sieht aus wie frisch gestrichen.

Zeit für ein Picknick mit Freunden, das auch im Russischen Picknick heißt. Man muss sich sputen, viele Wochen sind es nicht in der warmen Jahreszeit, zudem wird es früh im Juli schon staubig in der Stadt und draußen in den Wiesen, die Blätter vertrocknen, lange bevor der Herbst in sie fährt, und im August schmeckt das Fleisch an den Spießen nach Sand.

Wie bei der Banja liegen die großen Unterschiede in den kleinen: Zwischen einem Grillabend auf der Terrasse einer Doppelhaushälfte in Bielefeld und einem Picknick in der russischen Natur liegt die gleiche Entfernung wie zwischen Sauna und Banja. Zweitausend Kilometer.

Das beginnt bei den Spießen. *Schampuri* heißen sie auf Russisch, ein Lehnwort aus dem Armenischen mit altsyrischer Wurzel, und das, obwohl es in den slawischen Sprachen einen eigenen Ausdruck für Bratspieß gibt: *Wertel*. Aber Schaschlik ist eben kein slawisch-europäisches Erbe, sondern eine der ewigen Errungenschaften der asiatischen Steppe.

Anständige Schampuri, das sind keine dünnen, runden Spießchen, wie man sie bei uns im Kaufhaus bekommt, sondern halbarmlange Kaventsmänner aus festem Alublech, der Länge nach im rechten Winkel gebogen, pfeilförmig an einem Ende, am anderen dreimal um die Längsachse gedreht und zur Öse gewunden. Auf dem so gewinkelten Blech verrutschen Fleisch, Fisch oder Gemüse nicht, auch nicht die faustgroßen Stücke, die in Südrussland gang und gäbe sind. Alles gart, wie es garen soll.

Der Grill selbst heißt *Mangal*, ein rostiger, eckiger Eisenkasten auf vier Füßen ohne Deckel und Schnickschnack. Manchmal ragt ein dünner Schornstein aus Blech an einer Seite empor.

Ein richtiges Schaschlik verlangt nach Hammelfleisch. Das muss nicht von einem altersschwachen Exemplar stammen – allerdings käme in Russland und erst recht in Zentralasien oder im Kaukasus niemand auf die Idee, unschuldige Milchlämmer von der Mutterbrust fortzureißen und zu schlachten, nur damit der Geschmack des Fleisches nicht an das Tier erinnert, aus dem es zubereitet wurde.

Zerteilt und zwischen einer ordentlichen Portion grob gehackter, kräftig von Hand zerdrückter Zwiebeln, reichlich Kreuzkümmel, Pfeffer und gemahlenem Koriander für einige Stunden mariniert (es gibt tausend Varianten, von Kefir über Rotwein bis zu Mineralwasser), dann gleichmäßig auf den Schampur geschoben und über die weißglühende Holzkohle gelegt, die man eigenhändig aus Buchenscheiten bereitet hat ... Vieles schmeckt anders, nichts besser.

Tausende Generationen haben von Beeren und Pilzen gelebt, seit siebentausend Jahren gibt es Ackerfrüchte. Bis zur Erfindung des künstlichen Schweins war Fleisch der seltene Höhepunkt, begleitet vom Dank an die Götter. Über lebendigem Feuer gebratenes Fleisch, fetttropfende Bissen, saftige Markknochen, krachende Knorpel. Die Gründerväter des Schaschlik leben fort: an den Herdfeuern der Steppe, am Lagerfeuer im Ural, am Ufer der sibirischen Flüsse und im Schatten des Elbrus.

Einer der bekanntesten Filme der späten Sowjetzeit heißt *Moskau glaubt den Tränen nicht,* ein Kultfilm aus der Epoche der Stagnation, die im Kittel des Kommunismus so viel echt Russisches für die Gegenwart konserviert hat.

Moskwa sljosam ne werit.

Ein Film, wie er nur in diesem Land, von diesen Menschen gedreht werden kann. Ohne Effekte, ohne Kalkül, ohne Prätention, schutzlos, allein auf die Wirkung der Poesie, des Themas und authentischer Gefühle setzend.

1980 erhielt er den Oscar für den besten ausländischen Beitrag. Worum es sich dreht: um Rollen, Ränge und Abstufungen im Miteinander, um Offenheit und Freundschaft, die ewige Sehnsucht nach Gleichheit und Harmonie. Kommunismus hin oder her.

Der Held, Goga oder auch Goscha genannt, lernt Katja kennen, in der Vorortbahn (peinlich sei das, sich in der Vorortbahn kennenzulernen, schilt Katjas junge Tochter später). Goga und Katja gehen auf die Vierzig zu. Goga, der eigentlich Grigori Iwanowitsch heißt, ist Schlosser in einem akademischen Institut, ein Schlosser mit goldenen Händen, verehrt und geliebt von den Wissenschaftlern, mit denen er zusammenarbeitet. Katja verkörpert die sowjetische Variante der Tellerwäscherstory, die Arbeiterin mit unehelichem Kind, die es bis zur Kombinatsdirektorin bringt.

Vorsichtig und, vor allem von seiten Katjas, alles andere als überzeugt beginnt ihre Beziehung. Zu Goschas Geburtstag richten seine Doktoren ein Picknick aus, auf einem grasbewachsenen Hügel zwischen weißen Birkenstämmen über abgeernteten Feldern, leuchtendes Herbstlaub an einem milden Altweibertag. Eine im Gras ausgebreitete Tischdecke, rote Luftmatratzen, in der Mitte ein Fässchen mit moldawischem Wein, die Damen in

Liegestühlen unter Wolldecken. Brot, Wurst, Bier, Tomaten und krosses Schaschlik.

Einer der Freunde spielt auf der Gitarre und singt. Das Gespräch plätschert dahin, während die Sonne über den Himmel zieht. Kaum merklich steigt der Wein zu Kopf, Liebe und Freundschaft blühen, und niemand misst die Zeit.

Jedes Volk hat eine Vorstellung von sich selbst, von seinen eigentlichen Qualitäten, an denen sich der Mythos einer kollektiven Seele festmacht. In Deutschland, zumal in seinem preußischen Teil, galten über lange Zeit die sogenannten Sekundärtugenden, und die Menschen betrachteten sich als diszipliniert, pflichtbewusst, pünktlich, ordnungsliebend und arbeitsam. Das Ausland betrachtet uns auch heute noch so, zumal die Russen.

Andererseits würde kein Russe sein eigenes Volk so beschreiben. Dem gelten andere Attribute: aufopfernd etwa, herzlich, großzügig, disziplinlos, ziemlich unordentlich, dafür zupackend, flexibel, humorvoll, warmherzig.

Ein Abend mit Freunden in der Banja, ein Picknick unter rotem Birkenlaub, das sind die Momente, an denen die russische Seele zu sich selbst findet. Die Menschen sind Meister der Einfachheit. Ob im Improvisieren, im Design der Ingenieure, im ungekünstelten Miteinander, im Verhältnis zur Natur – sogar dann, wenn sie wie im Schachspiel, das sie beherrschen wie keine zweite Nation, um fünf Ecken denken müssen, tun sie es auf genial einfache Weise.

Ein russischer Genius, ein Schutzgeist im altrömischen Sinn, würde an einer Quelle unter Birken hausen und nur mit einem Lendenschurz bekleidet sein, allenfalls mit einem Schafpelz gegen den Frost.

Überfluss bekommt den Russen nicht; man braucht nur einen Blick auf die Neureichen zu werfen. Die Frauen, die dazugehören, haben Beine, länger als die der Nubierinnen, Gesichter mit Mandelaugen und edle Nasenrücken. Aber es sind keine Römerinnen oder Pariserinnen, nicht die Frauen aus Kairo oder Teheran. In das Gold, mit dem ihre Männer sie behängen, sind drei Neunen eingeprägt; es ist trotzdem falsch. Nicht die Punze adelt das Metall.

Wahrscheinlich kam alles zu schnell. Es gibt Dinge, die lernt man nicht aus Illustrierten. An wen soll man sich halten, wenn zu viel Geld da ist und man nicht weiß, wohin damit? Man hält sich an andere; man kauft, was andere kaufen. Am Ende kaufen alle das gleiche, und keiner weiß warum; alle sind gefangen in einem absurden Karussell ohne Notausgang.

Wer Geld hat, dem sitzt die Mode im Nacken wie Beelzebub der armen Seele. Dabei werden sowieso nur mehr Marken kommuniziert. Nicht der Schnitt, der Stoff oder die Farbe machen die Frau (oder den Mann), nicht die Signale zwischen den Zeilen. Von Bedeutung ist die Marke, dass man sie erkennt und dass sie teuer war. Zwei Lifestyle-Magazine abonniert und das Basiswissen ist intus.

Und dann erst das Prestige. Prestige kommt von Macht, und Macht heißt wichtig sein. Wer wichtig ist, fährt schwarze Autos, deswegen sind alle großen Männerautos in Russland schwarz. Wer wichtig ist, fährt mit getönten Scheiben; deswegen habe alle großen, schwarzen Männerautos getönte Scheiben.

Aber auch Ladafahrer wollen wichtig sein. Manche nehmen das so ernst, dass andere Witze darüber erzählen:

Wasja und Tolja fahren im Hochsommer in Wasjas verrostetem Lada über die Landstraße. Das Glas der Seiten- und Rückfenster ist tiefdunkel getönt. Es ist brüllheiß im Wagen, und den beiden strömt der Schweiß übers Gesicht. Wasja hat verboten, das Fenster zu öffnen.

»Ich ersticke«, fleht Tolja ihn zum hundertsten Mal an, »lass mich endlich die Scheibe runterkurbeln.«

»Ich habe dir doch gesagt: nein.«

»Aber warum denn nicht?«

»Die Leute sollen denken, wir hätten eine Klimaanlage.«

Wir Europäer sind verwachsen mit den Dingen, wir haben vergessen, wie nackt wir sind, und alles auf die Spitze getrieben, was man anfassen kann – ein Fehler, den man in Russland nie begangen hat. Zu arm, zu karg, zu groß ist das Land. Das Verhältnis zu den Dingen ist anders, nicht zuletzt zum Eigentum.

Die Vorstellung eines Rechtsanspruchs auf das Eigentum an einem Gegenstand, abstrakt und losgelöst von jeder Lebenspraxis, ist der russischen Tradition fremd. Materieller Besitz ist im Kern geliehen, ein Lehen des Schicksals, in den meisten Fällen angenehm, komfortabel und begehrt. Aber Besitz will auch bestätigt sein. Ein Acker, der lange und unbewacht brachliegt, findet einen neuen Besitzer. Ein Auto, das wochenlang an derselben Stelle parkt, verleitet garantiert jemanden zu glauben, der Eigentümer habe es vergessen…

Das alte »Gott gibt, Gott nimmt« ist noch lebendig. Zudem kommt es bei den materiellen Dingen weniger auf das Äußerliche an. Im Westen würden viele verzweifeln, wenn es kein *Schöner Wohnen* mehr gäbe, all die sogenannten Ästheten, denen alles abhanden gekommen ist außer der perfekten Form.

In Russland dient Besitz in erster Linie dazu, Nachbarn, Freunde, Kollegen und Konkurrenten zu beeindrucken, der Herde den Rang zu beweisen, Duftmarken zu hinterlassen wie kleine Hunde. Auch das kennen wir in Deutschland, allerdings sublimiert mittels rationaler Argumente, die zwingend belegen, warum beispielsweise große Autos vernünftig sind. Tief im Herzen sind wir doch überzeugt davon, dass Wohlstand für uns das richtige ist.

In dem Punkt halten die Russen nicht mit. Tief im Herzen wissen sie, dass Besitz nur belastet, vom Wesentlichen ablenkt und zudem eine äußerst flüchtige Sache ist. Was nimmt man schon mit in die Grube? Wer je erlebt, mit welcher Unbekümmertheit ein russischer Geschäftsmann seinen Bankrott akzeptiert, weiß, was ich meine. Der Mann hat gekämpft und verloren; jetzt steht er vor einem Scherbenhaufen wie Hans im Glück. Natürlich tut es weh, und wie! – all das verlorene Geld, das Renommee, das Prestige, alles was gestern war und was jetzt die anderen haben.

Dafür hat er seine Freiheit wieder.

Die russische Seele ist aus naturnahem Stoff gemacht; angesichts des wenigen finden die Menschen zu sich selbst. Die Quintessenz der literarischen und kulturellen Überlieferung, die großen Köpfe der russischen Geschichte spiegeln das wider.

Zar Peter, der sich am liebsten in einem bescheidenen holländischen Steinhaus am Ostseeufer unweit seiner Sommerresidenz Peterhof aufhielt; Leo Tolstoi, für den in der bäuerlichen Schlichtheit das Rezept zur Befreiung seines Volkes lag; Alexander Solschenizyn, der noch im amerikanischen Exil gegen den Überfluss des Westens anschrieb, den Überfluss an Ich und Wollen, die Krankheit der Zeit.

Der im Englischen häufig zitierte Satz »Simplicity is the ultimate sophistication« wird gemeinhin Leonardo da Vinci zugeschrieben. Leider findet sich dafür nicht der geringste Beleg. Immerhin kennen die Italiener sofisticatezza und sofisticazione, Nachkommen des lateinischen Adjektivs sophisticus, mit dem man im alten Rom allerlei Spitzfindigkeiten bezeichnete. Im Deutschen tun wir uns schon schwerer mit dem angelsächsischen sophistication. Erst recht im Russischen. Reicht so was wie Raffinesse, Differenziertheit und Verfeinerung zur Übersetzung aus?

Sophistication ist der allerflüchtigste Begriff, die hochadelige Variante von cool. Als Beispiel ein Bild: die gertenschlanke Achtzigjährige, ein Seidenplaid um die Schultern und Steine von Tiffany an den altersfleckigen Fingern, die aus ihrem Hauseingang an der New Yorker 83. Straße Ost unter einen türkisfarbenen Baldachin tritt. Der Concierge bietet ihr den Arm. Mit sprödem Lächeln weist sie ihn zurück, tritt aufrecht wie ein Besenstiel auf das Trottoir und geht mit zierlichen Schritten in Richtung Fifth Avenue. Es sind keine hundert Meter. Sie denkt an ihre Liebhaber vor langer Zeit, deren Züge mit Wordsworth's Porträt verschwimmen, und die krausen, rot nachgezogenen Lippen formen lautlos Worte aus seinem Gedicht *The Prelude*:

> Bliss was it in that dawn to be alive,
> But to be young was very heaven!

Wessen Seele ist so reich, dass er sich einen wahren Gedanken leisten kann? Und was braucht er zum Glück: Luxus? Freiheit? Einfachheit? Eine Blumenwiese im Mai, leuchtend rotes Birkenlaub auf braunem Ackerboden und ein warmer Herbstnachmittag. *Sophistication* hat auch ein russisches Gesicht.

Moskwa sljosam ne werit. Acht Mal hat der amerikanische Präsident Ronald Reagan sich den Film zeigen lassen vor seinem ersten Zusammentreffen mit Michail Gorbatschow, der damals Generalsekretär der KPdSU war, Mitte der achtziger Jahre in Reykjavik.

Was ist dran an diesem Werk, das sich über mehr als zwei Stunden hinzieht und dem das *Deutsche Lexikon des internationalen Films* bescheinigt, formal ohne Ambitionen zu sein, durch Heiterkeit zu bestechen und liebenswürdige Charaktere zu zeichnen?

Heiter und liebenswürdig, soll heißen: *unsophisticated.* Ohne formalen Ehrgeiz. Da haben wir sie wieder, die westliche Unhintergründigkeit. Die Menschen sehen nur Oberfläche ... Doch wenn nun Kunst auch ohne formalen Ehrgeiz die Wahrheit sagen könnte? Was dann? – Dann wöge *Moskau glaubt den Tränen nicht* wenigstens einen Zwanzigkaräter bei Tiffany auf. Ein beispielhafter Dialog:

»Goga, Sie haben sich wie ein echter Mann verhalten«, ruft Katjas sechzehnjährige Tochter. Eben erst hat der Freund ihrer Mutter ein paar Halbstarke verprügelt, die ihren Verehrer mobben.

»Aber wo. Männer müssen beschützen und Entscheidungen treffen, was ist daran Besonderes? Du machst doch einer Frau auch keine Komplimente, weil sie waschen und Mittagessen kochen kann.«

»Wissen Sie ... ich kann überhaupt kein Mittagessen kochen.«

»Macht nichts, ich bring es dir bei.«

Kurze Pause, zwei Atemzüge.

»Goga, warum machen Sie eigentlich Ihre Ausbildung nicht zu Ende?«

»Warum sollte ich?«

»Aus Ihnen könnte ein guter Chef werden.«

»Du meinst, wir müssten alle gute Chefs werden?«

»Nun ... wir müssen nicht, aber alle wollen.«

»Weißt du, Saschenka, es gab einmal einen römischen Kaiser, Diokletian – übrigens ein hervorragender Kaiser –, der plötzlich, auf dem Höhepunkt seiner Macht, sein Amt abgab und sich aufs Dorf zurückzog. Da kamen sie angereist aus Rom und haben ihn überreden wollen zurückzukehren. Und was hat er ihnen geantwortet: ›Wenn Ihr nur wüsstet, was für Kohlköpfe in meinem Garten wachsen – Ihr würdet nicht länger versuchen, mich zu überzeugen.‹«

»Er ist nicht zurückgekehrt?«

»Nein. Du siehst, nicht alle wollen Chef sein. Obwohl ... der Gerechtigkeit halber muss man sagen, es war der einzige Fall in der Weltgeschichte.«

»Sie ziehen es also vor, Kohlköpfe zu pflanzen?«

»Nicht wirklich. Aber ich will in meinem Leben machen, was mir gefällt. Nicht das, was Mode ist oder Prestige bringt oder sich gehört. Ich liebe meine Arbeit ... wenn ich dort bin, passiert so viel, was ohne mich nicht passieren würde. Ich liebe meine Freunde – wir kennen uns seit tausend Jahren und sind einander doch jedes Mal neu und interessant. Und ich liebe deine Mutter ... nun, weil ich sie eben liebe.«[*]

Selbstbeschreibungen sagen mehr über uns als die Vorurteile der anderen. Sie zeichnen die Idealbilder – wie wir bisweilen sein mögen ... wie wir uns gerne öfter hätten. Niemand beschreibt sich anhand seiner schlechten Eigenschaften. Für das russische Publikum ist die Figur des Grigori Iwanowitsch eine Verkörperung des eigenen Selbst, ein Stadtmensch ohne folkloristische Verbrämung, mit Wodka, aber ohne Balalaika, modern, unpolitisch, abgeklärt und klug.

Das ist die eine Seite – aber es gibt auch die andere. Der starke Goscha verkörpert die Tragik des russischen Mannes. Der Aufrechte, Anständige, die verkörperte russische Coolness, der Verehrer der Freundschaft und der wahren Werte, Verächter des Strebens und der Buckelei – er hat Angst.

Angst? Doch, Angst. Er hat Angst vor der Frau. Nicht vor einer einzigen Frau, sondern vor allen. Eine Frau, das ist sein ehernes Prinzip, darf nicht höher stehen als ihr Mann. Um dieses Thema dreht und rankt sich der Film.

In der Vorstellung der russischen Männer – und sehr vieler ausländischer Besucher – ist Russland ein Macholand, eine Anti-Feminismus-Oase. Dort zahlt der Mann noch im Restaurant, hält noch die Tür auf, hat noch das Sagen. Dort machen die Frauen sich noch schön für ihn. Ein Paradies auf Erden.

In Wirklichkeit ist alles viel komplizierter. Vorab: Die russischen Frauen sind verdammt klug. So verdammt klug, dass sie

[*] Übersetzung Th. F.

69

keine Probleme haben, auf Blondie zu machen, wenn es Vorteile verspricht. So klug, dass sie die formale Gleichberechtigung, die der Kommunismus für sie erwirtschaftet hat, geschmeidig kombinieren mit ihrer traditionellen Rolle als »schwaches Geschlecht«.

Ein russisches Sprichwort sagt: »Der Mann ist der Kopf, und die Frau ist der Hals.« Er macht den Mund auf, sie gibt den Ton an.

Nehmen wir die Ämterverteilung in der Gesellschaft: Nach außen regiert das Testosteron. Frauen in der Politik und an den Spitzen der Ministerien und Großkonzerne sind die Ausnahme. Im Mittelstand und im Kleingewerbe, überhaupt dort, wo das Tagesgeschäft zuhause ist, wo das Geld gezählt und wo geackert wird, sieht es schon anders aus. In den russischen Niederlassungen westlicher Unternehmen sind ohnehin mehrheitlich Frauen beschäftigt; die ausländischen Chefs entscheiden schlicht und pragmatisch nach Qualität.

Niemals kämen russische Frauen auf die Idee, so sein zu wollen wie ihre Männer. Dazu nehmen beide Geschlechter einander gar nicht ernst genug. Die Hingabe, mit der Frauen im Westen auf weibliche Attribute verzichten und eine fiktive Gleichstellung einfordern, zuweilen geradezu geschlechtslos wirken, löst bei Russinnen amüsiertes Kopfschütteln aus. In ihrer Heimat klingeln die Kassen der Kosmetikläden auch in den härtesten Krisenzeiten.

Übrigens: Geld ausgeben, Stunden vor dem Spiegel, Tränen und Verspätung – ein Dummkopf, wer da glaubt, das täten die Frauen sich im Wettstreit um die Gunst der Männer an. Zählen tut nur die Rangordnung untereinander, in der ureigenen weiblichen Bewertung. Spieglein, Spieglein an der Wand, wer ist die Schönste im ganzen Land? Das entscheiden nicht die Männer; die nehmen, was kommt. Das entscheiden die Frauen, und zwar ausschließlich die Frauen, wenn sie sich mit dem bitterbösen Giftlächeln schöner Vipern gegenseitig ihre Komplimente machen.

Unser guter Goga, unser Filmheld, hat jedenfalls Angst vor ihnen. Angst gehört zu den Eigenschaften, die wir mit allen höheren Lebewesen teilen, wie den Atemreflex. Wer keine Angst hat, ist krank oder komplett phantasielos.

Nun hat das Schicksal die Angst einigermaßen gleichmäßig verteilt, den Mut hingegen ungerecht. Die Folgen spürt man gerade in autoritären Gesellschaften, so auch in Russland. Beispielhaft sei die Kindererziehung genannt, in deren Umfeld massive, widersprüchliche Kräfte wirken: daheim Zusammenhalt und Mutterliebe; jenseits der eigenen vier Wände freudlose Autoritätspersonen: Kindergärtnerinnen, Lehrer, Krankenschwestern, Schulbusfahrer; schließlich der stete Druck ins Kollektiv bei wenig Verständnis für Anderssein und Individualität; am Ende meist die Erfahrung, dass das Recht dort liegt, wo der Stärkere die Faust ballt, sei es der ältere Schüler oder später, in der Armee, der ältere Soldat.

Druck macht Diamanten – aber auch nur aus reinem Kohlenstoff, alles andere kann man pressen, wie man will. Was rauskommt, lässt sich vielleicht schleifen; schön anzusehen ist es nicht.

Und doch, es gibt die Diamanten, gerade in Russland. Zumeist sind es solche, die allem, was gilt, den größten Widerstand entgegensetzen. Die Sowjetzeit, zu deren Kernkompetenzen autoritäre Menschenformung gehörte, strotzt von funkelnden Beispielen.

Nehmen wir Wladimir Semjonowitsch Wyssozki, 1938 als Sohn eines Obersten der Roten Armee in Moskau geboren, der größte russische Chansonnier des Jahrhunderts und bis heute eine Kultfigur quer durch die Generationen, ein Vierteljahrhundert nach seinem frühen Tod.

Verkörpert Goscha in *Moskau glaubt den Tränen nicht* den distanzierten, in sich gekehrten, am Bühnenrand stehenden Typus der russischen Männerseele, dann ist der Barde Wyssozki der extravertierte, bis zur Grobheit emotionale, der Fleisch-und-Blut-Mann, mit einem Herz wie ein Bergwerk und einer Stimme aus Wodka und Tabak. Tragik, Suff, junges Sterben und ewige Erinnerung.

Jeschtscho ne wetscher, 1968 verfasst, heißt eines seiner berühmtesten Lieder. *Jeschtscho ne wetscher* – noch ist nicht Abend, noch ist nicht alles verloren. Wilde Korsaren im aussichtslosen Kampf gegen ein überlegenes Schiff; kein gewöhnliches Thema für einen russischen Chansonnier. Schon aus dem Titel klingt der verbissene Optimismus, so charakteristisch für diesen Hünen der Stimme und der Seele, der Energie für zwanzig in sich barg.

Seine berühmteste Rolle war auf der Bühne, nicht an der Gitarre: als Hamlet im Moskauer Theater an der Taganka, in einem schwarzen T-Shirt mit langen Ärmeln und weitem Rundkragen, die Haare wie in der Antike zum Gesicht hin gekämmt. Wer die alten Videos auf Youtube betrachtet und die Reibeisenstimme hört, braucht kein Russisch zu verstehen.

Über eintausend Konzerte hat Wyssozki gegeben in seinen zweiundvierzig Lebensjahren, siebenhundert Gedichte verfasst, sechshundert vertont, in fünfzehn Bühnenstücken und fast dreißig Filmen die Hauptrolle gespielt, sich herumgeschlagen mit der ewig bornierten, von seinem Erfolg und Charisma zutiefst verunsicherten Partei. Unterstützt von seiner dritten, französisch-russischen Ehefrau hat er Auftritte im kapitalistischen Ausland durchgesetzt, in den USA, Frankreich, Deutschland und anderswo. Bis der geschundene Körper den Kampf gegen seine eigene, maßlose Energie, gegen Wodka und alles verlor und aufgab, an einem heißen Julitag 1980, als Moskau sich der Welt als sozialistische Olympiastadt präsentierte.

Tagelang verschwiegen die sowjetischen Medien den Tod des unbequemen Genies. Nur nicht die fröhliche Inszenierung stören, nicht den Zorn der Parteioberen wecken. Die Menschen erfuhren es auch ohne Zeitung. Fast eine Million folgten dem toten Sänger am 28. Juli 1980 auf seinem letzten Weg vom

Theater an der Taganka zum Wagankowoer Friedhof. Fast eine Million. Die Athleten sprangen vor halbleeren Rängen.

Es war auch ein Abschied vom Horror der Sowjetunion; stellvertretend hatte Wyssozki den Kampf auf sich genommen und war gestorben, ohne zu zerbrechen dabei. Nicht der Tod ist das Besondere; das Besondere ist, wenn jemand kämpft.

Ein paar Jahre noch, und es war vollbracht: Vorhang zu für den Kommunismus.

Wenige Wochen vor dem Tod hat er seine letzten Verse geschrieben, die Quersumme einer Existenz aus Liebe, Energie und Wut:

Noch keine Fünfzig, Vierzig gerade, und ich lebe
zwölf Jahre schon von dir und Gott beschützt.
Zu singen hab ich was, wenn ich dann vor ihm stehe,
vielleicht hab ich ihm doch genützt.*

Dann gab es noch einen Diamanten, der ebenfalls viel zu früh gestorben ist, noch nicht einmal halb geschliffen und doch schon so hell leuchtend wie die Sterne Hollywoods und Bollywoods.

Am Abend des 20. September 2002, vor Einbruch der Dunkelheit, endet für ein russisches Filmteam im nordossetischen Karmadontal, wenige Kilometer von der georgischen Grenze entfernt, ein langer Drehtag. Knapp eine Autostunde im Norden, in Wladikawkas, warten Abendessen, Wodka und die Hotelzimmer der siebenundzwanzigköpfigen Crew. Mit dabei ist der unbestrittene Nachwuchsstar des russischen Kinos, Sergej Bodrow junior, ein Sohn des gleichnamigen Moskauer Regisseurs.

Schon sitzen die Männer und Frauen in ihren Geländewagen, da beginnt die Erde zu zittern. Bevor noch das Adrenalin wirken kann, rast eine Welle aus Schlamm, Eis und Erde mit über hundert Stundenkilometern durch die enge kaukasische Schlucht. Es war ein Tod in Bruchteilen einer Sekunde.

---

* Übersetzung Th. F.

Genau einhundert Jahre und zwei Monate zuvor, im Sommer 1902, hatte sich schon einmal eine Eislawine aus dem Kolkagletscher hoch oberhalb des Tals im Großen Kaukasus gelöst. Doch wer erinnert sich an so etwas?

Bodrow junior, der damals mit dreißig Jahren sein Leben ließ, war ein Schauspieltalent von überwältigender Dichte. Zu seinem Geheimnis gehörte, dass er nicht spielen musste, nicht einmal spielen wollte. Bodrow war kein Castingprodukt, gepolt auf Erfolg und Effekt, vierundzwanzig Stunden am Tag.

Die Kultfilme *Bruder 1* und *Bruder 2*, in welchen er die Hauptrolle spielte, waren schon Ende der Neunziger Vorboten des neuen russischen Selbstbewusstseins. Vor allem *Bruder 2*, der prophetisch die Entfremdung vom Westen vorwegnahm, hat bei seinem Erscheinen viel Kritik auf sich gezogen; den liberalen Intellektuellen passte die ganze Richtung nicht. Der Erfolg beider Filme war ein früher Indikator, dass Russland seinen eigenen Ausweg aus den Wirren der Zeit finden würde.

Goscha, Wyssozki, Bodrow ... Ausnahmeerscheinungen, Diamanten eben. Sie mögen die Volksseele tausendmal in sich verdichten, wir Normalsterblichen müssen uns mit dem abfinden, was uns auf der Straße begegnet. Und da fragt sich mancher Fremde, der nach Moskau kommt, mancher Ausländer, der am Zoll und an der Hotelrezeption muffigen Gesichtern gegenübersteht: Wo ist denn nun die große russische Seele? Sitzt sie so tief, dass ihr an der Oberfläche nicht einmal ein Lächeln gelingt? Und er zweifelt an den Berichten enthusiastischer Reisender und besoffener Dichter vom warmen Busen der slawischen Nation, von ihrem unendlich weiten Herzen und dem Gelten echter Werte.

Er betrachtet die fetten SUV und die schwarzen deutschen Limousinen in Langversion, wie sie über die Mittelstreifen der breiten Moskauer Prospekte rasen, gekaufte Polizei mit Blaulicht und Höllentempo voraus, während das Autovolk zu beiden Seiten in kilometerlangen Staus verkommt. Er sieht die

Alten, Schwachen, wie sie scheu in fadenscheiniger Kluft übers Trottoir huschen. Er sieht die Breitschultrigen mit kurzgeschorenen Haaren in Anzügen von Brioni oder Armani, schlechtsitzend trotz des vielen Geldes, feistes Grinsen im rot angelaufenen Gesicht, Goldketten am Handgelenk und schöne, junge Frauen an der Seite, die Beamten aus den Ministerien mit weichen, weißen Händen im dunkelblauen Burberry, die in ihre Mittelklassewagen steigen und in ihre Häuser in der Vorstadt fahren, viel zu große Häuser für jemanden, der gerade tausend Dollar im Monat verdient und daher auf die Ehefrau eingetragen oder die Schwester, den Bruder, die Tante, den Onkel, auf Cousin oder Cousine.

Und er fragt sich: Wo ist das Land des Jägers, wo klingt Jaschas helle Stimme? Wo hat der große Turgenjew gelebt, der Jascha und all die anderen in seinen *Aufzeichnungen eines Jägers* unsterblich werden ließ?

Oder sollte es gar … dasselbe Land sein?

Wurden die Leibeigenen damals nicht geschlagen?

Steckte das Geld nicht in den falschen Taschen?

Waren die Beamten nicht käuflich, haben sie weniger wichtig getan, war allen nicht immer schon alles egal?

Es ist so riesig, so vielfältig, dieses Russland. Kein Wunder, dass sich niemand auskennt. Dabei bleibt es immer – unbewegt – es selbst. Der mächtige Koloss.

Behend dagegen ist die Seele, die russische Seele, ein flüchtiges Ding. An manchen Tagen durchstreift man die Stadt und begegnet ihr kein einziges Mal. Dabei steckt sie hinter jeder Hausecke, in jedem Kiosk, ob dort nun gefüllte Kartoffeln, Blini-Pfannkuchen oder Eistüten verkauft werden, in den Manteltaschen der griesgrämigen Mütterchen, ja gar im Handschuhfach manches S-Klasse-Mercedes (wo man sie zuallerletzt vermuten möchte). Die russische Seele will gesucht, entdeckt, verlockt und umworben werden; sie ist den Menschen nicht auf die Stirn gebrannt. Sie steht nicht auf dem Plan der Stadtrundfahrten und auch nicht im Repertoire der Zigeunergeiger, die aufspielen, wenn im Restaurant »U Pirosmani« die Ausländer abgezockt werden.

Ein schüchternes Kind, nicht zu haben für Reklame und Kommerz. Und wenn irgendwo »Russische Seele« draufsteht, ist garantiert keine drin. Aber mein Ehrenwort gilt: Jeder, der ein Herz im Leibe hat, wird sie finden.

V.
GESELLSCHAFT UND STAAT

Gosudarstwo ist das russische Wort für Staat. Es leitet sich her vom altslawischen *Gosudar*, dem Herrscher, ebenso wie auch die Anrede Herr: *Gospodin*. Herr Koslow – Gospodin Koslow. *Gospod Bog* wiederum ist der Herrgott (*Bog* ist Russisch für Gott). Von seiner Bedeutung her hat das Wort *Gosudarstwo* – und das ist folgenreich – noch am ehesten Ähnlichkeit mit dem deutschen Wort Herrschaft oder dem lateinischen *regnum*. Beide waren bis zum Anbruch der Neuzeit in Europa gängige Bezeichnungen für das, was wir heute Staat nennen.

Zwischen Ludwig XIV. und den Präsidenten, Kanzlern und Premierministern unserer Tage liegen dreihundertfünfzig Jahre. In dieser Zeit hat sich der Begriff des Staats von der Person des Herrschers emanzipiert; der Staat besteht nicht mehr aus Fleisch und Blut, der Staat ist Institution geworden. Das Pendel der Geschichte hat den Nadir durchschwungen. Konnte der Sonnenkönig noch gegenüber den frondierenden Ständen auftrumpfen, absolut sein im Wortsinn, so sind die europäischen Staatsschiffkapitäne heutiger Tage, wenn ihnen nicht das Glück ganz außerordentlich lacht, nur mehr Frühstücksdirektoren der Massendemokratie.

Der Leser bemerkt das Augenzwinkern. Es ist nicht so, dass ich mir den vierzehnten Ludwig zurückwünsche, auch nicht die davor oder danach. Mich fasziniert allein der Pendelschwung.

Noch ein Unterschied: Während Herrschaft und Regnum einen geschichtlichen Zustand kennzeichnen – die Regierungszeit des Herrschers –, ist der Begriff Staat zeitlos. Er beschreibt einen geographischen Raum, Funktionen, Strukturen, Prozesse – wer trifft welche Entscheidungen, wer erlässt allgemein geltende Gesetze, wer spricht Recht, wenn zwei sich streiten. Nicht in einer Person gewinnt der Staat Gestalt, sondern in seinen Institutionen: Parlamenten, Gerichten, den hoheitlichen Organen, dem Haushalt ...

Das liebe Geld, es steht am Anfang aller Dinge. *L'état*, das französische Wort für Staat, war im Mittelalter die Staatskasse, bei deren Verwendung die selbstbewusster werdenden Stadtbürger ein Recht auf Mitsprache forderten. Der Bundesetat – im deutschen Sprachgebrauch existiert das Wort mit unverändertem Inhalt. Adel, Bürger und Könige fochten miteinander, und nach einigen Jahrhunderten gab es keine Herrschaft mehr, sondern nur noch Staat. Die Nöte der Wirklichkeit blieben dieselben, aber der Weg zur modernen Demokratie war offen.

Russland war auf diesem Weg nicht dabei. Während Europa Anlauf nahm zum Sprung in die Neuzeit, zerbrach die Rus unter der Mongolenherrschaft. Unter dem verfluchten Joch gab es nur einen Weg nach oben, und den ging man mit gekrümmtem Rücken. All das lernten die russischen Fürsten, außerdem: zur Seite treten, von hinten zustechen, Rufmord und Intrige. Wer all das beherrschte, hatte am Hof der Khane Erfolg. Ihre zweihundertfünfzigjährige Herrschaft hat das Land tief geprägt. Als sie vorüber war, fehlten die Kräfte, die in Europa das neue Denken verkörperten: Stadtbürger, ein stolzes Priestertum, ein unabhängiger, landsässiger Adel.

Städte, das waren in Russland allenfalls die Ansiedlungen um Fürstensitze herum. Den einzigen seriösen Kandidaten, Nowgorod und Pskow, haben die Moskauer Fürsten rasch die Flügel gestutzt. Adel und Klöster, die auf uraltem Besitz saßen und sich den Konflikt mit der Zentralmacht leisten konnten, gab es nicht. In Russland galt das frühmittelalterliche Lehensprinzip – aller Grund gehörte dem Zaren.

Das Fehlen materieller Ressourcen setzte den sozialen Schichten direkt unterhalb des Zaren enge Grenzen. So blieb auch deren Planen und Denken im Widerstreit von Gehorsam und Eigeninteresse hängen. Kurzsichtig, rückständig, der Vergangenheit und ihren Traditionen verschrieben erscheinen uns die Bojaren, die Patriarchen und die Popen des 17. Jahrhunderts. Da war im Westen längst die Neuzeit angebrochen ...

Noch ein paar Jahrzehnte, dann wird Peter I. der ganzen Bagage die Bärte abschneiden, ihr die Kaftane verbieten, sie in straffen Dienstadel umwandeln und in eine festgefügte Rangordnung pressen. Er wird den Patriarchen durch eine Synode ersetzen und Neuzeit von oben einführen, *par ordre du mufti*. Schluss, aus, basta.

Die feudalen Konflikte zwischen Zar und Bojaren sind an Russland nicht vorübergegangen. Doch ungleich verteilt, wie die Gewichte waren, blieben sie, anders als im Westen, unfruchtbar und resultierten nicht in der Geburt einer modernen Gesellschaft. So war alles letztlich nur Kulisse des Moskauer Siegeszugs, der ungeheuren Expansion dieser Stadt und der Erhebung ihrer Herrscher zu Großfürsten, Zaren, Imperatoren und schließlich Tyrannen einer Weltmacht im 20. Jahrhundert.

Der Staat bleibt, was er zu Zeiten der Rus schon war: Herrschaft, Regnum, *Gosudarstwo*. Noch im 21. Jahrhundert steht Gosudarstwo für Autorität und Obrigkeit – nicht für Institutionen wie Verfassung, Gewaltenteilung und unabhängige Gerichtsbarkeit. Die existieren auf dem Papier, doch für den weit überwiegenden Teil der Bevölkerung gilt wie eh und je: Gemacht wird, was der Chef will.

Und das nicht einmal widerwillig. Dieselbe Mehrheit ist nämlich überzeugt, dass alles so seine Richtigkeit hat. Die Vorstellung, dass Institutionen mächtiger seien als Personen, hat für die meisten Russen etwas Exotisches. Wer respektiert schon einen Präsidenten, der ein Verfassungsgericht auf seiner Nase tanzen lässt.

Hingerissen von Größe, Macht und Stärke, durchwirkt von einer tiefen Abneigung gegen abstrakte Regeln, in ein und demselben Moment bereit zu Unterordnung und Aufruhr – verstrickt in Widersprüche sucht der russische Mensch seinen Weg in die Gemeinschaft. Rauher Charme, Humor und Selbstironie, sicher die prachtvollsten Züge des Nationalcharakters, wurzeln im

Bewusstsein dieser Eigenschaften. Es ist das genaue Gegenteil des vernunftgesteuerten Verhaltens, das man im Westen schon den kleinen Kindern beizubringen versucht. Vielleicht erklärt das die Faszination, die Russland auf manchen nüchtern denkenden, verstandesgetriebenen Westeuropäer ausübt.

Die Vielgestaltigkeit des alltäglichen Verhaltens, seine Unterschiede nach Stadt und Provinz und die Überraschungen, die man in Begegnungen immer wieder erlebt, sprengen den europäischen Rahmen. Mitunter will es scheinen, die Menschen in diesem Lande seien aus mehr Zutaten gebacken als andere, vereinten ein größeres Maß an Widersprüchen, Gegensätzen, Mängeln und Gaben. Das ist natürlich Unfug. Aber die anarchische Vielfalt, das breite Spektrum der Eigenschaften, die Fülle der ethnischen Wurzeln, all das verleiht diesem Volk Kraft und Ausdauer noch in seinen schwächsten Stunden.

Ein griffiges Beispiel für dieses Nebeneinander von Talent und Scheitern, Anpassung und Widerspruch bietet die Familie des Kinoregisseurs Nikita Michalkow. Sie ist ein Unikat insofern, als ihre Angehörigen über mehr als hundert Jahre unter drei eminent verschiedenen politischen Systemen ununterbrochen in der Sahne schwammen. Nikita Michalkows Urgroßvater, Sohn einer Prinzessin Galitzin, war unter dem Zaren Gouverneur von Jaroslawl. Sein Vater Sergej hat es zu einem Lenin- und drei Stalinpreisen gebracht. Michalkow selbst, Regisseur oscargekrönter Meisterwerke (*Die Sonne, die uns täuscht*, 1994) und unsäglicher Schinken (*Der Barbier von Sibirien*, 1998), slawophiler Patriot, Präsident des Russischen Verbands der Kinematographen und Organisator des Moskauer Filmfestivals, ist *der* staatstragende Filmregisseur der Putin-Ära.

Ganz im Gegensatz zu ihm steht sein älterer Bruder Andrej, der sich nach ihrer Mutter Kontschalowski nennt und seine Kinokarriere als Experimentalfilmer begann. Schon vor 1990 lebte er zehn Jahre in den USA und wurde durch erfolgreiche

Mainstream-Produktionen bekannt (*Tango und Cash*, 1989 mit Sylvester Stallone). Heute wohnt Kontschalowski in einem Moskauer Vorort, ist in fünfter Ehe verheiratet mit einer sechsunddreißig Jahre jüngeren Schauspielerin und Fernsehköchin und dreht nachdenkliche Filme wie *Das Irrenhaus (Dom Durakow)* aus dem Jahr 2002, eine hinreißende, bitterböse und tieftraurige Satire vor der Kulisse des ersten Tschetschenienkriegs.

Der Vater der beiden Regisseure, Sergej Michalkow, war eine Gestalt für sich. Jahrgang 1913, ein junger Mann, als der Stalinismus begann, literarisch hochbegabt und in vielen Genres tätig, hat er sich immer entlang der offiziellen Linie bewegt, jeden Schwenk mit Bravour und Qualität gemeistert. Geschichte gemacht hat er als Texter dreier Nationalhymnen innerhalb einer Zeitspanne von sechsundfünfzig Jahren, immer zu derselben, heute noch gespielten Melodie von Alexander Alexandrow:

- 1944 die sowjetische Hymne (ein Loblied auf Väterchen Stalin)
- 1977 die Neufassung (ein Loblied auf den Kommunismus)
- 2000 die russische Hymne (ein Loblied auf das heilige Russland).

Patriotisch waren die Texte allemal, und darauf würde sich auch Sohn Nikita, der gefeierte Kinoregisseur, hinausreden: Seine Familie hat zu jeder Zeit ihrem Lande gedient.

Sehnsucht nach der Identifikation mit dem großen Führer und Faszination durch den starken Mann durchziehen die russische Geschichte. Woher sonst die Bereitschaft Nikita Michalkows und dreier anderer Hofkünstler Ende 2007, im Namen von über fünfundsechzigtausend (ungefragten!) russischen Kulturschaffenden einen Offenen Brief an den Präsidenten Putin zu richten mit der untertänigsten Bitte, seinen Posten nicht zu räumen, dem Land weiterhin als starker Häuptling zu dienen, die Hoffnungen der nachwachsenden Künstlergeneration, dieser Blüte des Fortschritts, nicht zu enttäuschen ...

Der Erinnerung halber: Damals stand das Land vor einem Intermezzo an der Führungsspitze. Von 2008 bis 2012 hat Dmitri Medwedew, inzwischen wieder Premierminister, die Rolle des Staatspräsidenten gespielt.

Wir wissen nicht, ob Michalkows Brief bestellt war oder nicht. In jedem Fall muss man es Putin anrechnen, dass er mit seinem Abtreten die Konstitution respektiert hat. Der auf ihn ausgeübte Druck in der Öffentlichkeit war erheblich, und die Verfassungsänderung für eine dritte Amtszeit wäre ein Verwaltungsakt gewesen. Die Parlamentsmehrheit stand Gewehr bei Fuß.

Und so bleibt der Nachgeschmack, dass lebenslange Herrschaft in Russland eine reale Option bleibt. Im Bewusstsein der großen Mehrheit muss ein starker Führer mächtiger sein als die Grundelemente der repräsentativen Demokratie: Verfassung, Gewaltenteilung, Parlament. Russland ist nur eine Demokratie aus Opportunität.

Für Westeuropäer ist Michalkows Brief ungenießbar. Es gibt ein schwer zu übersetzendes russisches Wort, das alle Schattierungen von billig, schäbig, aufgeblasen und töricht in sich vereint: *Poschlost*. Ein Mensch, der *poschly* ist, wird ständig hohe Ideen äußern, von Würde, Stolz und Schönheit reden, aber er weiß nicht, was er sagt, und alles klingt lüstern und banal. Er nimmt große Worte in den Mund, an die er glaubt, redet sich in überschwengliche Gefühle hinein – alles mag subjektiv ehrlich sein, aber es ist falsch.

In der russischen Literatur des 19. Jahrhunderts wurden häufig Personen als *poschly* dargestellt, die eine unverdaute Erfahrung mit westeuropäischem Gedankengut vor sich hertrugen – ein abgebrochenes Studium, eine ausgedehnte Reise, unausgegorene Lektüre europäischer Romane. Ihr ganzes restliches Leben lang reden sie auf ihre klugen russischen Nachbarn ein, beweisen ihnen, um wieviel besser im Westen alles bestellt ist, um wieviel weiser die Staatsmacht, um wieviel ehrlicher die Beamten sind. Diese Menschen dozieren und wiederholen, schwätzen ohne Ende und zeigen dabei doch nur, wie wenig mit ihnen anzufangen ist.

Machen wir uns nichts vor, Schranzen treiben in jedem System ihr Unwesen, auch in der lupenreinsten Demokratie. Es sind einfach jene Menschen, die gar nicht anders können, als im richtigen Moment das Richtige zu sagen. Sie sind so. Mit dieser Eigenschaft sitzen sie überall an den Sahnetöpfen.

Doch auch in Russland leben Millionen, die einfach nur daran arbeiten, ihr Dasein jeden Tag ein wenig lebenswerter zu gestalten. Oft übersehen sie selbst, wie erfolgreich sie sind. Das Überqueren eines Zebrastreifens war vor zehn Jahren ein Himmelfahrtskommando – inzwischen haben sich die Verhältnisse denen in Europa völlig angeglichen. In der Moskauer Innenstadt zeigen plötzlich Parkverbote Wirkung. Die Bedienung in Geschäften und Restaurants ist ungleich freundlicher geworden. Schon richtig, ein breites Lächeln wie in Amerika werde ich vergeblich erwarten. Das gibt es aber auch in Finnland nicht, die Russen sind schließlich ein nordisches Volk. Selbst Beamte lassen mitunter vermuten, dass der Staat allmählich zu verstehen beginnt, was eine Bürgergesellschaft ist. Für viele Betroffene ist es ein steiniger Weg. Das Gehalt ist beschissen, und man hat genug damit zu tun, die eigenen Versäumnisse vor den Vorgesetzten zu verbergen. Wer will sich da noch nach unten rechtfertigen?

Für alle gilt, dass die Autorität, die der Kreml inzwischen wieder besitzt, auf eine verbreitete Sehnsucht nach stabilen Verhältnissen trifft. Sie hilft auch, die Enttäuschungen und Erfahrungen aus den sogenannten demokratischen Jahren zu vergessen. Der krasse Mangel an Gemeinsinn, die Gier, die ungeheure Rücksichtslosigkeit, die damals ans Tageslicht traten, dämpfen jede Lust auf eine Wiederholung des Abenteuers.

Noch gibt es in der kollektiven Psyche des Landes keinen dritten Weg zwischen dem Willen einer starken Obrigkeit und dem ausschließlichen Interesse des eigenen Ich.

»*Dowerjai, no prowerjai*« lautet ein alter russischer Satz – »Vertraue, aber kontrolliere«. Daran ist nichts auszusetzen, doch in der alltäglichen Wirklichkeit, vor allem im Verhältnis von Bürger und Staat, findet er keine Anwendung. Dort gilt bis heute: »Befiehl und kontrolliere.« Mit der Folge, dass wie in jedem autoritären System der Wirkungsgrad sinkt. Kein Wunder, denn nach der Ausführung wartet man auf die Kontrolle und danach auf den nächsten Befehl. Wo nicht befohlen und kontrolliert wird, geschieht am Ende gar nichts mehr.

Am produktivsten wird es in Russland immer dann, wenn ein eingeschworenes Team (oder Kollektiv, wie man dort immer noch sagt) unter Zeitdruck, am besten im Rahmen einer Hauruck-Aktion, mit viel Improvisation ein Problem oder eine Aufgabe löst. Das sind Momente, da ist man glücklich, wenn man Russen um sich weiß. Während wir Deutsche auch zweihundert Jahre nach Immanuel Kant jedes Problem erst einmal »an sich« zu erfassen suchen, haben die Russen die Sache schon halb im Griff. Ewig wird es nicht halten, aber bis dahin ist Zeit gewonnen. In Russland denkt man pragmatisch.

Die Prozesse in vertikal-chaotischen Systemen hat der deutsche Kabarettist Wolfgang Neuss schon vor einem halben Jahrhundert in seiner *Inneren Führungs-Kettenreaktion* auf den Punkt gebracht:

Oberst zum Adjutanten:
»Morgen früh ist eine Sonnenfinsternis, etwas, was nicht alle Tage passiert. Die Männer sollen im Drillich auf dem Kasernenhof stehen und sich das seltene Schauspiel ansehen. Ich werde es ihnen erklären. Falls es regnet, werden wir nichts sehen, dann sollen sie in die Sporthalle gehen.«

Adjutant zum Hauptmann:

»Befehl vom Oberst. Morgen früh um neun ist eine Sonnenfinsternis. Wenn es regnet, kann man sie vom Kasernenhof aus nicht sehen, dann findet sie im Drillich in der Sporthalle statt. Etwas, was nicht alle Tage passiert. Der Oberst wird's erklären, weil das Schauspiel selten ist.«

Hauptmann zum Leutnant:

»Schauspiel vom Oberst morgen früh neun Uhr im Drillich. Einweihung der Sonnenfinsternis in der Sporthalle. Der Oberst wird's erklären, warum es regnet. Sehr selten sowas!«

(...)

Gespräch unter den Soldaten:

»Haste schon gehört, wenn's morgen regnet...«

»Ja, ick wees, der Oberst will unsern Drillich verfinstern. Det dollste Ding: Wenn die Sonne keinen Hof hat, will er ihr einen machen. Schauspieler sollen Selters bekommen, typisch! Dann will er erklären, warum er aus rein sportlichen Gründen die Kaserne nicht mehr sehen kann. Schade, dass det nicht alle Tage passiert.«

Lehnen Sie sich zurück und schließen Sie die Augen. Sehen Sie, wie der russische Präsident an seinem dunklen Schreibtisch sitzt, hinter ihm die zwei Fahnen mit dem hl. Georg und der Trikolore? Seine Stirn liegt in tiefen Falten, und nachdenklich wiegt er den Kopf. Ihm gegenüber hockt der Premierminister auf der Sesselkante und schaut artig und aufmerksam.

Präsident: »Verdammt, wir müssen die Leute irgendwie zum Wählen motivieren. Was machen wir, wenn die Beteiligung wieder nur bei zwanzig Prozent liegt? Wo bleibt unsere Legitimation?«

Der Premierminister nickt stumm, erhebt sich und verlässt den Raum mit der golddurchwirkten Tapete. Das Gespräch wiederholt sich in den Büros des Innenministers, des Vorsitzenden der Wahlkommission, der Vorsitzenden der Gebiets- und

Rajonkommissionen. Jeder liest seinem Vorgesetzten die Wünsche von den Lippen ab. Am unteren Ende schwärmen Soldaten in Zivil aus und stopfen am Wahltag bündelweise vorbereitete Stimmzettel in die Urnen.

In der Realität ist alles viel einfacher. Wähler im Staatsdienst – Ärzte, Lehrer und dergleichen – lassen sich mit dem Hinweis auf ihre beruflichen Interessen verpflichten, brav wählen zu gehen und richtig anzukreuzen. Ein freundschaftlicher Wink von oben: Falls das Lehrerkollegium oder die Belegschaft des Krankenhauses nicht komplett abstimmt, könnte es Probleme geben mit der beantragten Investition oder der ersehnten Renovierung.

Beobachter aus dem Westen, auch wenn sie schon lange in Russland leben, überschätzen die Bedeutung der liberalen, prowestlichen Minderheit, die sich in erster Linie aus der urbanen Intelligenz rekrutiert. Das muss nicht verwundern: Es sind Menschen, die vor allem in den großen Städten wohnen, keine Kontakte mit Ausländern scheuen, Fremdsprachen beherrschen und häufig in kommunikativen und künstlerischen Berufen präsent sind. Ein westlicher Zeitungskorrespondent wird mit einem liberalen Moskauer Verlagsmanager eher auf einer Wellenlänge liegen als mit einem patriotischen Geheimdienstoffizier.

Gemessen an über einhundertvierzig Millionen Einwohnern ist die liberale, urbane Intelligenzija nur eine sehr kleine Gruppe. Auch ohne Wahlmanipulation bliebe die landesweite Unterstützung für eine an westlichen Werten orientierte Partei unter zehn, fünfzehn Prozent – mit deutlichen Ausschlägen nach oben in Moskau und St. Petersburg. Landesweit zwanzig Prozent wären ein Wunder, ein Fanal.

In seiner überwältigenden Mehrheit wünscht das russische Volk sich seinen eigenen Weg, abgegrenzt nach allen Seiten und der russischen Größe und Einzigartigkeit angemessen. Und das nicht etwa, weil die Menschen desinformiert oder ignorant wären.

Wir haben gesehen, wie vermeintlich identische Begriffe – Staat, Herrschaft, Obrigkeit – in verschiedenen Gesellschaften unterschiedlich ausgelegt werden. Die Vorstellungen, Erfahrungen und Erwartungen im Osten und im Westen sind nicht deckungsgleich. Die Unterschiede sind nicht mit Händen greifbar, doch mitunter reichen haarfeine Abweichungen, um den Anschauungen eine ganz andere Richtung zu geben, so wie winzige Ströme in einem Halbleiter mächtige Schaltkreise lenken.

Russland ist keine Autokratie und auch keine Diktatur, erst recht kein totalitärer Staat. Trotz Duma und Verfassungsgericht ist es aber auch keine parlamentarische Demokratie nach westlichem Zuschnitt. Wesentliche Züge der russischen Politik, deren Ursprung ausländische Beobachter gern im sowjetischen Erbe festmachen, hatte in Wahrheit schon die UdSSR vom zaristischen Imperium geerbt. Noch streitet die Wissenschaft über die korrekte Bezeichnung des politischen Systems, das sich in Russland herauskristallisiert. Vielleicht populistisch-autoritärer Kapitalismus?

Nach den traumatischen Erfahrungen zweier Epochen, der sowjetischen und der postsowjetischen, gilt zwischen Volk und Macht eine ungeschriebene Vereinbarung, ein Gentlemen's Agreement, welches beiderseits Anerkennung findet. Sein Inhalt: Das Volk erhält Reisepässe, Privateigentum, Marktwirtschaft und Meinungsfreiheit. Demgegenüber verpflichtet die Regierung sich, das Land gegen innere und äußere Feinde zu verteidigen, die Inflation zu bekämpfen, eine öffentliche Infrastruktur und soziale Grundsicherung bereitzustellen und die Steuern niedrig zu halten.

Im übrigen bleibt die Elite unter sich. Gesetzesvorlagen werden in den Parlamenten abgenickt, und der Souverän – das Volk – akklamiert alle sechs Jahre den von seinem Vorgänger vorgeschlagenen Präsidenten im Negligé quasidemokratischer Wahlen.

Bis auf weiteres bedrückt das nur eine Minderheit. Mehr als Reisefreiheit, Privateigentum und das Recht, auf die Mächtigen zu schimpfen, wird von der breiten Mehrheit nicht verlangt. Wenn es dazu noch gelingt, die patriotisch-nationale Karte zu spielen, dem Westen und besonders den USA, wie zur Zeit der Krim-Krise 2014, klare Kante zu zeigen, dann sammelt die Regierung Sympathiepunkte en gros.

Wobei die Stimmung umschlagen kann. Das weiß niemand besser als der immer vorsichtige, immer misstrauische Herr des Kreml selbst. Die Monate vor der Präsidentschaftswahl 2012 haben gezeigt, dass die urbane Mittelschicht ihre Unzufriedenheit rasch auf die Straße tragen und binnen kurzem auch weite Teile der Medien auf ihre Seite ziehen kann.

Ein Hemmschuh, der alle Entwicklungen in Russland bremst, ist das gegenseitige Misstrauen. Mitunter scheint es, als misstraue jeder jedem, ausgenommen vielleicht alten Freunden und der unmittelbaren Familie. Vor allem misstraut das Volk der Obrigkeit – und natürlich misstraut die Obrigkeit dem Volk. Und das nicht zu Unrecht, wenn man in die Geschichte blickt.

Für die russischen Menschen gilt daher der Satz: »Hilf dir selbst, dann hilft dir Gott.« Das hat einiges für sich, etwa im Umgang mit russischen Staatsdienern, die sich im Regelfall ihre Menschlichkeit – im Guten wie im Bösen – auch von Amt und Uniform nicht rauben lassen. So ist auch der einzige Ort in Moskau, wo jedes Nein ein Nein ist, die deutsche Botschaft. Dort regiert das Gesetz. Es gilt – gut, gerecht und vom Bundestag erlassen. Und es ist gewiss stärker als ein Lächeln, stärker als eine Bitte um Nachsicht oder um Verständnis.

Anders als der Deutsche bleibt der russische Mensch, auch wenn er als Beamter hinter einem Schalter oder Schreibtisch sitzt, nämlich Mensch mit allem, was dazugehört. Weil er das weiß und weil er sich dem Amt nicht hingibt, weil das gesunde Eigeninteresse ihm partout nicht aus dem Kopf will, ist er misstrauisch. Er weiß, dass seine Landsleute genauso denken wie er. Misstrauen ist die Kehrseite der Menschlichkeit. Das geht so weit, dass Russen der Kontakt mit Ausländern leichter fällt als mit den eigenen Landsleuten. Spreche ich einen Russen auf der Straße an und erkennt er nicht sogleich den Ausländer in mir, werden seine Gesichtszüge sich entspannen, sobald er meinen Akzent vernimmt. Und zwar nicht, weil ich ihm als Ausländer vielleicht sympathischer wäre, keineswegs – ich bin einfach harmlos. Niemand hat Angst vor mir.

Der Mangel an gegenseitigem Vertrauen ist ein chronisches Leiden der russischen Gesellschaft. Wie soll da ein großes Ganzes entstehen, wenn die Teile voneinander nur Schlechtes erwarten?

Der agrarische Hintergrund der um Adel und Bourgeoisie gebrachten russischen Gesellschaft ist schon zur Sprache gekommen. Ein alter Witz gibt einen Hinweis, was es mit dem Mangel an Grundvertrauen auf sich haben könnte:

Was denken sie im Dorf, wenn ein Fremder übers Feld kommt und sich nähert? – Dass er sie übers Ohr hauen will; also rufen sie ihre Töchter ins Haus, sperren die Tür ab und verstecken sich hinter den Vorhängen.
Und was denken sie in der Stadt, wenn ein Fremder vor den Toren erscheint? – Dass sie ihn übers Ohr hauen können; also nehmen sie ihre Waren, treten auf die Straße und beginnen ein freundschaftliches Gespräch.

Wer nur auf sich selbst vertraut, sieht in allem zuerst ein Werkzeug zur Durchsetzung der eigenen Interessen. So war es nach 1991, als erstmals seit der Revolution Institutionen entstanden, die vom Staat unabhängig waren: Parteien, private Fernseh- und Rundfunkkanäle, Zeitungen, Vereine, alle Arten von Zusammenschlüssen. Die starken, jungen Männer, deren hellste Köpfe als Oligarchen unermesslich reich werden sollten, spannten die schöne neue Welt schnurstracks für ihre Ziele ein. Nach außen hieß das Medienfreiheit; in Wahrheit war es Privatpolitik. Kein Beitrag, Wort oder Bild, der nicht den Interessen des Eigentümers entsprach. Journalisten, die noch im Kommunismus gelernt hatten, die Wahrheit zurechtzubiegen, und die mit Schmutzkampagnen groß geworden waren, erhielten für ihre Talente plötzlich gutes Geld. Wer zahlt, schafft an.

Mit Demokratie hatte das alles nichts zu tun, und man versteht, warum das Wort im Volksmund schon bald mit einem zweiten »r« versehen wurde: *Dermokratie. Dermo* ist das russische Wort für Scheiße.

Wo ausschließlich materielle und politische Interessen zählen, werden Begriffe wie Demokratie, Menschenrechte oder Rechtsstaat zu Waffen im Kampf um Macht und Oberhand. Als nach 2000 die ersten Oligarchen in Konflikt mit den neuen Herren im Kreml gerieten, arbeiteten ganze Stäbe hochbezahlter westlicher Berater und Anwälte daran, im Ausland Stimmung zu machen, PR auf allen Ebenen für ihre megareichen Mandanten. Die internationale öffentliche Meinung ist ein Faktor, und Stalins Fehler, den Papst wegen seiner nicht vorhandenen Divisionen zu unterschätzen, wird nach Johannes Paul II. und Solidarność kein russischer Politiker wiederholen.

Zumal diese öffentliche Meinung leicht zu manipulieren ist: Geld für wohlklingende Stiftungen spenden; Ghostwriter anheuern, die politisch korrekte Bücher schreiben; Kreide fressen wie der Wolf im Märchen. Wer laut genug »Haltet den Dieb« ruft, hat alle Chancen, den Menschen als Engel der Demokratie im Gedächtnis zu bleiben. Zwischen New York und Frankfurt gibt es genügend Anwälte, die für sechshundert Dollar in der Stunde keine Krokodilstränen scheuen. Die Herren Beresowski, Gussinski und Chodorkowski haben es vorgemacht.

Ein Grund dafür, dass die politische Landschaft sich nicht nach westlichem Vorbild entwickelt, ist auch die fehlende

Streitkultur. Vielleicht liegt es an den langen, frostigen Monaten und der Dunkelheit; Kommunikation gehört jedenfalls nicht zu den Stärken dieser Menschen. Schon im Alltag entstehen aus Nichtigkeiten lautstarke Auseinandersetzungen, oft genug handfeste Prügeleien. Raufereien, gerade wenn Alkohol im Spiel ist, sind an der Tagesordnung. Wer das Vergnügen hatte, mit einem russischen Charter in die Türkei oder ans Rote Meer zu fliegen, kann ein Lied davon singen.

Dasselbe gilt für öffentlich ausgetragene Konflikte, sei es im Fernsehen oder im Parlament. Der LDPR-Vorsitzende Wladimir Schirinowski, Populistenclown vom Dienst, dessen Rübe-ab- und Hau-drauf-Polemik ihm bei jeder Präsidentenwahl zweistellige Prozente sichert, ist schon ungezählte Male vor der Kamera auf Diskussionsgegner losgegangen, mit gröbsten Worten den GULag, Stalin und die Todesstrafe für Andersdenkende herbeifluchend. Die Zustimmung der Frustrierten ist ihm sicher. Sie sitzen vor dem Fernseher, klopfen sich auf die Schenkel und sind stolz darauf, dass es in ihrem Land noch ganze Kerle gibt.

Die Unfähigkeit zu streiten ist im Kern eine Unfähigkeit zu spielen. Wenn Menschen spüren, dass ein Konflikt sich unvorhersehbar entwickelt, lassen die wenigsten sich darauf ein – aus vernünftiger Angst vor dem Risiko. Ein konstitutioneller Staat kann nur überleben, wenn die Akteure willens sind, die Spielregeln einzuhalten. Wenn der Staat sein Gewaltmonopol nicht durchsetzen kann (oder, noch schlimmer, nicht will), werden Einzelinteressen und eben nicht das Gemeinwohl zum bestimmenden Faktor. In diesem Punkt steht die Probe aufs Exempel in Russland noch aus.

Entlang der »Vertikale der Macht« leben in Russland archaische Elemente fort, die für Westeuropäer gewöhnungsbedürftig sein können, etwa wenn wir im Fernsehen erleben, wie Minister beim Rapport ihrem Präsidenten auf der Stuhlkante gegenübersitzen wie verängstigte Eleven, manche mit Schweißperlen auf der Stirn. Oder wenn man Zeuge wird, wie Angestellte ruckartig aufstehen, nur weil der Generaldirektor anruft. Soll man da lachen oder weinen?

Das alles sind Restbestände aus alter, feudaler Zeit, die den Kommunismus überdauert haben. Feudale Beziehungen sind willkürlich und unberechenbar, gleichzeitig aber auch wärmer, emotionaler und intensiver. Vor allem in Momenten der Krise, wenn das Schicksal auf Messers Schneide steht und Brücken geschlagen werden zwischen oben und unten, zwischen Obrigkeit und Untertan.

Wenn Zar und Volk sich über den tiefen Graben hinweg berühren, der sie so tragisch trennt, werden kleine Märchen geschrieben in dem großen Märchen, das Geschichte heißt. Niemand hat das ergreifender dargestellt als Sergej Eisenstein in seinem berühmten Film *Iwan Grosny (Iwan der Schreckliche*, 1945*)*.

Im Dezember 1564 hat der Zar Moskau verlassen und sich nach Alexandrow im Nordosten zurückgezogen. Nur wenige Getreue sind noch um ihn. Doch sein Volk, das in Moskau darbt, ungeschützt der Willkür der Bojaren ausgesetzt, hat sich in endloser Prozession auf den langen Weg gemacht. »Wernis« – »Komm zurück«, singt es mit flehender Stimme und fällt auf die Knie in den weißen Schnee. Hoch ihm gegenüber auf einer grellweißen Treppe tritt die hagere, spitzbärtige Gestalt im schwarzen Pelz mit dem Herrscherstock aus dem Schatten der Kirchenmauer und verharrt in demütiger Verbeugung. Wie Feldzeichen ragen die Ikonen über das kahle, weiße und bis zum Horizont baumlose Feld. Die Szene ist zum Bersten voll mit expressivem, heiligem Pathos – Propaganda für den großen Führer. Allerdings nicht nur für den Zaren Iwan, sondern auch für den Produzenten und Auftraggeber des Films, den Kommunisten Josef Stalin.

Iwan IV., später Iwan der Schreckliche genannt, wird 1530 in eine Zeit des Umbruchs in Europa geboren, der bis ins isolierte Russland strahlt. Mit den geographischen Entdeckungen

94

der Spanier und Portugiesen und Luthers Reformation in Mitteleuropa hat der Kontinent das Mittelalter endgültig abgestreift.

Russland grenzt zu jener Zeit im Westen an Litauen, das sich vierzig Jahre später mit Polen zur Rzeczpospolita zusammenschließt und einen festen Riegel von der Ostsee bis zum Schwarzmeer bildet. Im Nordwesten ist Russland trotz der Anstrengungen im ersten Livländischen Krieg von der Ostsee weiterhin abgeschnitten. Der Außenhandel unterlag dem Monopol der Hanse, die nach dem Niedergang Nowgorods aus Reval, Narwa und Riga heraus operiert.

Da ist es ein Geschenk des Himmels, als im Frühherbst 1553 vom tausend Kilometer nördlich gelegenen Weißen Meer die Nachricht kommt, ein fremdes Schiff namens *Edward Bonaventure* sei aus dem Eismeer aufgetaucht, dessen Kapitän behaupte, aus einem Königreich namens England zu kommen mit einem Brief seines Königs Eduard VI. an den Herrscher aller Reußen.

Zwei Jahre später wird die *Muscovy Company* gegründet, die erste englische Aktiengesellschaft. Über mehr als ein Jahrhundert lang wird sie das Handelsmonopol zwischen beiden Ländern ausüben, und Iwan bekommt eine Vorstellung von seinen Möglichkeiten, wenn er nur erst sein Land aus dem Zangengriff der westlichen Nachbarn befreit.

Er nutzt alle Spielräume, die sich ihm bieten: nach Süden, nach Osten ... und nach innen. Als er 1584 nach siebenunddreißig Jahren auf dem Thron stirbt, keine vierundfünfzig Jahre alt, gezeichnet von einem Leben voller Laster und Sünden, sich selbst so verhasst wie vielen anderen, hat er sein Reich fast verdoppelt. Es ist jetzt so groß wie das übrige Europa zusammen.

Iwan IV., Iwan Grosny, der Schreckliche, der Dräuende, der Furchterregende. Nur ein Zerrbild dieses Menschen ist uns überliefert, und ein Zerrbild ist er auch seinen Zeitgenossen und

Untertanen, seiner unmittelbaren Umgebung, seinen Beratern, Kindern und acht Frauen. Hochintelligent, ein leidenschaftlicher Schachspieler gegen sich selbst, zynisch bis jenseits der Verachtung, depressiv in seinen Selbstzweifeln und manisch in seiner Energie, von tiefer Frömmigkeit, ein Sünder ohne Maß und Beispiel, von gleichem Zuschnitt wie die Merowinger und die spätrömischen Soldatenkaiser, ein zutiefst verkommener Mensch, hochbegabter Komponist wundertrauriger, religiöser Hymnen und mehrfacher Mörder von eigener Hand.

Iwan IV. ist schon kein einfacher Großfürst von Moskau mehr. Er ist der erste, der sich als Zar von ganz Russland krönen lässt, als Sechzehnjähriger. Sein Großvater Iwan III. hat die Anerkennung der Zarenwürde gegen den Widerstand der europäischen Mächte durchgeboxt. Seit dem Verschwinden Byzanz' von der politischen Bühne 1453 war der oströmische Kaiserthron vakant. Zar war Cäsar, doch um Cäsar zu sein, reichte es nicht, zehntausend Zobelpelze sein eigen zu nennen. Iwan III. bot mehr: In zweiter Ehe heiratete er Sofia Palaiologa, eine Nichte der letzten beiden byzantinischen Kaiser. Dies und die Tatsache, dass Moskau nach 1453 die Bastion der Rechtgläubigkeit war, der Orthodoxie, bilden die Säulen der Theorie von Moskau als dem dritten Rom.

Rom, *urbs aeterna*, die ewige Stadt. Kein Europa vor ihr, kein Europa nach ihr und kein Europa ohne sie.

Mit der Verlegung seiner Residenz nach Byzantion, dem heutigen Istanbul, und damit in den reichen, fruchtbaren Osten im Jahr 330, nach den Erschütterungen des krisengebeutelten 3. Jahrhunderts, hatte der römische Kaiser Konstantin den Boden für die lange Blüte des Römischen Reiches im Osten bereitet. Rom, das New York der Antike, war entvölkert nach den Plünderungen der Barbaren, und auch dann, als die Byzantiner den lateinischen Stiefel im 6. Jahrhundert zurückeroberten, regierten sie ihn von Ravenna an der Ostküste aus.

Byzanz mit der Hauptstadt Konstantinopel, das griechische Kaiserreich aus römischen Wurzeln, war das unbestrittene Haupt der christlich-europäischen Zivilisation, ebenbürtig mit Damaskus, Bagdad, Kairo, Sarai, Karakorum, Peking und den Städten der Maya in Mittelamerika.

Derweil beharrte die westliche, die römische Christenheit stur auf ihrem Vorrang vor den anderen Patriarchaten. Rom war ein Ruinenfeld, aber es war der Sitz Petri, des gesalbten Nachfolgers Christi; für Jahrhunderte gab es nichts anderes, was der alten, entvölkerten Hauptstadt in der Welt Bedeutung verlieh. Erst als der Papst hoch im Norden einen germanischen Aufsteiger fand, der das Zeug dazu hatte, den lang verwaisten Kaiserthron zu besteigen, wandelten sich die Verhältnisse. Der Mann hieß Karl, war König der Franken und begab sich mit Verve an den Aufbau seines Reiches, das später als Heiliges Römisches Reich Deutscher Nation sogar Byzanz noch um dreihundertfünfzig Jahre überleben sollte.

Das Konzept von Moskau als dem dritten Rom war so opportun wie genial. Seit der orthodoxen Taufe Ende des 10. Jahrhunderts war die Rus ein treuer Verbündeter Konstantinopels gewesen. Die dynastischen Verbindungen waren eng und zogen sich durch die Jahrhunderte, und die orthodoxe Identität gab dem Land Kraft in unsicherer und bedrängter Zeit, eingeklemmt zwischen Muslimen im Osten und Katholiken im Westen, beide nur an einer Schwächung der russischen Position interessiert.

Der Herrschaftsanspruch des ersten und eigentlichen Roms war aus damaliger russischer Sicht mit der Verlagerung der Hauptstadt 330 erloschen, war in Konstantinopel – dem zweiten Rom – auferstanden, 1453 untergegangen und lebte in Moskau – dem dritten Rom – fort. Der fränkische Karl und seine deutschen Nachfolger, Ottonen, Salier, Staufer, Welfen und Habsburger – alles nur nachrangige Möchtegernkaiser aus niederem Blut.

Das Konzept erfüllte einen weiteren Zweck: Nun konnte man den Ausländern aus dem westlichen Europa gegenüber nicht nur einen höheren Rang, sondern eine höhere Legitimation geltend machen, eine Legitimation unmittelbar aus dem wahren Glauben heraus. Auch als bald darauf im Westen die wissenschaftliche und technische Entwicklung rasant an Tempo gewann, geriet das Bewusstsein der russischen Überlegenheit nicht ins Wanken. Mochten die Ketzer im Westen noch so sehr die Nase vorn haben, ihr ganzer Fortschritt würde sie nicht vor der Hölle retten. All ihr Geschick und Verstand und schöne Worte – nichts als Tand und Glimmer, Teufelsgaben, um schlichte, reine Seelen zu verführen.

Vor diesem Hintergrund begreift man auch die Figur des märchenhaften *Iwan Durak*, des närrischen Iwan, der heimlichen Identifikationsfigur des russischen Volkes. Iwan Durak ist der Bauernbursch, der sieben Jahre auf dem Ofen liegt, nichts lernt, nichts tut und an nichts denkt, dann herabsteigt und Zar wird. Ohne Absicht und ohne Verdienst.

Und die Moral von der Geschicht'? Wer die begreift, ist morgen selbst schon Zar.

In dieses Land der Träumer, die absichtslos nur ihrer Lust und dem Tag leben, bricht Iwan IV. als erster großer Reformer. Zwei weitere Reformerzaren, übermächtig und gewalttätig, sollten ihm folgen im Lauf der Jahrhunderte: Peter I. und Josef Stalin. Alle drei verstanden sie, jeder auf seine Weise, dass sich in Russland von unten nichts ändert; vom Fleck kommt nur, was von oben erzwungen wird.

Aber Iwan ist ein schlechter Reformer. Er hat die Intelligenz, aber nicht das Naturell, und er ist zu früh gekommen, denn selbst Westeuropa probiert die neue Zeit, die Neuzeit, erst noch aus. Die Gegenwart ist noch nicht ganz durch die Tür. Dennoch ist Iwan der erste Herrscher, der hart in die überkommenen Feudalstrukturen eingreift und dem Haufen seiner unterworfenen Fürsten und zweitrangigen Bojaren so etwas wie Staatsräson abverlangt. Der *Semski Sobor*, die erste russische Ständeversammlung, die den europäischen Parlamenten ihrer Zeit durchaus ebenbürtig war, ist ebenso sein Werk wie die Palastgarde der *Strelizen*, deren Abschaffung später die Voraussetzung für die Reformen des großen Peter ist.

Nach heutigen Begriffe waren beide Zaren, Iwan IV. und Peter I., in unterschiedlichen Graden grausam, krank und inhuman. Beide waren sie bis zu ihrer Mündigkeit Spielball widerstreitender, in gegenseitigem Hass verfilzter Bojarenfamilien. Niemand zählt die Narben, die eine derartige Jugend hinterlässt. Ihr Wille war bereits gestählt, als sie den Thron bestiegen. Alle Gegner werden sie überwinden, nur sich selbst nicht.

Iwan ist ehrgeizig und klug. Seine Vorgänger haben die russische Erde von den Mongolen befreit, haben aus dem Fürstentum Moskau ein Reich gezimmert, und seine Ziele stehen ihm bereits vor Augen. Im Osten und Süden warten die bald pflückreifen Reste der Tatarenherrschaft, die Khanate in Kasan und auf der Krim, und im Nordwesten – die Ostsee.

Dem feudalen Apparat, der Masse der Bojaren, geht das alles viel zu schnell. Sie wollen nicht zur See fahren, sie suchen keinen Umgang mit Katholiken und Ungläubigen, sie wollen ein Leben nach alter Väter Art und Sitte.

Der Tod seiner geliebten ersten Frau Anastasija, als der Zar im dreißigsten Lebensjahr steht, verändert ihn. Der Verdacht des Giftmords wird nie ausgeräumt. Ein Täter, wenn es ihn gab, kann nur aus den Kreisen der Bojaren und Fürsten stammen, die ihre engstirnige Familienpolitik nie aufgeben, ein verstocktes Pack ohne historische Perspektive. Als wenig später der Adel im aufflammenden ersten Nordischen Krieg, der Russland das Tor zur Ostsee öffnen soll, nur unwillig bei der Sache ist, als gar Prinz Kurbski, Oberbefehlshaber der Westtruppen und enger Vertrauter des Zaren, seinen Herrn in aller Offenheit verrät und auf die Seite des polnischen Königs Sigismund wechselt, folgt eine Wendung, die nicht nur in der russischen Geschichte ihresgleichen sucht.

Es beginnt eine jener Episoden kollektiver Selbstzerstörung, Autoaggression, die in der Geschichte der Völker aufleuchten wie Menetekel an der Wand, ausgelöst durch fadenscheinige Anlässe, tragisch und teuer, und immer getragen, das ist das eigentlich Wundersame, von breiter Zustimmung im Volk, das sich verhält wie Lemminge bei ihrem Sturz von der Klippe: die Kulturrevolution in China, die Roten Khmer in Kambodscha, Deutschland im Wahn des totalen Krieges, der sowjetische Terror zur Stalinzeit. Doch auch aus dem Dunkel der Geschichte sind sie überliefert, von Mayas und Inkas, aus dem alten Ägypten, aus Indien, Asien, Afrika.

Lediglich die Motive haben sich geändert. Einst war es die Angst, die Götter könnten unzufrieden mit uns sein – heute sind wir unzufrieden mit den Göttern. Der Mensch, den sie erschaffen haben, genügt unseren Ansprüchen nicht.

So gesehen ist Iwan IV. ein entschieden neuzeitlicher Herrscher, dessen Grausamkeit moderne Züge trägt. Er hat verstanden, dass Zukunft nicht an Gottes Würfelspiel und Wille hängt. Zukunft wird gestaltet. Die Zielmarken, die er gesetzt hat vor bald einem halben Jahrtausend, bleiben auch seinen Nachfolgern im Visier, vor allem Peter, vor allem Stalin: Russland nach vorn wuchten, ungefragt und willenlos wie immer, Vogel friss oder stirb, einem Ideal hinterdrein, in dem sich Größe, Heiligkeit, Macht und Überlegenheit verbinden und in dem sich doch nur der Wunsch ausdrückt, endlich unangreifbar zu sein. Auch der Zar will ein einziges Mal ruhig schlafen.

An einem nasskalten, grauverhangenen Dezembermorgen im Jahr 1564 dringt Schellengeläut durch die verschlossenen Tore des Frol-Turms, des Erlöserturms, des Paradetors in der Kremlmauer, der sie zum Roten Platz hin krönt. Minuten später reiten Ausrufer im Galopp aus dem Kreml heraus und über die Brücke, die den verschneiten Wassergraben quert. Wütend herrschen sie die Umstehenden an, drücken Faule und Langsame mit den Leibern ihrer Pferde in den aufgetürmten Schnee, all jene, die nicht gleich springen wollen, wenn das Herz des Landes, der Kreml, zu schlagen beginnt. Schließlich erscheint ein Dutzend mit schwerem Brokat behangener Schlitten zwischen den Brückenpfeilern, Vierspänner mit gesunden Rappen, auf dem Bock Kutscher in dick gefütterten, goldbesetzten Kaftanen unter hohen Mützen, deren Lederpeitsche den Gäulen ebenso rasch über die Kruppe fährt wie dem nächststehenden Gaffer übers Maul.

Es ist der Zar mit seiner engsten Familie, dem Staatsschatz, den Throninsignien und seiner privaten Bibliothek, der an diesem Morgen, zur Überraschung von Volk und Bojaren, zu einer Reise aufbricht, deren Ziel der Herrscher allein kennt. Nach Aufenthalten im südöstlich gelegenen Kolomenskoje und dem Dreifaltigkeitskloster im Norden, dem heutigen Sergijew Posad, geht es weiter in das Dorf Alexandrow, gut hundert Kilometer vom Moskauer Kreml entfernt an dem gewundenen Flüsschen Seraja gelegen.

Mit dieser Reise beginnt die unheilige Epoche der *Opritschnina*. Der Zar verlässt Moskau, murmelt von Abdankung und Zorn, zeigt, wer wen nötiger hat, und wartet, bis Volk und Klerus durch die eisige Winterkälte in sein Dorf pilgern, müde der Herrschaftslosigkeit, und ihn anflehen zurückzukehren. Dazu lässt er sich herab, im Februar 1565 nach zwei Monaten im unwirtlichen Alexandrow, doch er stellt Bedingungen: Volk und Klerus müssen ihm eine Prätorianergarde bewilligen, Revolutionswächter würde man heute sagen, mehrere tausend vornehmlich junge Männer aus allen Schichten, angereichert um ein paar Ausländer und nur ihm, dem Zaren, auf Leben und Tod untertan. Diesen sogenannten *Opritschniki* überträgt er fast ein Drittel des russischen Herrschaftsgebietes zur freien, ungehemmten Nutzung, das fruchtbare, reiche Drittel im Nordwesten, dazu ganze Städte oder, wie etwa in Moskau den Arbat, immerhin Straßenzüge. Niemandem, nur den Opritschniki, darf man fürderhin Wodka verkaufen.

Kein Gesetz, es sei denn der Wille des Zaren, zügelt diese Männer. Nur vor ihm haben sie sich zu rechtfertigen, und er lässt ihnen freie Hand, das Böse auszutreiben aus seinem gefallenen Volk und es zu reinigen bis auf den Grund.

Opritschnina – ein kaum zu übersetzendes, in anderen Zusammenhängen völlig ungebräuchliches Wort, das sich vom altslawischen *opritsch* für jenseitig, abseitig, am Rande oder außerhalb stehend herleitet. Die Abseitigen, Grenzwertigen. Bis heute trägt das Wort Schrecken in sich.

Die Opritschniki, das ist der neue Mensch: unverdorbene Männer aus dem Volk, die Blüte der Nation, von keiner Tradition gezähmt, keine rückwärtsgewandten, verängstigten Bojaren, hoffnungslos jedem Fortschritt im Weg. Mit deren morschen Knochen ist keine Zukunft zu gewinnen. Die Opritschniki hingegen ... voller Hingabe, nur einem Ziel verschrieben: auszumerzen all jene, die Verrat üben am Zaren, am Reich und seiner Mission.

Die Opritschnina ist ein Orden, von keiner Kirche anerkannt, antichristlich, gottlos, unmenschlich. Zweitausend Männer in schwarzen Kutten auf schwarzen Pferden, am Sattelknauf präparierte Hundeköpfe und Reisigbesen als Symbol dafür, wie radikal Betrug und Verschwörung zerrissen und hinweggefegt werden. Tugendwächter, wie sie furchterregender Saint-Just, Heydrich, Pol Pot oder die Taliban nicht hätten erdenken können.

Sie schwören einen Eid auf den Zaren und seine Familie; sie küssen das Kreuz und besiegeln, dass sie sich nicht gemein machen werden mit den Gewöhnlichen, und sei es der eigene Vater oder die eigene Mutter, nicht sprechen mit ihnen, nicht essen und nicht trinken. Diesen Menschen gehört acht Jahre lang ein Drittel von ganz Russland. Im Auftrag Seiner Majestät.

Iwan ernennt sich zum Igumen, zum Abt der Opritschnina. Seine Residenz verlegt er dauerhaft nach Alexandrow, wo er sich mit dreihundert seiner Getreuen umgibt. Ein strikter, klösterlicher Tagesablauf regiert das Zusammenleben in den wenigen einfachen Häusern, deren Areal kremlartig ausgebaut wird. Metten, Horen, Nachtwachen und Gottesdienste markieren die Zeit, und der Zar in eigener Person reißt in tiefer Nacht seine Mitbrüder aus dem Schlaf und schreitet an ihrer Spitze zum Gebet in die eisige Kirche.

Außerhalb der Tore wüten die Opritschniki. Folter, Raub, Mord und Vergewaltigung sind ihre Spur. Wie die schwarzen Reiter der Apokalypse ziehen sie durchs Land, und wo sie auftauchen, fliehen die Menschen in die entlegensten Kellerlöcher. Wer nach Geld riecht, wer sich schützend vor seine schöne Tochter stellt, wem die Sympathie mit den litauischen Feinden ins Gesicht geschrieben steht, der wird hingemacht und kann von Glück reden, wenn das Schwert ihm glatt durch den Hals fährt, wenn er nicht zusehen muss, was mit der schönen Tochter geschieht, wenn man ihm nicht vor seinem Tode die eigenen Eingeweide in den Mund stopft.

Ein Exodus setzt ein, wie Russland ihn seit dem Auftauchen der Mongolen nicht gesehen hat. Die alten Besitzer des Landes werden nach Osten umgesiedelt, die Bauern schlagen sich zu den seit jeher halbfreien Kosaken im Süden durch. Hunger bricht aus, Krankheiten entvölkern das Land.

Auf dem Höhepunkt der Opritschnina, zu Jahresbeginn 1570, führt Iwan seine Ordensmacht gegen das alte Nowgorod, dessen beste Zeiten lange zurückliegen; sein Großvater hat die Stadt vor hundert Jahren schon zuvor in den Moskauer Herrschaftsbereich eingegliedert. *Gosudar Gospodin Weliki Nowgorod* – Seine Majestät der Herr Großes Nowgorod –, das war einmal, und der Zar weiß genau, wie sehr die einstmals freien Kaufleute im Nordwesten es hassen, Vasallen der ungeschlachten Moskauer zu sein. Jetzt hat man ihm geflüstert, dass sie mit der neuen polnischen-litauischen Union liebäugeln, mit den Schweden und mit dem, was von der Hanse noch übrig ist. Aber das werden sie ihnen heimzahlen, er und seine Männer; Iwan wird dafür sorgen, dass auf tausend Jahre kein Nowgoroder mehr es wagt, einen Moskauer scheel anzusehen.

Sechs Wochen lang dauert das Rauben, Plündern und Morden. Nicht nur in der Stadt mit ihren etwa dreißigtausend Einwohnern, sondern im Umkreis von über zweihundert Kilometern brandschatzen die schwarzen Reiter, denen sich auch der Söldner und Abenteurer Heinrich von Staden aus dem Münsterland angeschlossen hat, der sechs Jahre mit der Opritschnina verbringt. Schwerbeladen mit geraubter Beute treten sie schließlich den Rückweg nach Moskau an, in ihrem Rücken ein Berg von Toten, über zehntausend allein in der Stadt Nowgorod.

Aber das ist erst der Auftakt; der Zar und seine Mitteufel haben Blut geleckt. Eine Welle der Säuberung bricht aus, organisiert vom Kellermeister der Opritschnina, Maljuta Skuratow, und reißt auch engste Vertraute des Zaren in den Tod.

Ende Juli desselben Jahres steht das Moskauer Volk in zitternder Erwartung um den Roten Platz; an die zweihundert Verurteilte werden zum Richtplatz geführt. Doch das wird kein alltägliches Schlachten. Die Zeremonienmeister haben sich etwas einfallen lassen; noch die morbideste Phantasie kommt an diesem Sommertag nicht zu kurz.

Das erste Opfer ist Iwan Wiskowatow, Sekretär der Bojarenduma und Siegelbewahrer. Seine Verbrechen gelten stellvertretend für alle: mit den Polen soll er paktiert und konspiriert haben, geplant, Nowgorod den Litauern auszuliefern, er soll den Sultan aufgefordert haben, Astrachan und Kasan zu attackieren – kein Hochverrat, dessen er nicht schuldig sein soll. Das Schnittmuster für Stalin und den NKWD vierhundert Jahre später.

Als Wiskowatow zu einer Gegenrede ansetzt und die Anschuldigungen als frech herbeigelogen brandmarkt, wird er gepackt, seiner Kleider beraubt und nackt an den Füßen aufge-

hängt. Als erster tritt Skuratow heran, der ihm ein Ohr abschneidet. Dann ist es an der langen Reihe der Opritschniki, dem
schreienden Mann, der gefesselt an den Füßen hängt, mit ihren
Messern das Fleisch vom Leib zu schneiden. Ohnmacht und
Tod lassen lange auf sich warten, denn kopfüber wird das Hirn
gut durchblutet. Als die Schreie schließlich verstummen, hängt
dort nur noch ein blutverschmiertes Skelett.

Sosehr die Anschuldigungen sich gleichen, so verschieden
sind die Martern, die den Verurteilten bevorstehen. Manche
werden in heißem Mehl gewendet, andere in Pfannen über dem
Feuer gebraten, mit glühenden Zangen traktiert oder an Fäden
aufgehängt, die ihnen die Henker mit heißen Nadeln durch den
Leib stechen. Der Finanzminister wird abwechselnd mit kochen-
dem und kaltem Wasser übergossen, bis die Knochen bloßliegen.

Einer der jungen Opritschniki, Fjodor Basmanow, dem schon
früh ein homosexuelles Verhältnis zum Zaren nachgesagt worden war, wird von diesem gezwungen, dem eigenen Vater mit
einem Messer den Kopf abzuschneiden. Einen anderen Bojaren,
der Mönch geworden war, um der Todesstrafe zu entrinnen, lässt
er auf ein Pulverfass binden – Mönche seien Engel, verkündet er
hohnlachend, die seien das Fliegen gewohnt.

Angefeuert von seinen Getreuen watet der Zar im Blut
über den Roten Platz. Ganz Hundekopf und Besen ist der
Vierzigjährige an diesem Tag, und eigenhändig nimmt er Rache
an Verrätern und Betrügern. Endlich ist die Abrechnung da, die
Spreu fliegt ins Feuer, der Weizen kommt in die Opritschnina.

Zurück in Alexandrow feiern sie weiter, huren mit Männern
und Frauen, foltern, morden, der Zar immer vorne dabei ... und
knien nachts um drei, getrieben von panischer Gottesfurcht, auf
dem eisigen Kirchenboden, trotz der Kälte schweißgebadet, im
Gebet.

Das Höllenregime endet ohne Sang und Klang. Keine zehn
Monate nach dem Richttag auf dem Roten Platz fällt der Khan

der Krimtataren, die Schwäche und den Wahnsinn seines nördlichen Nachbarn witternd, mit vierzigtausend Mann in Russland
ein. Die undisziplinierten Opritschniki haben dem Feind nichts
entgegenzusetzen; praktisch ohne Gegenwehr dringt der Khan
nach Moskau vor. Ende Mai 1571 steht die Stadt in Flammen; nur
mit letzter Kraft können die Bojaren den Kreml verteidigen. Da
wirkt es wie eine göttliche Fügung, als der Khan unerwartet ab-
zieht. Ihm liegt nichts an russischem Besitz; er will Astrachan
und Kasan zurück, die Iwan ihm zwei Jahrzehnte zuvor abgerun-
gen hat.

Die Folgen sind dennoch verheerend. Ganze Stadtviertel
sind binnen weniger Stunden bis auf die Grundmauern nieder-
gebrannt, Zehntausende haben ihr Leben gelassen, noch mehr
werden in endlosen Kolonnen nach Süden entführt. Auf den
orientalischen Basaren fallen die Preise für blonde Sklaven bei-
derlei Geschlechts. Moskau hat die meisten seiner hunderttausend Einwohner verloren. Der Zar muss handeln, aufwachen aus
Blutrausch und Verkommenheit, wenn er an seinem Thron noch
Freude haben will.

Iwan trifft eine Entscheidung, die so auch nur in Russland
möglich ist: Die Opritschnina besteht fort (auf dem Papier bis
zu Iwans Tod), aber der Begriff, das Wort, wird verboten. Die
schwarzen Reiter werden der hundert Jahre zuvor gegründeten
Palastgarde einverleibt, den Strelizen. In aller Eile wird die äußere Sicherheit wiederhergestellt, und als der Khan im Folgejahr
erneut angreift, bereitet ihm das zahlenmäßig deutlich schwä-
chere russische Heer eine vernichtende Niederlage.

Der Preis, den die Nation für Iwans Paranoia zahlt, ist gewaltig.
Das Land liegt brach und wüst. Kaum ein Zehntel der Fläche,
auf der die Opritschniki gehaust haben, wird noch landwirt-
schaftlich genutzt. Bauern und Grundbesitzer, wenn sie nicht ermordet wurden, haben die Scholle verlassen, und es dauert über
eine Generation, bis alles wieder unter dem Pflug ist.

Die Umsiedlungen, zerrissene Familienbande, Entwurzelung, Hunger und der Verlust der Lebensgrundlage entfremden Herrscher und Volk. Die feudale Ordnung, die als solche fortbesteht, hat Struktur und Gleichgewicht verloren. Um den Wiederaufbau in den Griff zu bekommen, erlässt der Zar Gesetze, welche die wenigen Freiheiten der Leibeigenen noch tiefer beschneiden. Als Peter I. den Bojaren hundert Jahre später die Bärte abschneidet und sie in Bausch und Bogen zum Dienstadel degradiert, ist der Stand schon keine nennenswerte Größe mehr.

Auch die bald darauf ausbrechende sogenannte Zeit der Wirren, jene fünfzehn Jahre nach dem Aussterben der Dynastie der Rurikiden 1598, als falsche Zaren und echte Polen im Kreml herrschen, gehört zu den Spätfolgen der Selbstzerstörung unter Iwan IV. Die Jahre von 1565 bis 1613, von der Ausrufung der Opritschnina bis zur Krönung des ersten Romanow-Zaren, besitzen in der kollektiven Rückschau der Russen den gleichen Stellenwert wie für die Deutschen der Dreißigjährige Krieg.

Fassungslos stehen wir vor dem Wahnsinn jener Zeit, ebenso fassungslos wie vor dem Wahnsinn unserer eigenen. Gäbe es nicht die jüngere Geschichte, die gerade Deutsche und Russen mit griffigen Beispielen des Terrors gegen das eigene Volk versorgt – könnten wir die Opritschnina auch nur annähernd begreifen?

Diesen donnernden Iwan formt sich fast vierhundert Jahre später der Ex-Seminarist Josef Dschugaschwili, der sich der Stählerne nennt, Stalin, zum Vorbild seiner Lebensrolle. Eisenstein gibt Iwan dem Schrecklichen das Profil, das Stalin für sein eigenes hält. Und weder Produzent noch Regisseur lassen Bescheidenheit walten. Schließlich ist es bereits 1944; der rote Zar hat nichts mehr zu befürchten, die Deutschen sind geschlagen, die internen Widersacher liegen im Grab.

Das Drehbuch hat Stalin gelesen, bevor auch nur ein Meter Zelluloid belichtet war, Wort für Wort. Im Januar 1945, während die ersten sowjetischen Brückenköpfe westlich der Oder errichtet wurden, kam der erste Teil des Films in die Kinos. Russland, halb ausgeblutet, hatte ein weiteres Mal einen Eroberer niedergeworfen. Hatte sich aufgebäumt und befreit unter Qualen nach dem Terror der dreißiger Jahre, nach der Katastrophe von 1941, nach unermesslichem Leid.

Aufschlussreich ist das Schicksal von Teil zwei des Films; er behandelt die eigentliche Opritschnina, die mit Iwans Rückkehr nach Moskau 1565 beginnt. Nachdem er Anfang 1946 in die Kinos gekommen ist, wird er bereits im September von der Kommunistischen Partei verboten. Erst Jahre später wird der Film wieder gezeigt. Der Grund: Eisenstein habe die »fortschrittlichen Kämpfer« der Opritschnina als »degenerierte Bande nach Vorbild des amerikanischen Ku-Klux-Klan« gestaltet – und Iwan IV. im inkriminierten zweiten Teil nicht als willensstarken Führer, sondern als charakterschwachen Hamlet. So jedenfalls monierte es die *Resolution des Organisationsbüros des ZK der KPdSU* vom 4. September 1946.

Die Szene mit dem Zaren auf der blütenweißen Kirchentreppe, vor dem das Volk zu Boden sinkt, beschließt den ersten Teil des Films. Mit diesem Bild vor Augen verlässt das Publikum den Kinosaal. Es ist zwar ein ganz anderes Gesicht als das ihnen vertraute mit dem Pfeifenstiel im Mund, und der Herrscher trägt auch einen anderen Namen ... Aber irgendwie ist es doch der gottgleiche Held, dem sie alles verdanken und der sie alle gerettet hat. Ihr geliebter Vater ... Väterchen Stalin.

Es muss uns nicht wundern, wenn die Russen den Siegestag im Mai auch nach siebzig Jahren noch so begehen, als sei alles gerade erst sieben oder acht Jahre her. Panzer auf dem Roten Platz, Marschkolonnen wie Uhrwerke, jedes Hosenbein auf Falte gebügelt, alle Nasen parallel. Mit durchgedrücktem Kreuz stehen die Generäle in ihren sowjetischen Straßenkreuzern, ernst und langsam heben sie die Hand zur Mütze. Und ebenso streng blicken der Präsident und seine Kamarilla auf die Urenkel der Sieger. An die dreißig Millionen Sowjetbürger starben im Krieg gegen Deutschland und seine Verbündeten, davon über zehn Millionen in Uniform. Das sind allein doppelt so viele tote Soldaten wie auf deutscher Seite an allen Fronten während des gesamten Kriegsverlaufs 1939 bis 1945. Die Paraden zum 9. Mai sind nicht nur Freudenfeste.

Russland ist der Elefant unter den Nationen, riesengroß, mit dicker Haut und einem langen Gedächtnis. Die Menschen dort mögen Träumer sein, aber sie sind keine Idealisten. Sie wissen auch: Wenn ein Krieg vorüber ist, beginnt die Zeit vor dem nächsten.

Unter seiner dicken Elefantenhaut, unter der Schale von Größe und bäriger Gutmütigkeit ist Russland ein nervöses Land. Auch kluge, eigentlich in sich ruhende Menschen sind ständig auf schlechte Nachrichten gefasst und geben sich Aberglauben, weißem Zauber oder Zahlenmagie hin. Bauernregeln durchziehen das kollektive Bewusstsein. Ob Börse oder Politik, drei ereignislose Wochen sind ein sicheres Zeichen, dass Böses bevorsteht. August und Oktober sind gefährliche Monate, während der Mai von trügerischer Ruhe ist. Und ein Sommer ohne Putsch, Terroranschlag oder Inflation stört das Gleichgewicht der Jahreszeiten.

Zuviel Friede macht misstrauisch; man zahlt dafür mit umso mehr Krieg. Diese pessimistische Grundhaltung macht es schwer, Vertrauen in das eigene Land, das eigene Volk, das eigene Schicksal zu fassen – ein Mangel, der mit dem verbreiteten Patriotismus kollidiert. Das Fernsehen ist patriotisch, das Radio ist patriotisch, die Politiker sind patriotisch. Auch das Volk ist patriotisch, wenn etwa die Krim nach Hause kommt oder die Nationalmannschaft Eishockeyweltmeister wird, oder beim Fußball, Eiskunstlauf, Biathlon ... Inzwischen gibt es allenthalben Gründe, auf Russland wieder stolz zu sein.

Dennoch reden viele verächtlich über ihr Land und begreifen nicht, wieso ein Ausländer freiwillig dort lebt, erst recht, wenn er aus dem staubfreien und gepflegten Deutschland kommt. In Wahrheit ist weder das verächtliche Gerede ehrlich noch der Patriotismus aufgesetzt. Die Menschen spüren nur, wie wenig sie ihren eigenen Ansprüchen genügen. Wahrscheinlich zahlt der Patriot keine Steuern (und trägt deswegen etwas dicker auf), und wahrscheinlich weiß derjenige, der sich ins gepflegte, staubfreie Deutschland wünscht, genau, um wieviel glücklicher er in der Heimat mit all ihren Unzulänglichkeiten ist. Nur, wer bekennt so etwas schon gern?

Das Wort Gesellschaft hat verschiedene Konnotationen. Es kann zum Beispiel die Gesamtheit aller Bürger bezeichnen, aber ebenso auch nur ihren sogenannten besseren Teil. Ins Russische übersetzt heißt das Ganze *obschtschestwo*, darin steckt *obschtschi*, alles umfassend oder allgemein. Aber *obschtschestwo* ist ein Sachbuchwort. Wer einen Begriff für das große Ganze aller Russen oder auch aller Russländer (vgl. S. 334) sucht, sagt *narod* – vor allem in Abgrenzung zur Obrigkeit.

Narod bedeutet Volk, nicht Gesellschaft oder sonst irgend etwas Feines. Narod, das sind jene, die ihre Rubel zählen, rostige Ladas fahren, eine Laube vor der Stadt ihr eigen nennen, wo sie im Herbst Kartoffeln einkellern, die sich an den Wochenenden zanken, Wodka trinken, die Familie zusammenhalten, immer noch ein Gran Gottesfurcht im Leibe tragen und das Rückgrat des Landes sind. Das Wort ist frei von jedem ethnischen Beigeschmack; es ist dem englischen *people* verwandt, das sind auch immer diejenigen, die nichts auszeichnet außer eben dem, dass sie *people* sind.

Eine der sympathischsten Seiten des russischen Vielvölkerstaats ist es, dass niemand dort ein perfekter Multikulti ist. Politkorrektheit als Begriff existiert zwar in gebildeten Kreisen, aber auch nur dort. Es reicht, ab und an mit dem Taxi zu fahren. Die Moskauer Taxichauffeure sind nicht nur Volkes Stimme, ihre Zusammensetzung spiegelt auch die Vielfalt der Stadt. Da ist wenig Schmeichelhaftes zu hören über die jeweils anderen: Einer hält die Kaukasier für raffgierige Schwarzärsche, der zweite alle Russen für faul, arrogant und versoffen, ein dritter ist überzeugt, jeder Tatare oder Vietnamese zückte das Messer hinter dem Rücken. Und glühendere Antisemiten findet man nur im Mittleren Osten.

Dennoch äußert sich in diesen Tiraden kein tiefsitzender, durchstrukturierter Hass. Vielmehr geht es um aufflammende, vulkanische Emotionen, um Dampf und Druck, die rausmüssen. Jene, die »Moskau den Moskauern« schreien, meinen eigentlich auch nur »Mein Bauch gehört mir«.

Das macht die Menschen nicht zu sanften Lämmern. Judenpogrome zu allen Jahrhunderten, die Verschleppungen ganzer Völkerschaften unter Stalin, Willkürrecht und politische Säuberungen ... Die russische Geschichte ist übervoll mit ethnisch motivierter Grausamkeit. Dennoch fällt es schwer, sich vorzustellen, dieses Volk sei zur kompletten, industriell organisierten Vernichtung einer religiösen oder ethnischen Minderheit in der Lage. Nein. Ausrotten, generalstabsmäßig durchexerziert bis zum fachgerechten Recycling der Goldplomben ... In der Hinsicht reicht selbst der stalinistische Terror nicht an die Singularität der Shoa heran.

Ich habe diese Gewissheit zu schätzen gelernt; die Moskauer Taxifahrer-Xenophobie klingt mir inzwischen authentischer in den Ohren als so manches Toleranzbekenntnis zwischen Flensburg und Garmisch. Oder bin ich auch schon vom Misstrauen gegen die eigenen Landsleute angesteckt?

Zwei Klüfte trennen Russland: die zwischen Arm und Reich und die zwischen Macht und Ohnmacht. Beide sind bei weitem nicht identisch. Wie volksnah und armselig wirkt doch der *Gaischnik*, der Verkehrspolizist am Straßenrand und die omnipräsente Verkörperung der Macht, gegen den parfümierten Unternehmer auf dem Rücksitz seines Mercedes AMG 63, der sich ein Leben leisten kann, wie man es nicht einmal im Fernsehen sieht. Geschützt hinter dunklem Panzerglas, Leibwächter zu beiden Seiten, ein Penthouse mit Kremlblick, Apartments in London und Marbella, Ehefrau und drei Kinder in einem 500-Quadratmeter-Haus vor der Stadt auf zwei Hektar Landschaftsschutzgebiet, die junge Geliebte in einer großen Wohnung an der Ostoschenka, einer Edelmeile im Stadtzentrum.

Dagegen ist der Verkehrspolizist nur ein armes Schwein wie alle anderen. Ein allerärmstes Schwein.

Andererseits – der reiche Unternehmer weiß genau: Es ist alles nur auf Pump. Selbst wenn er ein komplett reines Gewissen hat... ein falsches Wort zur falschen Zeit, eine Ungeschicklichkeit, und schon geht es ihm wie dem lieben Augustin: Alles ist hin. Umso mehr, wenn Ehrgeiz und Verlockung dazu verleiten, sich mit der Staatsgewalt auf ein Fingerhakeln einzulassen. Michail Chodorkowski ist nicht der erste in der russischen Geschichte, dessen Leben sich über Nacht vom Traum zum Albtraum wandelte.

Der Verkehrspolizist dagegen weiß, dass er schon silberne Löffel im Dutzend stehlen muss, um seine Stellung zu riskieren. Seine Aufgabe ist, Ruhe und Stabilität sicherzustellen. Die sind wichtiger als Silber im Staatsschatz. Ruhe und Stabilität, das ist wie Eigenblut für die Mächtigen.

In der Tat wird kaum ein denkender Mensch diese Mächtigen beneiden. Die Russen neigen nicht zur Anarchie, das Thema klang schon an, und herrschaftslose Verhältnisse sind ihnen ein Greuel. Dennoch sind sie unregierbar, und Disziplinlosigkeit, eine Allergie gegen Regeln und Ordnungen (begleitet von der Sehnsucht nach strengen Gesetzen und starken Führern) bestimmt alle Facetten ihres Lebens.

Der Ausländer spürt das, sobald er die Grenze übertritt. Das Verhältnis zu rechten Winkeln ist philosophisch, und je öffentlicher der Raum, desto philosophischer wird es. In Moskau gibt es korrekte rechte Winkel eigentlich nur im deutschen Wohngebiet, dem sogenannten Deutsch-Südwest.

Man möge mich nicht missverstehen. Die Einstellung des russischen Menschen zur Wirklichkeit ist weniger chaotisch als kreativ. Wenn zwei Parallelen sich in der Unendlichkeit ohnehin treffen, ist es dann so entscheidend, ob ihr Abstand auf Erden identisch ist? Und beträgt die durchschnittliche Gradzahl aller rechten Winkel am Ende nicht sowieso neunzig? Was ändert sich, wenn der einzelne Winkel sich dieser Zahl verwehrt? Hand aufs Herz: Verkörpert nicht ein rechter Winkel an sich schon ein leichenfahles, lebloses Konzept?

Ein anderes Beispiel ist der Straßenverkehr. Ein Tag hinter dem Steuer, und man hat ein Land schon halb verstanden. Auch in Russland gilt eine Straßenverkehrsordnung, die unter anderem festschreibt, was ein Kreuzungsrüpel ist. Eine der sinnvolleren Verkehrsregeln, denn sie hebt in der Tat die durchschnittliche Geschwindigkeit im Stadtverkehr. Kompliziert ist sie auch nicht; es reicht das bisschen Disziplin, in eine Kreuzung erst dann einzufahren, wenn der jenseitige Verkehr abgeflossen ist.

Warum hält sich dennoch niemand daran? Nach Feierabend, wenn alle so rasch wie möglich nach Hause streben ... Was hilft die grünste Ampel, wenn der Querverkehr die Kreuzung verstopft. Aber wieder blockiert das gegenseitige Misstrauen die Wirksamkeit einer Regel, die kollektives Handeln verlangt. Wer bremst, dessen Platz nehmen andere ein, und nichts ändert sich.

Zumal auch die Kommunikation der einzelnen Fahrer unterentwickelt ist. Blickkontakte, Gesten oder, zumindest zur Sommerzeit, ein Wortwechsel durch die geöffneten Seitenfenster sind weitgehend unüblich. Die einzige Form der Verständigung, wenn überhaupt, besteht aus anhaltendem Hupen. Gerade die Übeltäter, die noch bei Restgelb auf die überfüllte Kreuzung drängen, blicken stier geradeaus. Sie wissen genau, dass sie Verbotenes tun, aber sie verstecken ihren Blick in leerer Ferne, wie Kinder, die sich die Augen zuhalten und glauben, sie seien unsichtbar.

Fakt ist, dass Volk und Staat nach Kräften gegeneinander arbeiten. Ob nun der Druck von oben, der autoritäre Staat, als Reaktion auf den generellen Unmut allen Regeln gegenüber anzusehen ist oder ob dieser Unmut seinerseits eine Reaktion ist auf den autoritären Staat – es ist die Frage nach Henne und Ei. Und doch liegt darin der größte Unterschied zu den Demokratien des Westens, wo sich das Volk aus freien Stücken, zudem unentgeltlich, an den hoheitlichen Aufgaben beteiligt. Die kleinen Zurechtweisungen im Dienste der Vernunft, der Hinweis auf das falsch geparkte Auto, auf Lärm und Krach nach zehn Uhr abends, auf das im Winter nicht vom Schnee befreite Trottoir – gegenseitige Kontrolle ist die Voraussetzung einer obrigkeitsfreien Gesellschaft. Im Westen gibt es tatsächlich Menschen, die von der vollendet aufgeklärten, fortschrittlichen und selbstbeherrschten Gesellschaft ohne Polizei und Priester träumen, ohne Gericht, Beichtstuhl und Gefängnis, wo niemand die Gesetze bricht und niemand sündigt, allein aus vernünftiger Einsicht in das, was wahr, gut und richtig ist.

Wenn ich das einem Russen erzähle, sagt der nur: Das hatten wir schon. Und dann erzählt er mir vom stalinistischen Terror, als sogar die Kinder im Namen der blutrünstigen neuen Religion ihre eigenen Eltern an den Galgen brachten. Nach dem Krieg war es die DDR, die den Russen als Wunderkind des Sozialismus galt, deutsch organisiert, materiell bessergestellt und auch im Privatleben immer zack auf Linie. Es braucht eben wesentlich mehr Aufwand, Russen in Reih und Glied zu bringen als uns Deutsche. In Russland fließen Ordnung und Unordnung ineinander, und die Untertanenangst wird durch die anarchische Grundstimmung entschärft. Der Preis dafür ist ein notorisch niedriger Wirkungsgrad, die allenthalben beklagte geringe Effizienz. Dafür ist die Freiheit, diese asoziale Urfreiheit, dies »Ich tue, was ich will, und ihr könnt mich alle mal«, in Russland zuhause. Muss uns das unter allen Umständen unsympathisch sein?

Bewusst oder nicht, wir Deutsche sehnen uns nach der Herrschaft universaler Prinzipien. Die Ordnung in unserer Wohnung soll sich im Hausflur fortsetzen, im Vorgarten, auf dem Bürgersteig, der Straße und so fort bis an die Landesgrenzen ... und in unsere Seelen hinein. Über zwei Jahrzehnte bin ich jetzt fort aus der Heimat und rücke immer noch schief hängende Bilder ins Lot. Man wird es nicht los. Wenn wir von Gerechtigkeit und Rechtsstaat sprechen (auch eine Ausdrucksform von Ordnung und Sauberkeit), denken wir von Kants kategorischem Imperativ her. So predigen unsere Präsidenten und Pastoren, und so fordern wir es von unseren Politikern. In Russland dagegen wünscht man sich beim Wort Gerechtigkeit zuerst einmal, dass es einem nicht schlechter als dem Nachbarn geht.

Unser deutsches Problem ist, dass wir zu wenig kollektive Erfahrung haben, wenn es um fremde Völker geht. Portugiesen und Spanier waren vor Jahrhunderten schon in Amerika ansässig, die Holländer auf allen Meeren und in Südostasien zuhause, die Engländer Herren des größten Kolonialreichs der Geschichte, sogar die Franzosen und Italiener tobten sich in Afrika aus, während wir Deutsche das Reich der Theorie zu unserem Imperium ausbauten: das Ingenieurwesen, die Wissenschaften und den Idealismus. Die Vorstellung vom Mit- und Nebeneinander lebendiger Kulturen war noch für unsere Großeltern geprägt von den Unterschieden zwischen Schwaben, Bayern, Preußen und Rheinländern.

Immerhin hat seit Varus' misslungenem Versuch im Teutoburger Wald vor zweitausend Jahren keine fremde Macht ernsthaft versucht, die germanischen Völker zu unterwerfen. Auch wir Deutsche haben, trotz nachhaltiger Anstrengungen, letzten Endes niemandem unseren Stempel aufgedrückt. Alles, was wir üblicherweise hinterlassen, ist ein nachhaltiger Ruf von Durchschlagskraft und Gründlichkeit.

Dennoch wird jeder Russe neidlos zugestehen, dass unser deutsches Verhältnis zum Staat vorbildlich ist. Eigentlich meint er damit: in Russland völlig undenkbar. So ist es auch. Keinen Russen wird je das Gefühl erheben, ein gesetzestreuer Bürger zu sein, ein ehrlicher Steuerzahler, ein stolzer Baustein des Staatswesens. In Russland ist der Staat für die ganz überwiegende Mehrheit (gar für alle?) nichts als Selbstzweck, Moloch und Bürokratenfraß. Je nach Lage Feind oder Futterkrippe – Russen sind Pragmatiker.

Staat und Bürger stehen auf Kriegsfuß, im Alltag jedenfalls. Man begegnet sich nur widerwillig. Umso intensiver ist das Verhältnis an Feiertagen, wenn Bürger, Volk und Staat in der Erinnerung an große Siege verschmelzen. Das erinnert an indische Filme, wenn reiche Rajas in perlenbestickten Gewändern sich mit Mädchen aus dem Volk vermählen und die Armen und Getretenen in den hunderttausend Dörfern erleben, dass alles möglich ist.

Es wäre ein Fehler, das einfach als Verdrängen und Vergessen abzutun. Russland ist das größte Land der Erde, und so wie jeder freie Römer Anteil hatte an den Triumphen des antiken Roms, so hat auch jeder Russe Anteil an dieser Größe, sei es nun an der ungeheuren Ausdehnung oder der historischen Bedeutung.

Entsprechend sorgt die Regierung, die sich im Inland nicht eben hingebungsvoll um ihr Staatsvolk kümmert, im Ausland durchaus für ihre Bürger – und für alle ethnischen Russen gleich mit: die Millionen im Baltikum, in der Ukraine, in Weißrussland und in Kasachstan, die russischen Ehefrauen in Gaza und in Syrien. Gerade weil sich der Staat seiner inneren Schwäche bewusst ist, plustert er sich dort auf, wo man möglichst viel von ihm sieht.

Dieser russische Staat zu Beginn des 21. Jahrhunderts steht für ein Mindestmaß an individueller Sicherheit, für ausgeprägte kollektive Sicherheit nach innen und außen und für ein starkes patriotisches Selbstbewusstsein von alter Größe und neuer Bedeutung. Vieles erschöpft sich in Inszenierungen; nicht umsonst ist das Bild der Potjomkinschen Dörfer bis heute lebendig. Die alljährlichen Siegesparaden, die Ehrungen der Veteranen aller Kriege, der Prunk der Kremlempfänge ... Noch das rituelle Anstreichen der Bordsteine mit weißer Farbe vor den Maifeiertagen erhöht das Bild des Staates als Garant und Inbegriff von Einheit, Bedeutung und Größe.

Gleichzeitig lauern Unfähigkeit, Selbstsucht und eine bisweilen schier unglaubliche Gleichgültigkeit. Junge Männer ohne Beine, in Armeeuniform und mit dem hellblauen Barett der Fallschirmspringer auf dem Kopf, schwingen sich auf ihren Stümpfen durch die Moskauer U-Bahn-Waggons und betteln. Sind es Veteranen aus den Kaukasus-Kriegen oder als Soldaten verkleidete Angehörige der Bettlermafia? Allein die Tatsache, dass kein Aufschrei durch die Medien geht, spiegelt die Lethargie und den Gleichmut der Gesellschaft. Manche, nicht viele, geben ein paar Rubel, doch alle danken Gott, dass ihnen ein solches Schicksal bislang erspart geblieben ist.

Was uns in Russland entgegentritt, ist Freiheit im Rohzustand, nur für Starke, Reiche und Gesunde. Ein Volk, das vor Potential schier birst und dem es doch vehement an innerer Struktur mangelt – wie Glasknochenkindern oder als sei es gestern erst zur Welt gekommen. Eine Gesellschaft, die sich viel zu oft in ihrer Geschichte neu erfinden musste: nach der Befreiung von den Mongolen, unter Peter I., nach der Revolution und jetzt schon wieder seit dem Ende des Kommunismus.

Eine Bürgergesellschaft muss überhaupt erst entstehen. Nicht, weil der Obrigkeit der Wille fehlte, sie zuzulassen – die breite Masse fordert sie nicht ein. Kaum jemand hat eine Vorstellung, was der Begriff bedeuten soll. Nie zuvor haben die Menschen das Geschick ihres Landes mitgestaltet, nicht in den tausend Dörfern und Städten und nicht in der Hauptstadt. Zu allen Zeiten lag die Herrschaft in den Händen einer weitgehend inkompetenten, weithin korrupten Bürokratie – Gouverneure, Woiwoden, Kommissare, Parteisekretäre, Rajonchefs. Fürsorglich und patriarchalisch kann sie sein, diese Bürokratie, aber auch gnadenlos, wenn der Status quo in Gefahr gerät. Zudem sind alle Bürokraten, kleine und große und ganz große, ständig in Versuchung, sich Land, Seelen und Ressourcen mit Sack und Pack einzuverleiben und aufzuteilen, zu privatisieren im wörtlichen Sinn.

Wo das Volk keine politische Teilhabe fordert, füllen die Mächtigen dieses Vakuum durch wohlwollend vorausschauende, väterliche Politik. Die wenigsten Russen, und auch nur solche, die wirklich lange in Europa oder Amerika gelebt haben, besitzen eine Vorstellung davon, was Demokratie in ihrer eigentlichen Mühsal bedeutet. Die meisten verwechseln sie mit Freiheit in der schon erwähnten, unübertrefflich russischen Auslegung voller Urkraft und Charme: Ich tue, was ich will, und ihr könnt mich alle mal.

Wenn ich meinen russischen Freunden den Unterschied nahebringen will, erzähle ich ihnen von der deutschen Heimat. Von den Verboten, die nötig sind, um die Schwachen vor den Starken zu schützen. Von der Pflicht, sich selbst und andere zu kontrollieren, damit der Staat klein und schmächtig bleibt. Vom Respekt vor den Institutionen und den höheren Werten. Von der freiwilligen Unterwerfung unter das Gesetz.

Das, sage ich, ist die Grundlage von Demokratie. Was ihr habt, ist Freiheit. Es sind grundverschiedene Dinge. Ihr müsst entscheiden, was ihr wollt.

VI.
SILOWIKI

Russische Männer sind noch richtige Männer. »Wir trinken nicht und wir rauchen nicht. Alles, was uns interessiert, sind Geld, schöne Frauen und schnelle Autos«, hat mir ein breitschultriger Schrank aus Muskeln mit stahlblauen Augen einmal gesagt. Er hieß Wladislaw, Wlad, und er hätte auch hinzufügen können: Wir lesen keine Bücher.

Der Allerklügste ist er nicht, doch dafür kennt er seine Grenzen, überschreitet sie nicht und hält sich im Zweifelsfall an seine Vorgesetzten. Das soll mancher, der klüger ist, erst einmal von sich sagen.

Wlads Laufbahn hat im KGB begonnen, für den er in den Achtzigern in Angola und Afghanistan war. Als die Sowjetunion insolvent wurde, heuerte er bei der Fremdenlegion an und stieg dort zum Offizier auf, was ihm einen französischen Pass und eine französische Ehefrau einbrachte. Nachdem er die Welt von verschiedenen Seiten betrachtet hatte, kehrte er mit Pass und ohne Ehefrau in die russische Heimat zurück. Inzwischen arbeitet er – in Teilzeit – für den FSB, den Föderalen Sicherheitsdienst, der wie sein Vorgänger in dem berühmten KGB-Gebäude am Lubjankaplatz residiert. Daneben verdingt er sich in Sachen Werkschutz und Forderungseintreibung bei Privatunternehmen.

Von 1958 bis 1991 stand mitten auf dem großen Platz vor der Lubjanka, unübersehbar und erhaben auf einem hohen Sockel, die elf Tonnen schwere Bronzestatue des Gründervaters der sowjetischen Staatssicherheit, des Polen Felix Edmundowitsch Dserschinski. Am Tag der Niederschlagung des Putsches kommunistischer Hardliner gegen Michail Gorbatschow Ende August 1991 wurde sie unter dem Jubel einer ungeheuren Menschenmenge gestürzt und weggeschafft. Bis heute symbolisieren die Worte Lubjanka und Dserschinski den Terror und die Repression der Sowjetära.

Der Berufsrevolutionär Dserschinski hatte sein Handwerk in den Kerkern der zaristischen Ochrana gelernt – vor 1917 noch als

Opfer, nicht als Täter. *Ochrana* bedeutet Schutz, ein Muss für die Mächtigen, ob Zar, Generalsekretär oder Präsident. Jene, die sie garantieren, werden im Russischen *Silowiki* genannt. Das Wort wurzelt in *sila* – Kraft. Die Silowiki kommandieren die bewaffneten Strukturen im Machtapparat: das Verteidigungsministerium mit einer Million Mann unter Waffen; die zweihunderttausend Mann starken Truppen des Innenministeriums; die Geheimdienste und ihre Spezialeinheiten, deren Umfang nur Eingeweihte kennen.

Verteidigung nach außen und innen – schon Zar Alexander III. wusste: »Russland hat nur zwei wirkliche Freunde: seine Armee und seine Flotte.«

Über den erforderlichen Aufwand zur Gewährleistung innerer Sicherheit streitet man in Russland genauso wie anderswo. Außer dem islamischen Terrorismus, der eng mit dem ewigen Brennpunkt Nordkaukasus verbunden ist, existieren im Landesinneren keine Konflikte mit gewalttätigem Potential. Politisch steht die weit überwiegende Mehrheit hinter der derzeitigen Führung. Die liberale Opposition ist seit dem vorübergehenden Aufschwung im Winter 2011/12 von der Schwindsucht gezeichnet. Wenige Regierungen reiten auf einer derart grünen Welle.

Dennoch sind die Mächtigen nervös, manipulieren Wahlen und lassen auch noch die jämmerlichste, nicht im voraus genehmigte Kundgebung durch schwerbewaffnete OMON-Elitetruppen sprengen. Gelingt es ihnen nicht, an ihr eigenes Glück zu glauben? Oder liegt der Grund darin, dass es noch keine bewährten Rezepte gibt, wie der populistische, autoritäre Kapitalismus, der sich (nicht nur in Russland) als Konkurrenz zum westlichen Demokratiemodell etabliert, in der politischen Realität anzuwenden ist?

Oder geht es in Wirklichkeit um eine andere Schlacht, jene hinter den Kulissen des Kreml, die noch jede russische Elite zermürbt und zerrieben hat, ob Adel, Revolutionäre, Parteigenossen oder sogenannte Demokraten? Der Kampf um die Macht – und der Kampf um das Geld. Um viel Geld und um viel Macht.

Hassdurchtränkte Palastkonflikte sind ein uraltes Markenzeichen der russischen Politik. Was hat nicht allein der Marxismus, dieser Westimport einer Weltanschauung, an tödlichen Konflikten ausgelöst. Hektoliter Blut wurden dem kommunistischen Sektenwahn geopfert: Stalinisten gegen Trotzkisten, Revisionisten gegen Internationalisten, Formalisten gegen alle. Dabei war das alles inhaltlich so absurd wie der mittelalterliche Streit um die Zahl der Engel auf einer Nadelspitze.

Wer die neunziger Jahre des 20. Jahrhunderts in Moskau erlebt hat, wird nie im Leben die Ungewissheit vergessen, die Spannung und das grelle Licht nach dem Ende von siebzig Jahren Kommunismus. Das war mehr als Chaos, Willkür der Starken und Mafia. Es war wie ein Blitz in Zeitlupe; in einer Momentaufnahme hat dieses Volk gezeigt, was in ihm steckt, welch ungeheure Kraft aus den Köpfen und Herzen sprudelt, wenn es erst losgelassen ist, wie die Worte hervorströmen und die Ideen, ohne Rücksicht auf Reife, Sinn und Verstand, bunt und glänzend, Künstlerideen, Künstlerworte ...

Dieselben Jahre haben auch gezeigt, welch maßloser Egoismus sich in den mit eisernen Besen auf Gemeinwohl und kollektive Anpassung getrimmten Menschen verbarg, welch ungeheure Spanne zwischen Gier und Mitgefühl – kaum auszuhalten. Die Neunziger, das war Walpurgisnacht, Osterfeuer und Halloween an einem Tag.

Vor allem hat das Jahrzehnt die Disziplinlosigkeit vorgeführt, die dieses prachtvolle Volk überhaupt erst ausmacht. Als hätte man Kindern den Schlüssel zum Königreich überlassen. Ein Staat wird daraus noch nicht. Und so begeistert Russland am Anfang die Versprechungen der Freiheit und der Demokratie aufgenommen hatte – nach zehn Jahren ging dem Volk die Puste aus.

Nicht lange benötigte der neue Präsident Wladimir Putin nach der Jahrtausendwende, um das Land in eine andere Richtung zu drehen. Sein Werkzeug waren die Silowiki, die Politiker und Funktionäre mit Geheimdienst- und Sicherheitsbiographie. Gegen Mitte des Jahrzehnts entstammten drei Viertel der wichtigsten Personen im Staatsapparat diesem Umfeld.

Der radikale Schwenk war und bleibt nicht ohne Risiko. Die neu errungene Stabilität, der erfolgreiche Griff des Staates nach den strategischen Rohstoffen und die Rückkehr Russlands auf die internationale Bühne sind das Werk vieler Besen, von Putin gerufen, um ordentlich auszukehren nach den Jahren des Herabwirtschaftens. Nun sind seine Zauberlehrlinge aber auch nur Menschen. Rasch erlagen sie der Versuchung, sich selbst zu bereichern und sich gegenseitig zu befördern. Bald waren sie mächtiger als die Oligarchen zu ihrer besten Zeit – warum hätten sie ärmer bleiben wollen?

Keine Ideologie mehr ist zur Hand, die Gier und Korruption bremsen könnte. Die orthodoxe Kirche, seit dem Ende des Kommunismus die einzige Institution, die moralische Werte verkörpert, ist schwach und abhängig. Radio Liberty hat es doch jahrzehntelang gepredigt: Kapitalismus, Liberalismus, Marktwirtschaft. Man darf, was man kann und was man will. Hollywood macht es uns doch vor: *The winner takes it all.* Wer das Durchsetzungsvermögen hat, die breiten Schultern und den gewitzten Verstand, der hat schon gewonnen. Und so vertragen sich bis heute russischer Patriotismus und der Stolz darauf, ein Russe zu sein, aufs beste mit Bankkonten in der Karibik. Ein Schelm, wer Arges dabei denkt.

Schwert und Schild, die Insignien des sowjetischen KGB, schmücken immer noch das Geheimdienstwappen. Wie die Besen und Hundeköpfe am Sattelknopf der Opritschniki verkünden sie, dass weiter ausgeräuchert und ausgebürstet wird, geschrubbt und gesäubert. Im eigenen Selbstverständnis verkörpert der Geheimdienst die Elite der Aufrechten und Anständigen, die den Staat vor seinen Feinden retten.

Doch ist die Zeit der totalitären, alles erstickenden Ideologie definitiv vorüber. Heute schleicht der FSB-Agent sich als Hacker in die Festplatten der Blogger und Oppositionellen, forscht ausländische Unternehmen nach neuen Technologien aus und verfolgt Steuersünder. Die Berufsparanoia der Geheimdienstler und politischen Detektive wirkt fort, wenn auch im modernisierten Gewand, ebenso die Verschwörungs- und Bedrohungsszenarien, die in Russland seit jeher Konjunktur haben. Auch wenn kein Außenstehender je begreift, wozu der ganze ungeheure Aufwand getrieben wird.

Das Volk in seiner ganzen Breite findet sich damit ab. Es herrscht Friede, das Eigentum wird mehr oder minder respektiert, jeder hat seinen Reisepass, und nur noch das Einkommen macht den Unterschied (der allerdings ist erheblich). Anders als unter dem Kommunismus bleibt es vollkommen folgenlos, auf den Präsidenten zu schimpfen, vom Wunsch zu erzählen, nach Amerika auszuwandern, oder einfach nur laut die Frage zu äußern, warum es in der russischen Heimat nicht endlich so zugeht wie, sagen wir, in der Bundesrepublik.

Das ändert sich erst, wenn der Mensch nicht nur eine Meinung, sondern dazu noch politischen Ehrgeiz hat, wenn er sich in Parteien und NGOs engagiert, Interviews gibt oder überhaupt medial auffällig wird. Wenn er Informationen veröffentlicht, die Mächtigere als persönlichen Angriff verstehen. Dann wird er zum Sicherheitsrisiko. Und Sicherheit ist jedem Staat auf der Welt wichtiger als Wahrheit. Sicherheit gewährt ruhigen Schlaf – Wahrheit macht nur schlechte Träume. Und so wird der Staat sich wehren – oder auch nur sein kleinster Teil, ein Bürgermeister in der Provinz oder ein Beamter im Ministerium. Wenn dann im Volk der Respekt vor den Institutionen, vor Verfassung, Gesetz und Gerichten, zu wünschen übriglässt, geht die Sache ungleich aus. Um nicht zu sagen: übel.

Putins Kreuzzug im Zeichen der »Diktatur des Gesetzes« begann mit einer schwindelerregenden Blitzkarriere. Am Morgen des 9. August 1999 war er noch FSB-Chef, am Vormittag berief Präsident Jelzin ihn zum stellvertretenden Ministerpräsidenten, nach dem Mittagessen dann zum Ministerpräsidenten und schon am Abend zu seinem designierten Nachfolger als Kandidat für das Präsidentenamt.

Als der durchtrainierte ehemalige KGB-Oberstleutnant mit dem Schnepfengesicht erstmals vor seine künftigen Untertanen trat, glaubte niemand, dass eine neue Ära beginnen würde. Vier Ministerpräsidenten in achtzehn Monaten hatte der alkoholkranke Jelzin verschlissen. Warum sollte es dem blassen *Raswedtschik*, dem Geheimdienstler aus St. Petersburg, ungeachtet seines etwas dämonischen Äußeren anders ergehen.

Im Rückblick wissen wir, dass der neue Ministerpräsident nicht ohne Ziele und nicht ohne Plan antrat. Ein Jahr an der FSB-Spitze hatte gereicht, dem begabten Taktiker die Probleme aufzuzeigen, deren Lösung für die weitere Handlungsfähigkeit des Kreml unabdingbar war.

Auch Jahre nach dem Ende des ersten Tschetschenienkriegs war der Nordkaukasus nicht zur Ruhe gekommen; die Oligarchen, die den Großteil der Volkswirtschaft beherrschten, machten Politik und Medien zur Arena ihrer Rivalitäten; die Erlöse aus dem Rohstoffexport flossen am Staatshaushalt vorbei in private Kanäle; ganze Bereiche der Gesellschaft – Beamtenapparat, Wissenschaft, Militär – standen ein Jahrzehnt nach dem Ende der Sowjetunion vor der Auflösung.

Die kurze Einarbeitungsfrist im Spätsommer 1999, die dem neuen Ministerpräsidenten gegeben ist, verstreicht vor dem Hintergrund eskalierender Auseinandersetzungen in Tschetschenien. Zunehmend greift der Konflikt auch auf das östlich gelegene Dagestan über. Beide Seiten rüsten sich martialisch zum Showdown.

Am 31. August, drei Wochen nach Putins Amtsantritt, explodiert ein Sprengsatz in einem Moskauer Einkaufszentrum. Fünf Tage später zerstört eine Autobombe ein Wohnhaus russischer Grenzsoldaten in der dagestanischen Ortschaft Buinaksk im Krisengebiet; dabei sterben sechzig Menschen. Am gleichen Tag wird dort eine weitere Autobombe mit fast drei Tonnen Sprengstoff vor einem Krankenhaus entdeckt und entschärft.

Am 9. September erreicht der Konflikt eine neue Dimension. In der Gurjanowastraße im Moskauer Südosten detoniert ein enormer Sprengsatz im Keller eines Wohnhauses, zerstört über hundert Apartments und reißt vierundneunzig Menschen in den Tod. Die Explosion trifft das Haus an seiner schwächsten Stelle; der gesamte Mittelteil des Gebäudes stürzt ein und begräbt die im Schlaf überraschten Bewohner. Nur vier Tage später trifft es einen weiteren Plattenbau in Moskau – acht Stockwerke, einhundertachtzehn Tote – und am 16. September ein Wohnhaus im südrussischen Wolgodonsk – siebzehn Tote. In anderen Moskauer Wohnhäusern finden und entschärfen Sicherheitskräfte des FSB vier Bomben.

Dreihundert Tote bei fünf Anschlägen binnen weniger als zwei Wochen – die öffentliche Meinung schreit nach Aufklärung und Rache. Für sie gibt es keinen Zweifel: Hinter den Anschlägen stecken die selbsternannten Emire des muslimischen Kaukasus, wilde Gestalten in Tarnanzügen, bärtige Machos ohne Skrupel und Zivilisation, die in den Wäldern am Nordhang der majestätischen Berge hausen und nur ein Ziel kennen: die Befreiung ihrer Heimat vom russischen Joch. Ein Hass, der Legende ist, vererbt durch bald zweihundert Jahre.

Am Abend des 22. November bemerkt ein aufmerksamer Hausbewohner in der Stadt Rjasan, im russischen Herzland dreihundert Kilometer südöstlich von Moskau, wie zwei verdächtig erscheinende Männer Zuckersäcke aus ihrem Auto in den Keller eines Wohnhauses wuchten. Die unverzüglich alarmierte Polizei findet darin weißes Pulver, Zünder und eine Zeitschaltuhr; das Pulver enthält, nach der Analyse eines Massenspektrometers, das noch am Fundort eingesetzt wird, Spuren des Nitrosprengstoffs Hexogen. Allerdings gelingt es Sprengstoffexperten der lokalen Polizei am nächsten Morgen nicht, eine Probe des Pulvers detonieren zu lassen.

Die Medien melden den Fund am Vormittag des 23. September. Während anfangs von einer glücklich entschärften Bombe auf Hexogenbasis die Rede ist, heißt es bereits am Nachmittag, lediglich feingemahlener Zucker sei in den Säcken gewesen, im übrigen sei der Zünder, eine Büchsenpatrone, ungeeignet, eine wie auch immer geartete Hexogenmischung zur Detonation zu bringen. In der Folge teilten die Sicherheitsorgane mit, es habe sich um eine FSB-Übung gehandelt mit dem Ziel, der Bevölkerung zu verdeutlichen, wie wichtig es sei, wachsam zu sein.

Bis tief in die Reihen der Duma-Abgeordneten reicht die danach beginnende Auseinandersetzung. Plötzlich erinnert man sich daran, dass die Zeitung *Svenska Dagbladet* schon Anfang Juni, Monate vor der Anschlagserie, über Gedankenspiele berichtete, Terroranschläge in Moskau den Tschetschenen anzulasten. Auch die *Moskowskaja Prawda* hatte am 22. Juli eine angeblich geplante Operation »Sturm in Moskau« erwähnt, um der Jelzin-Regierung einen Anlass für den Ausnahmezustand zu liefern.

Gerüchte sprießen wie Pilze im Spätsommer; zweifelhafte und umstrittene Fakten kommen ans Licht. Sollte es möglich sein, dass die Geheimdienste *Agent provocateur* spielten, um die Abrechnung mit den widerspenstigen Tschetschenen zu erzwingen, den gordischen Knoten im Kaukasus zu durchschlagen um jeden Preis? War das Timing darauf abgestimmt, den neuen Premier als Triumphator des Kaukasus auf den Präsidententhron zu heben? Oder sind die Vorwürfe nur ein Produkt der in Russland so beliebten »schwarzen PR«, der Kunst, mit der

Öffentlichkeit zu spielen, Fälschungen und Unterstellungen zu streuen und so einen Lügennebel zu erzeugen, durch den keine Wahrheit mehr erkennbar ist?

Der Nachhall der Moskauer Explosionen erhält eine neue Qualität, als der Milliardär Boris Beresowski 2001 ins Londoner Exil geht und einen jahrelangen Rachefeldzug gegen seinen einstigen Zögling Putin entfacht. Beide Männer spielen ihre Rollen mit faustischer Symbolik. Wladimir Putin, der Dämon des starken Staats, der sich für Recht und Ordnung und Macht verzehrt, und Boris Beresowski, der Dämon des gierigen Egoismus, der geniale Politabenteurer, in dessen Händen alles, Wert oder Unwert, zum Werkzeug seines Egos wird.

Beresowski, nach dessen Pfeife die Kremlkamarilla in den ausgehenden Jelzin-Jahren tanzte, war der Schlüssel für Putins kometenhaften Aufstieg zum FSB-Chef 1998, zum Premierminister ein Jahr später und schließlich 2000 zum Präsidentschaftskandidaten. Doch offenbar war ihm Putins Talent entgangen, jede Fraktion in der Gewissheit zu wiegen, »ihr« Mann zu sein, sei es nun Jelzins Entourage, die seinerzeit so genannte »Familie«, oder die patriotischen Geheimdienstkader. Während einige Jelzin-Mitstreiter, namentlich der Privatisierungspapst Anatoli Tschubais, die Zeichen der Zeit verstanden und in Randbezirken der Macht überlebten, geriet Beresowski zum *Outlaw*, zum Inbegriff der im Volk verhassten Oligarchen-Herrschaft. Durch die Flucht nach London rettete er sich 2001 vor Haft und Gefängnisstrafe. Von dort aus verbrauchte er sich und seine Dollarmillionen in einem aussichtslosen, zähen Kampf gegen alle, von denen er sich verraten und betrogen sah: Putin, Abramowitsch … Am Ende gab es nur noch einen Ausweg: den Strick. Das war im März 2013.

Putin hat viele Gegner. Zu den moralisch gewichtigsten zählen Vertreter der alten Dissidentenbewegung, die teils schon in der Sowjetunion verfolgt und inhaftiert waren und seit jeher immun sind gegen die Verführungen von Geld, Macht, Ruhm und

Karriere. Wobei es ein Fehler wäre anzunehmen, das Verhältnis der Altdissidenten zum derzeitigen Staat sei durchweg homogen, egal ob positiv oder negativ. Das gilt auch für das Verhältnis zur Person und zur Politik von Wladimir Putin. Da existieren ganz verschiedene und sehr individuelle, differenzierte Standpunkte.

Unter den Putin-Gegnern sticht eine weitere Gruppe hervor, die lautstark ein demokratisches, offenes Russland nach westlichem Vorbild fordert. Mit der Dissidententradition hat sie wenig gemein. Ihre prominentesten Vertreter sind in den Neunzigern zu viel Geld gekommen, ohne sich dabei groß um Demokratie und moralische Werte zu scheren. Zu ihnen gehört der schillernde Michail Chodorkowski. Wie Beresowski gab er sich just ab dem Moment als überzeugter Demokrat, als seine Favoritenrolle nach Putins Amtsantritt zu bröckeln begann und er Verbündete brauchte gegen die neue Mannschaft, eben jene Silowiki.

Die Verbündeten waren rasch gefunden – die westliche öffentliche Meinung und die westlichen Medien, gefüttert von amerikanischen PR-Beratern und Anwaltskanzleien. Dort sind ausgemachte Profis am Werk; für gutes Geld liefern die gute Arbeit. So dauerte es auch nicht lange, und die sogenannte Weltöffentlichkeit akzeptierte die beiden russischen Oligarchen als geläuterte, fürderhin nur noch dem Guten verschriebene Erben der Jelzin-Demokratie.

Wir werden nie erfahren, ob Beresowski, als er im Kreml noch die graue Eminenz war, das Wort Transparenz überhaupt kannte. Warum Chodorkowski ausgerechnet 2001, ein Jahr nach Putins Machtantritt, seine Stiftung »Offenes Russland« gründete, können wir dagegen an fünf Fingern abzählen.

In dem sich schon 2000 abzeichnenden Konflikt mit dem neuen russischen Präsidenten hat Chodorkowski, seinerzeit der reichste Russe, auf die schützende Kraft seiner Kontakte zur westlichen, vor allem zur amerikanischen Politik und Gesellschaft gesetzt. Die Namen der Beiratsmitglieder seiner inzwischen darniederliegenden Stiftung (die im übrigen beachtenswerte Projekte auf den Weg gebracht hat) sprechen für sich: Henry Kissinger, der frühere US-Botschafter Arthur Hartman und der englische Investmentbanker Jacob Rothschild, den Chodorkowski nach seiner Verurteilung auch zum Verweser seines Vermögens bestimmte.

Chodorkowskis Spiel mit der amerikanischen Karte hat seine Gegner, allen voran Wladimir Putin und den Kremlfalken Igor Setschin, erst angespornt. Druck aus Amerika, ob öffentlich oder hinter den Kulissen, bewirkt in Russland immer genau das Gegenteil des Gewollten. Das war 2003 beim Tauziehen um Chodorkowski so und nicht anders 2014 beim Tauziehen um die Ukraine. Und so begingen die prominentesten Gegenspieler des neuen Mannes an der Spitze gleich zu Beginn zwei kardinale Fehler: Beresowski unterschätzte Putins Patriotismus, und Chodorkowski überschätzte den Einfluss Amerikas auf die russische Politik.

Dabei hat die Zähigkeit des einstmals reichsten Russen, der seit Ende 2013 im Schweizer Exil sitzt und davor zehn Jahre im Gefängnis verbracht hat, Bewunderung nicht nur unter seinen Anhängern geweckt. Bis zu seiner Verurteilung hätte er sich für einen dreistelligen Millionenbetrag reinwaschen und freikaufen können – Peanuts. Doch er hat sein Schicksal gewählt. Was hat ihn getrieben? Hybris und blanke Selbstüberschätzung oder doch eine Ahnung, dass ihm anderes und mehr bestimmt ist, als nur superreich zu sein?

Als am 25. Oktober 2003 die Nachricht von Chodorkowskis Verhaftung eintraf, fuhr mir als erstes der Gedanke durch den Kopf: Dieser Mann wird einmal russischer Präsident. Das Volk liebt seine gewendeten Sünder. Wahrscheinlich war es eine von Putins klügsten Entscheidungen, ihn schließlich ins Ausland zu entlassen. In der Schweiz ist Chodorkowski unendlich viel machtloser als im karelischen Lager. Der Nimbus des Märtyrers ist verloren, und ein Milliardär, der im Westen lebt, genießt in

Russland keine Autorität. Dabei hätte er das Zeug zum Reformer gehabt – aufsaugen, was andere Länder an Brauchbarem hervorbringen, kann er.

Von den Dimensionen her braucht die Fehde zwischen Putin und Chodorkowski den Vergleich mit der elisabethanischen Epoche (die auch jene des schrecklichen Zaren Iwan war) nicht zu scheuen. Es fehlen nur Mantel, Degen und klingende Titel. Vor dreihundert Jahren hätte Jelzin, der kinderlose Zar, den jungen Chodorkowski längst schon zum Grafen erhoben, und Fürst Putin, nach Jelzins Tod von der Militärpartei auf den Thron befördert, hätte den ehrgeizigen Emporkömmling genauso nach Sibirien verbannt und ins Loch gesteckt.

Die Kostüme ändern sich; der Mensch bleibt sich gleich. Der kosmopolitische Chodorkowski auf der einen Seite, Geld und den Westen im Rücken, und der autoritäre Putin auf der anderen, Patriot und Verteidiger russischer Werte. Wie immer in Russland haben die Westler am Ende den kürzeren gezogen.

Die semantische Vergewaltigung und das *Spin-Doctoring* von Begriffen wie Demokratie, Freiheit oder Recht und ihr Einsatz als Waffe im Kampf um Einzelinteressen gehören nicht nur in Russland zum PR- und Polithandwerk. Wer es sich wie Chodorkowski leisten kann, teure amerikanische Anwälte anzuheuern, findet auch begabte Sprachkünstler, die ihm ohne zu zögern die richtigen Worte zusammenleimen. *Catchphrases*: die öffentliche Meinung erinnert sich immer nur an den letzten Satz. *Opinion engineering* ist ein Handwerk mit goldenem Boden.

Auf der Strecke bleibt der verstaubteste aller Begriffe: die Wahrheit. Sie ist ein hoffnungsloser Fall, geradeso wie die Generation der altgedienten Sowjet-Dissidenten, Ritter von der traurigen Gestalt, Kämpfer gegen Windmühlenflügel.

Die Oligarchen und die Silowiki hingegen sind in ihrer Zeit zuhause. Das erscheint manchem bedauernswert, gerade in Deutschland, dem protestantischen Gottesstaat, wo Pfarrer und

Pfarrerskinder regieren. Doch wo Macht zählt, war Moral noch nie in Mode.

Allerdings sollte man gerade die Silowiki auch nicht überbewerten. FSB und GRU und wie sie alle heißen, bilden keine verschweißte Phalanx aus ideologischen Tugendwächtern. Man ist zerstritten wie der Rest der Machtelite, rauft sich entlang derselben Bruchlinien und teilt dieselben materiellen Interessen. In dieser Feststellung steckt auch für Moralisten ein gewisser Trost.

Zur schroffen Kehrseite der innenpolitischen und wirtschaftlichen Erfolge im ersten Jahrzehnt nach Putins Amtsantritt zählen die politischen Morde. Nimmt man allein die prominenten Namen, so liegt die Zahl der Opfer bei rund einem Dutzend, darunter die international bekannten Fälle Paul Klebnikow (2004), Anna Politkowskaja (2006), Alexander Litwinenko (2006) und Sergej Magnitski (2009). Keiner der Morde wurde restlos aufgeklärt, in keinem Fall wurden die Hintermänner namhaft gemacht. Für alle in der Wolle gefärbten Putin-Gegner war von Anfang an klar, wer die Verantwortung trägt. Ebenso hartnäckig hält sich die These, dass jedenfalls in einem Teil der Fälle der Mordbefehl aus der tschetschenischen Hauptstadt kam. Auch die zerstrittenen Kreml- und FSB-Fraktionen halten als Verdächtige her.

Alle großen Mächte der Geschichte kennen Mord auf staatlichen Befehl; Russland und die USA sind nur Beispiele. In den USA, deren Geheimdienst CIA eine eigene *Special Activities Division* unterhält, gilt ein eherner Grundsatz: Die oberste Führung wird nicht kompromittiert und äußert sich nicht. Auch die Parlamente sind nicht eingebunden. Keine Dokumente, keine Worte, kein Nichts. Nur Eingeweihte kennen die Entscheidungsmechanismen: wer wann wem gegenüber wie oft genickt haben muss und welche Worte dabei fallen.

Im Unterschied zumindest zur früheren Sowjetunion, man denke an die Tötung von Leo Trotzki 1940 in Mexiko, praktizieren die USA jedoch keine politischen Morde an amerikanischen

Staatsbürgern. Die *Special Activities Division* tötet Ausländer, vornehmlich solche, deren Ableben auch in der eigenen Öffentlichkeit auf positive Resonanz stößt.

Noch einen Aspekt gilt es zu beachten. Überall misstrauen die Politiker ihren Diensten – so wie auch die Dienste ihrer politischen Führung misstrauen. Wenn in Russland kritische Journalisten ermordet werden, dann rätseln nicht nur Ausländer, wer dahintersteckt. Die Auftraggeber können im Kreml sitzen oder in der Lubjanka – das bedeutet nicht automatisch, dass die oberste Etage davon Kenntnis hat. Die russischen Dienste sind Moloche voller Seilschaften und Fraktionen mit Separatinteressen und mit guten Kontakten in die Unterwelt. Wie anders erklärt sich Stalins Paranoia, der selbst auf dem Höhepunkt seiner Macht im Konvoi von fünf identischen Limousinen fuhr, auf seiner Datscha abwechselnd in einem von vier Schlafzimmern nächtigte und sein Essen nicht nur von KGB-Vorkostern, sondern grundsätzlich auch von seinen Tischgenossen probieren ließ.

Aus loyalen Oligarchen und Fragmenten der sowjetischen KGB- und Kulturelite hat Putin eine schlagkräftige Führungsschicht gezimmert. Die chaotische Parteien- und Medienlandschaft der neunziger Jahre, in den Augen der Bevölkerung längst desavouiert, wurde heftig zurückgestutzt. Ein Großteil der strategischen Rohstoffe wurde in Staatshand zurückgeführt. Nur an den Rändern regt sich, marginalisiert und tabuisiert, grundsätzlicher Widerspruch – nicht viel anders als in Westeuropa auch. Das Staatsvolk honoriert die Leistung mit einer anhaltend hohen, stabilen Zustimmungsrate im Zweidrittelbereich.

Die Schattenseite nach knapp eineinhalb Jahrzehnten Putin-Herrschaft: Der Staat wirkt bisweilen wie befohlen, reich an Reserven und Ressourcen, aber weithin ein Popanz, mehr Blattwerk als Wurzeln. Eine hoch in den Himmel ragende Vogelscheuche in den Händen gieriger Bürokraten, zuweilen ein

Potjomkinsches Dorf von der Größe eines Subkontinents. Putin und seine Mannschaft, getragen vom Gros der Bevölkerung, haben ihn wieder regierbar gemacht. Ob Mission und Inhalt, Kreativität und Offenheit der Zukunft Genüge tun, darüber gehen die Meinungen auseinander.

Im Rahmen des Herrschaftsprinzips der autoritären Vertikale gilt der Primat der durchgreifenden Hierarchie. In den Provinzen hat man sich eingerichtet: Wenn die da oben schon alles befehlen wollen, dann sollen sie auch alles entscheiden. Niemand auf den unteren Rängen will Fehler machen. Und so werden jedenfalls die wichtigen Entscheidungen alle nach Moskau delegiert.

Die Fassade hält. Die Paraden sind perfekt organisiert, die TV-Journalisten gut versorgt, die Unternehmer machen Gewinne, und das Volk wurschtelt sich durch. Die Intelligenzija hat sich abgewendet. Im großen und ganzen lässt sich sagen: Die Menschen schauen zu und warten, vom Alltag mitgenommen, ohne Euphorie und auch nicht ganz unzufrieden. Ist das im Westen so viel anders?

Dass etwas fehlt, spürt vor allem der urbane Mittelstand, an seiner Spitze die jungen Unternehmer, deren Wohlstand erarbeitet ist und nicht der Voucher-Privatisierung entstammt. Unter diesen vergleichsweise jungen Leuten, gewissermaßen ein außerstaatliches Establishment, hat Putin seine schärfsten Gegner und seine gefährlichsten dazu. Sie zielen auf die Achillesferse des Putinschen Systems: Korruption, Durchstecherei, Clan- und Vetternwirtschaft. Das sind keine Kommunisten, keine romantischen Sowjetdissidenten und auch keine »Westler«, die Amerika zum Vorbild erklären oder in einer liberalen europäischen Zukunft das Heil sehen. Nationalisten findet man dort wie überall, und wie ihr Präsident suchen sie einen eigenen russischen Weg

Die Probleme liegen nicht mehr im Materiellen. Die Wohnungen sind renoviert, die Möbel neu, und an den Wänden hängen

Urlaubsbilder aus Antalya und vom Roten Meer. Selbst die Eigentumsverhältnisse sind hinreichend klar, und niemand hat mehr vor den Kommunisten Angst. Es fehlt nur ... so etwas wie Sauerstoff.

Was ist das, Sauerstoff, fragen die Kremlfalken sogleich, denen das Wort gefährlich nach Freibier und Unordnung klingt. Sauerstoff ist Phantasie, ist neue Ideen, Energie, kreativer Disput. Streben nach Wahrheit und Moral, so zersetzend die auch für jede Lebenslüge sind. Die Jahre werden zeigen, inwieweit Russland sich auch künftig neu erfinden kann. Das neu gewachsene Selbstbewusstsein, kein Abklatsch des Westens sein zu müssen, hilft auf dem steinigen Weg zu einer neuen nationalen Identität im 21. Jahrhundert. Auch die Kreml-Elite weiß: Ohne Sauerstoff ist es aus mit den Träumen von Großmacht und Bedeutung. Zukunft wird nicht geschaffen, indem man endlos die Vergangenheit zitiert – die Siege in den Vaterländischen Kriegen, die Errungenschaften aus tausend Jahren Rus. Ohne frischen Wind bleibt das Land ein Selbstbedienungsladen für die Mächtigen, für die Intelligenzija eine riesige Insel der Resignation, eine Parkbank für die Wodkaseligen.

Liberale Putin-Kritiker sehen die Anschläge im September 1999 als Menetekel, als Flammenschrift an der Wand vor Anbruch der neuen Epoche im Zeichen der Silowiki. Eine janusköpfige Epoche: Stabilität und Prosperität nach Jahren des Niedergangs, zurückgewonnene Stärke nach innen wie nach außen – aber auch partielle Gleichschaltung, eine Verengung der Debatte, Beamtenwillkür, Korruption und das weitgehende Versagen dessen, was die Amerikaner *checks and balances* nennen. Paradiesische Zeiten für alle, die willens und fähig sind, leise ihrem Vorteil hinterherzuschleichen.

Putin, der auszog, die Demokratie vor sich selbst zu retten, spielt auf hohes Risiko. Sein Bild in den Geschichtsbüchern hängt davon ab, ob er seine Zauberlehrlinge unter Kontrolle hält.

Als Gegenreformer hat er geschafft, was dem charismatischen, aber politisch schwachen Gorbatschow misslang. Seitdem führt er sein Land wie ein russischer Metternich, schwankend zwischen den Verlockungen der Diktatur und der Einsicht in die Notwendigkeit von Freiheit.

Wie er einst abtreten wird, ob mit dem Siegerkranz um die Stirn oder wie Metternich 1848 auf der Flucht ins Ausland, ratlos, hilflos und mit dem Mal des phantasielosen Zuchtmeisters auf der Stirn, wird sich weisen. Mark Twain wird der Satz zugeschrieben: »Geschichte wiederholt sich nicht, aber sie reimt sich.« Nicht umsonst klingt die Melodie der orangen Revolution, die sie im Kreml fürchten wie der Teufel das Weihwasser, wie eine Variation auf das Thema des Vormärz, der Zeit vor 1848.

Doch auch das im Entstehen begriffene Internet-Bürgertum wird den russischen Staat so rasch nicht über den Haufen werfen. Bis auf weiteres bleibt es autoritär-demokratisch, kapitalistisch, patriotisch und gemütlich. Postsowjetisches Biedermeier und *Enrichissez-vous!* Noch lässt die Mannschaft um Teamchef Putin die Zügel nicht aus der Hand, allzu viel steht auf dem Spiel. Metternich hat immerhin fast vier Jahrzehnte lang regiert.

VII.
TEILEN IST SELIGER DENN NEHMEN

Rajon Dmitrow im Moskauer Gebiet, halb zehn in der Früh. Heute ist keiner jener Solitäre, jener brillantenen Wintertage fernab der Stadt, gegen die sogar ein tropischer Sonnenuntergang verblasst: glänzend blau der weite Himmelsbogen, wolkenlos gespannt, das Licht wie geschliffenes Kristall, die kalte Luft nur Äther und Rausch und kaum Schatten auf dem blendend weißen Schnee. In Russland verzaubert der Winter die braune Erde, bedeckt sie mit dem weichen Pelz der Schneekristalle und haucht seinen kühlen Atem auf ihre Haut. Er spielt mit ihr wie ein Mann mit der Frau, wie eine Frau mit dem Mann. Im russischen Winter herrscht Überfluss nur an Schönheit und an Zeit. Alles andere ist knapp.

Dieser Februarmorgen ist dagegen dunstig und nasskalt. Zwei dürre Birken, ein Hund im Verweilen, dem es zu kalt zum Bellen ist, und ein verrostetes Autowrack am Feldrand, aus dessen Seitenfenster der Wind Wölkchen aus weißen Flocken bläst.

Zerfurcht von Rissen und Schlaglöchern zieht der graue Asphalt sich durchs gewellte Land, ein schmutziges Band auf dem weißen Schnee der Felder. Das Fahren ermüdet; links und rechts gleiten die endlosen Flächen vorüber, den Horizont verschluckt der Nebel.

Ein Dorf beginnt. Warum gleichen sie sich alle, die Straßendörfer von Brest bis Wladiwostok? Dieselbe graue Bahn aus Teer, auf beiden Seiten ein Streifen Allmende mit weißstämmigen Birken, dahinter zwei Reihen windschiefer, einstöckiger Holzhäuser mit geschnitzten Fensterrahmen. Manche Dörfer sind sauber, da liegen keine alten Traktorreifen am Straßenrand, ein kleiner, gepflegter Weiher, der Friedhof im Wald ohne Hügel leerer Plastikflaschen. Es muss mit der Dorfverwaltung zu tun haben. Bücken und Wegräumen ist nicht jedermanns Sache; manch einer sagt sich, der Herrgott wird die Unordnung schon richten.

Wie heißt *Inschallah* auf Russisch?

Die Nähe einer größeren Stadt erkennt man, wenn plötzlich Neubauten aus nackten Ziegeln das altmodische Bild zerstören. Binnen weniger Jahre sind diese neuen Häuser so sprich-wörtlich geworden wie das russische Dorf. Sie grüßen den Moskaureisenden schon beim Blick aus dem Fenster, bevor das Flugzeug die Landebahn berührt. Im Anflug kann er die Dächer zählen – und wird nie zum Ende kommen. Ihre Zahl ist zu groß, in jeder Hinsicht. Wo auch nur ein Rubel übrigbleibt, gräbt jemand ein Loch und baut aus billigen Ziegeln ein Haus, das nach Reichtum und Status riechen soll. So wachsen in den alten Dörfern diese Sendboten einer bizarren Architektur, tür-men sich zu mehrstöckigen Kathedralen, Miniaturfestungen mit Fensterschlitzen – Mahnmale des Missverstands, die allesamt aussehen, als hätte man die Architekten wochenlang mit mexi-kanischen Seifenopern gefoltert.

Eine uniformierte Gestalt tritt zwischen Birken hervor und hebt den rechten Arm, den ein weiß und rot gebänderter Stock ver-längert. Es ist ein Polizist, der ein Auto anhalten will.

Mein Blick schwenkt in den Rückspiegel; die Straße ist leer. Aus einem rostigen Eisenfass steigt Rauch. Ich sitze am Steuer des einzigen Fahrzeugs weit und breit. Der Polizist meint ganz offensichtlich mich.

Er macht zwei rasche Schritte auf die Straße und schwingt den Stock auf und nieder, gelangweilt, routiniert, als sei die ganze Welt nur eine Nebensache.

Ich halte fünf Meter hinter ihm. Schon steht er neben dem Wagen, während ich die Tür öffne und aussteige, betont langsam und mit ausdrucksloser Miene.

Nur nicht unterwürfig werden im Anblick der Uniform. Immer Augenhöhe mit der Obrigkeit, hat mir vor langem je-mand geraten. Wie bei fremden Hunden, die riechen auch den Schweiß auf hundert Meter.

Reiche Russen – wirklich reiche Russen – machen es anders; sie öffnen das dunkel getönte Seitenfenster ihres Bentley um fünf Zentimeter, händigen dem Polizisten mit zwei Fingern –

ohne Augenkontakt – ein in Leder gebundenes, schmales Ausweisdokument durch den Schlitz und warten, bis er Haltung annimmt, das Dokument zurückreicht, salutiert und gute Fahrt wünscht.

In dem Dokument stehen nur drei Wörter: *prawo bes prowerki*. Das Recht, unkontrolliert zu bleiben. Drei Zauberwörter, Sehnsucht von Generationen. Es gehört zu den Dingen, die man auch in Russland ... sagen wir: nur bedingt kaufen kann.

Ursprünglich war der kleine Ausweis gedacht, die wichtigsten Personen im Staat von ihrer eigenen Kontrollmaschinerie zu entlasten. Dahinter stand die alte Wahrheit: *Quod licet iovi, non licet bovi*. Was dem Gott erlaubt ist, darf das Rindvieh noch lange nicht.

Inzwischen ist es so, dass, wer den Göttern nahe genug steht und in der Lage ist, eine runde Summe in grünen Scheinen aufzubringen, durchaus die Chance hat, das hochbegehrte Papier zu erlangen. Da ist es auch egal, ob die Person ansonsten ein Rindvieh ist. Vor einigen Jahren lag der Preis, die guten Kontakte immer vorausgesetzt, bei vielleicht fünfzigtausend Dollar. Heute soll es ein Mehrfaches sein. Schuld an der Inflation ist der Kampf gegen die Korruption, den die Obrigkeit in regelmäßigen Abständen anfacht. In der Folge wird alles teurer – Risikozuschlag.

Es gibt übrigens (das nur als kurzer Einschub in diesem Kapitel, welches sich hauptsächlich mit dem Käuflichen befasst) auch Privilegien, die angeblich immer noch unverkäuflich sind. Zumindest wird das so behauptet. Das Autokennzeichen mit den drei kyrillischen Buchstaben E-K-X (und einer beliebigen Zahl) soll dazugehören. Touristen können während des obligatorischen Kremltages die schwarzen Limousinen nicht übersehen, die zwischen Tor und Senatspalast fahren. Die meisten davon tragen das Kennzeichen E-K-X. Das Akronym steht für »Ich fahre, wie ich will« und schmückt ausschließlich Fahrzeuge des Inlandsgeheimdienstes FSB. Es heißt, der Sicherheitsbeauftragte Präsident Jelzins, Alexander Korschakow, noch so ein Kremldämon der wilden neunziger Jahre, habe sich das Kennzeichen ausgedacht. Es ist der ultimative Schutz – kein Polizist wird je so unklug sein, ein Auto mit dem Kennzeichen E-K-X anzuhalten.

In meiner Brieftasche an jenem Morgen im Rajon Dmitrow steckt kein schmales, ledergebundenes Ausweisdokument, und so muss ich um den guten Willen des Uniformierten buhlen. Zwei Menschen in einem namenlosen Dorf, umgeben von tausend Quadratkilometern Schnee. Einer von ihnen trägt eine Uniform, der andere ist zu schnell gefahren.

Als ich ihm gegenüberstehe, hebt er den Arm und vollführt einen miserablen militärischen Gruß an die schief sitzende Mütze.

»Sergeant Koslow, 3. Kolonne der 4. Brigade der GAI-GIBDD des UWD der Stadt Dmitrow.«

Das alles in eineinhalb Sekunden hingenuschelt.

Oder war es die 6. Kolonne und die 2. Brigade? Oder etwas ganz anderes? Nicht einmal der Familienname war zu verstehen … Hat er Koslow gesagt, oder Konstrow, oder Ostrowsk, oder Koselez? Ich frage mich immer, warum diese Polizisten offensichtlich keine Lehrgänge durchlaufen. Irgendeine Veranstaltung, bei der Grüßen und klare Aussprache auf dem Lehrplan stehen.

Derweil ziehe ich meine Brieftasche hervor und reiche ihm die Papiere: Fahrzeugschein, Versicherungspolice, den ausländischen Führerschein samt notariell beglaubigter Übersetzung. Jetzt weiß er, dass ich kein Russe bin, und seinen Gesichtszügen ist anzusehen, wie das Hirn nach der Regieanweisung sucht.

Es ist die Eröffnungsphase wie die ersten Züge beim Schach. Ein eingespieltes Ritual: Der Uniformierte prüft meine Papiere – die in Ordnung sind –, dann lässt er mich durch sein tragbares Radargerät schauen. Es ist eine kurze grüne Röhre mit einem Handgriff an der Unterseite. In grünen Ziffern leuchtet die Zahl sechsundachtzig auf der Rückseite, die tatsächlich gemessene Geschwindigkeit bei erlaubten fünfzig Stundenkilometern in einer geschlossenen Ortschaft.

Ich könnte jetzt einen Aufstand machen, russische Gerichtsurteile anführen, wonach das im Zweifel nicht geeichte und leicht manipulierbare Radargerät als Beweismittel unzulässig ist – was brächte es mir außer verlorener Zeit. Ich bin zu schnell gefahren; die Messung ist wahrscheinlich völlig in Ordnung.

Außerdem lüge ich nur noch in Notfällen. In einer Kultur, in der sich zwischen Wahrheit und Lüge, zwischen Schwarz und Weiß ein breiter grauer Streifen erstreckt, füllt Ehrlichkeit so etwas wie eine Marktlücke. Im täglichen Überlebenskampf kann die Wahrheit eine Geheimwaffe sein.

Der Polizist blickt mir stumm in die Augen, und ich zucke mit den Achseln, was als Schuldanerkenntnis genügen muss. Kurz darauf sitzen wir in seinem weiß-blauen Schiguli. Das ist eigentlich ein Fiat 124, wie er vor vierzig Jahren in Turin vom Band lief. An der mittleren Wolga, in der Autostadt Togliatti, wurde er bis ins neue Jahrtausend zusammengelötet, das billigste Auto auf dem Markt.

Mit einer müden Bewegung, die lange Übung spiegelt, zieht der Polizist einen Formularblock aus der Ablage unter dem Armaturenbrett, schiebt ein abgenutztes Blatt Kohlepapier zwischen die obersten Blätter und beginnt zu schreiben, schwerfällig, wie ein Linkshänder, den man auf rechts getrimmt hat.

Name, Vorname, Geburtsdatum und -ort, Nummer des Passes, Nummer des Führerscheins ...

Soll er sich die Finger wundschreiben, denke ich mir. Soll er was tun für sein Geld.

Die Eröffnungsphase hat erst begonnen. Die Figuren sind in Stellung gebracht; wir wissen beide, woran wir sind. Er hat mich am Schopf wegen der Geschwindigkeitsübertretung, aber wir haben uns signalisiert, friedfertig sein zu wollen. Ich werde ihm keine Schwierigkeiten machen wegen des Radargerätes, das ganz sicher manipuliert ist und nur zufällig die korrekte Geschwindigkeit anzeigt, und er wird mich nicht in Grund und Boden stampfen, sonst hätte er längst ein falsches Komma oder irgendeinen anderen Fehler in meinen Dokumenten entdeckt. Begabtere Tintenseelen als russische Rechtshüter gibt es nirgends.

Nach den Regeln liegt der erste Zug bei mir, der weiße Bauer. Ich habe noch über fünfzig Kilometer vor mir, jemand wartet auf mich, und somit habe ich das dringendere Interesse. Der Polizist vertritt den Staat, und der, wie jeder Staat, hat kein anderes Interesse als das, er selbst zu sein. Dazu hat es alle Zeit der Welt.

Außerdem will ich meine Ruhe und nicht am nächsten Werktag in der Schlange am Sparkassenschalter stehen und den Strafzettel begleichen. Dabei ist das nicht alles ... einfach seine Strafe zahlen. Verquaste Bürokratenhirne, man muss auch noch den quittierten Überweisungsbeleg in einem frankierten Briefumschlag an die Polizeiverwaltung senden. Bill Gates ist fast sechzig, und es gelingt immer noch nicht, die Computer so zu programmieren, dass anhand der Angaben auf der Banküberweisung mein Name, der Strafzettel und der Zahlungseingang einander zugeordnet werden können.

Also huste ich und frage unverfänglich, ob das alles so schrecklich kompliziert sein muss. Erster Zug.

Weißer Bauer e2-e4.

Der Polizist blickt zu mir herüber, ausdruckslose blaue Augen, offenbares Unverständnis im Blick.

Na ja, sage ich stockend, die ganze Schreiberei und so. Das sei doch schrecklich mühsam. Ob das alles nötig sei.

So sei eben das Gesetz, antwortet er schulterzuckend, und sein Ton ist leicht schroff und unsicher tastend.

Schwarzer Bauer f7-f5.

Ich wundere mich, warum er sich so jungfräulich ziert, und lege nach. Ich sei zwar Ausländer, aber ich hätte doch gehört,

dass es auch andere Wege gäbe. Gangbarere, bequemere, nun …
menschlichere. Ich füge noch hinzu: *towarischtsch polizejski*, und
grinse ihn an.

Weißer Springer g1-f3, schon etwas mutiger. Immerhin deckt
mich der Bauer.

Der Mann zögert weiter; es hat natürlich damit zu tun, dass ich
Ausländer bin. Ich grinse noch ein bisschen. Schließlich lockern
sich seine Züge, er unterbricht die Schreiberei, steckt den Stift
in die Hemdtasche, grinst ebenfalls und macht mir das schönste
Kompliment, das es in Russland für einen Ausländer gibt:

»Du bist ja schon einer von uns.«

Dient die Eröffnung dem Ziel, mit tänzelnden Worten die
Dehnbarkeit der beidseitigen Moralvorstellungen zu prüfen,
ohne dass eine der Parteien sich bloßstellen muss, geht es in der
zweiten Stufe um knallharte Interessen. Es sind nur Sekunden,
dann ist das Florett des Diplomaten ausgetauscht gegen das
scharfe Messer des brutalen Feilschers.

Das ist der Beginn der Verhandlungsphase. Der Moment
der Wahrheit, und jeder kann zeigen, was in ihm steckt. Oder
eben nicht. Auch heute wieder, wie an jedem Tag, machen
Hunderttausende in Russland diese Erfahrung.

Sie wollen Ihren Sohn vor dem Militärdienst bewahren? Ihr
Vater benötigt einen Bypass? Ihre Tochter wartet seit Jahren auf
eine neue Niere? Sie brauchen ein amtliches Gutachten, um einen Versicherungsbetrug zu legitimieren? Sie sind im Unrecht,
wollen aber einen Prozess gegen Ihren Nachbarn gewinnen?
(Oder: Sie sind im Recht, wollen aber einen Prozess gegen Ihren
Nachbarn, der ganz sicher den Richter besticht, nicht verlieren?)
Sie brauchen eine Freigabe der Feuerwehr (des Sanitärdienstes,
der Denkmalbehörde, des Tiefbauamtes, des Hochbauamtes,
der Arbeitsschutzbehörde …) für Ihren neuen Fabrikbau, der in
jeder Hinsicht den Vorschriften entspricht? (dito: … der nicht
in jeder Hinsicht den Vorschriften entspricht?) Sie wollen ei-

nen Studienplatz auf einer Elitehochschule? Sie wollen einen Studienplatz auf einer normalen Hochschule? Was – Sie wollen einen Listenplatz für den Einzug ins Parlament? Guter Mann, das kostet eine Million US-Dollar. Versuchen Sie es bei den Kommunisten, die sollen billiger sein. Warum tun Sie sich das überhaupt an … Ah, verstehe, strafrechtliche Immunität. Nun, alles hat seinen Preis.

Umsonst ist der Tod, und der kostet das Leben.

Eine Anekdote aus der Zeit des großen Zaren Peter:

Beim abendlichen Trunk im verrauchten, dunklen Keller-gewölbe unter dem Peterhof, ähnlich dem Tabakskollegium des Preußenkönigs, sitzen der Zar und seine Getreuen um einen langen, schweren Holztisch. Hofklatsch macht die Runde; russische und holländische Schimpfwörter klingen durch die Rauchschwaden, alle Etikette ist außer Kraft gesetzt. Der Zar sitzt am Kopfende der Tafel, sein Schweizer Freund Le Fort, der Schotte Gordon und Fürst Menschikow an seiner Seite. Vor den Männern stehen schwere Krüge mit gesüßtem Bier, einige trinken französischen Champagner, den sie mit Eiswürfeln kühlen.

Da plötzlich steht der riesengroße Peter auf, brüllt mit hoch-rotem Kopf und wild gestikulierend voll Zorn in Richtung seines obersten Zolleinnehmers, der am anderen Ende des Tisches sitzt. Eben hat er sich die letzten Geschichten des gro-ßen Verschwenders Menschikow angehört, jetzt will er wissen, wo sein Geld bleibt aus den Zolleinnahmen. Laut ruft er über den Tisch, jeder Stallbursch könne sich an fünf Fingern abzäh-len, dass nur der kleinste Teil davon im Staatshaushalt lande, ein Viertel allenfalls.

»Hundsfötte, wo bleibt der Rest?«, bellt Peter in die Runde.

Der oberste Zöllner reagiert ruhig, er kennt seinen aufbrau-senden Herrn. Mit einer Handbewegung ruft er einen Lakaien mit einem Eiskübel, hebt einen kräftigen Würfel, groß wie eine Kinderfaust, aus der kristallenen Schale, zeigt ihn in die Runde und reicht ihn seinem Tischnachbarn mit der Bitte, das Eis weiterzugeben bis zum Zaren.

Eilig geben die ordensgeschmückten Generäle, die hohen Zivilbeamten und Kammerherren das Eis an ihren Nachbarn weiter. Schließlich erreicht es den Zaren; als der den tropfnassen, zusammengeschmolzenen Rest zwischen den Fingern hält, fährt ihm ein dreckiger Fluch aus dem Mund. Wütend schlägt er mit der Faust auf den Tisch – und gibt sich geschlagen, wie jeder russische Herrscher vor ihm und nach ihm.

Der Dichter Nikolai Gogol hat das Übel in allen Facetten beschrieben, seine Komik und Tragik, die lähmende Wirkung auf jeden frischen Geist und die vielseitigen Vorteile, die eine schlaue Seele daraus zu gewinnen weiß. »Wat den eenen sin Uhl, is den annern sin Nachtigall«, sagt man in Norddeutschland, und das trifft auch auf die Volkskrankheit Korruption zu. Nicht jeder leidet darunter, für viele ist das Ganze ein Gesundbrunnen. Und richtig verwirrend wird das Spiel, wenn diejenigen, die am lautesten »Haltet den Dieb« rufen, in Wirklichkeit die größten Profiteure sind. Nur zugeben wird es niemand, niemand sagt: »Ich bin korrupt.« Bei aller Verkommenheit der Sitten arbeitet das Gewissen: eine bemerkenswert widerstandsfähige Instanz.

Was nach unseren Maßstäben Korruption, Bestechung oder, in der lauen Variante, Lobbyismus ist, stellt für die meisten Russen erst einmal eine Form von Handel dar. Der Metzger gibt mir die Wurst auch nicht um Gotteslohn. Warum sollte es mit dem Beamten, seinem Stempel und seiner Unterschrift anders sein?

Ganz einfach, entgegnen wir: Der Beamte wird vom Staat dafür bezahlt, dass er vorurteilslos, gerecht und unparteiisch dem Gemeinwohl dient. An der Stelle wirft meine slawische Halbseele ein, wohlgemerkt mit einem Augenzwinkern: Gemach! In Russland ist der Beamte kein profaner Dienstleister, er ist ein Siegelbewahrer. Der Staat bezahlt ihn dafür, dass er seine Stempel – die heiligen Amtssiegel – hütet. Sollte nun jemand von ihm erwarten, dass er diese Siegel auch noch unter irgend-ein Schriftstück setzt – die Bedingungen dafür müssen die bei-den schon unter sich ausmachen. So vorausschauend kann ein Staat nicht sein, dass er für alle Eventualitäten sorgt.

Das Zwiegesichtige an der Korruption ist, dass vieles an ihr human, harmlos und vernünftig erscheint. Eine Hand wäscht die andere; es ist Hilfe in der Hoffnung auf Gegenhilfe. Gegenseitige Hilfe, so funktionieren Familien, Seilschaften und alte Kontakte. So funktioniert die Zivilgesellschaft und jede nor-male Nachbarschaft.

Das gilt auch im Westen. Auch in den noch reichen Ländern wird sich der Staat zurückziehen und den Bürgern, Familien und Nachbarschaften Aufgaben übertragen, die ansonsten nicht mehr finanzierbar sind. Gegenseitige Hilfe wird Dinge leisten müssen, die wir heute vom Staat erwarten. In Zukunft gilt es horizontal zu agieren, als Gleicher unter Gleichen, und da ste-hen fünf Rechten fünf Pflichten gegenüber. Sonst funktioniert es nicht.

Ist der im Westen geführte Kampf gegen jede Form von Vorteilsnahme eigentlich sinnvoll? Wenn ich mich als Ange-stellter nicht mal mehr auf eine Pizza einladen lassen und kein Weihnachtsgeschenk mehr annehmen darf, dann verdorrt mei-ne soziale und moralische Urteilskraft. Gegenseitige Hilfe und die kleinen Abhängigkeiten, auch wenn manche sie als Einstieg in das große Übel Korruption missverstehen, gehören zum Leben ... sind überlebensnotwendig.

Im Schiguli des Dorfpolizisten dauert die Verhandlungsphase an. Mit dem Polizisten, der Sergej heißt, bin ich mittlerweile gut bekannt. Sein Vater ist in Deutschland geboren, in der so-wjetischen Garnison Ludwigslust zehn Jahre nach dem großen Sieg. Auch von seinem Großvater hat Sergej mir erzählt; ein Pionieroffizier bei den Panzertruppen, der es ohne Verwundung bis nach Berlin hinein geschafft hat, ein seltenes Glück. Sergej ist stolz, dass sein Vater Deutschland gewissermaßen seine Heimat nennen kann: *Rodina*. Im Russischen hat das Wort Gewicht.

Das bedeutet noch nicht, dass unsere Preisverhandlungen einfacher werden. Sergej behauptet, ein Protokoll nach allen Regeln der Kunst und des Gesetzes würde mich glatt zweitausend Rubel kosten, nicht ganz vierzig Euro, in Russland viel Geld für gerade einmal sechsunddreißig Stundenkilometer Geschwindigkeitsüberschreitung.

Der Punkt ist insofern wichtig, als der inoffizielle Tarif, also der Preis für den Freikauf von der Schuld direkt beim aufnehmenden Beamten, sich nach dem offiziellen richtet; als Faustregel gelten fünfzig Prozent. Ich spare also nicht nur das Anstehen am Sparkassenschalter und auf der Post, sondern auch noch bares Geld.

Zwei Ziele hat der riesige Apparat der russischen Polizei; nur um sie dreht sich das System. Jeden Morgen, jahrein jahraus, weiß jeder Polizist, was von ihm erwartet wird, ob in der Hauptstadt Moskau oder in der Orenburger Provinz am Steppenrand.

Er muss Verbrechen aufklären, und er muss Geld heranschaffen. Die Verbrechensaufklärung dient der Statistik, und die Statistik dient den Herrschenden. Je mehr Verbrechen aufgeklärt werden, desto besser der Polizist, desto besser seine Wache, desto besser der Polizeichef. Zudem ist jeder Verurteilte mehr ein ungeklärtes Verbrechen weniger. Wenn der Betroffene unschuldig ist … Natürlich ist das unangenehm, vor allem für ihn selbst. Aber irgendwer muss sich auch um die Statistik kümmern.

Das andere, das mit dem Geld … Darüber redet niemand gerne. Es soll nur keiner glauben, dass der Moskauer Verkehrspolizist, dem ein guter Fangplatz zuteil wurde, sagen wir eine Kreuzung, von der er allabendlich mit umgerechnet an die zweitausend Euro heimkehrt, dieses Geld einfach in sein Sparschwein stopft.

Das Gesetz des Teilens gilt für alle, auch für den Dmitrower Dorfpolizisten. Auch wenn er keine Silbe dazu verliert, weiß ich genau, warum er so zäh auf meine tausend Rubel spitzt. Er gehört nicht zu den Gierigen, das sehe ich ihm an der Nase an, sonst säße er auch nicht im Fahrersitz dieses lausigen Schiguli. Aber er hat Vorgesetzte, und die Vorgesetzten haben Vorgesetzte, und auch die haben Vorgesetzte ... Die Realität ist vielfältig wie ein Plisseerock.

Irgendwo im Himmel endet die Pyramide, dort sitzen gewichtige, lamettageschmückte Polizeigeneräle, über denen nur noch der Minister schwebt. Die stehen schon lange nicht mehr an der Straßenkreuzung, doch nur fürs warme Büro, für die goldenen Tressen und die paar tausend Dollar im Monat Gehalt tun sie sich das Ganze auch nicht an.

Meine erste Begegnung mit der »echten« Korruption, der maßlosen und übermäßigen, fand an einem warmen Herbstmorgen im Jahr 1993 statt, kurz nach dem missratenen Parlamentsputsch. Es war eine Zeit, als niemand Hoffnungen hegte, die weiter reichten als bis übermorgen. Die flirrende, zwielichtige Zeit des Übergangs. Die Twerer Straße war noch gesäumt von großen, grauen Ladengeschäften, die unverkäufliche Bücher anboten, Schreibwaren aus sowjetischer Produktion oder übelriechende Fische am Ende einer ständig unterbrochenen Kühlkette. Die Mercedes-Limousinen waren nicht neu, sondern gestohlen aus Deutschland importiert – nur die Mädchen waren so schön wie eh und je. Nicht so durchgestylt wie heute, aber keiner hat danach gefragt.

Die Jugend, die Ausländer und die Armen, will sagen fast alle, waren ohnehin überzeugt, der Kommunismus stünde wieder vor der Tür, und wer irgend konnte, feierte jeden Tag vierundzwanzig Stunden lang von vorn. Drogen schwemmten in die einst so spartanische Stadt, auf dem Autobahnring lagen die Leichen überfahrener Fußgänger, und mittwochs nach neun tanzten die Teenies im »Hungry Duck« nackt auf der Bar.

Es war, als hätten Tod und Leben einander unsittlich berührt.

Der internationale Konzern, dem ich ab 1992 in Moskau beim Aufbau Ost helfen durfte, hatte eine Reihe wahnwitziger Joint Ventures geerbt, in denen sich sozialistischer Realismus und kapitalistische Utopie aufs prächtigste vermählten. Das war ein Restrukturieren am laufenden Band, alles vor dem Hintergrund der wildgewordenen Privatisierung, die uns braven Wessi-Managern, getrimmt auf Verträge, Recht und Ordnung, über Nacht neue Partner bescherte. Oder neue Gegner, je nachdem.

Kaum kam man mit den sogenannten roten Direktoren zurecht, erschienen junge Männer mit großen Autos und in dunklen Lederjacken und behaupteten, sie besäßen jetzt die Aktienmehrheit. Den roten Direktoren platzte fast der Verstand, laut und zornig beharrten sie auf ihrem Recht, dann verschwanden sie bald in der Versenkung. Einige wurden erschossen, andere pensioniert, einige Glückliche arrangierten sich mit der Mafia und führten für sie die Geschäfte.

Eines Nachmittags bat mich solch ein junger Mann zum Spaziergang auf die Twerskaja, die Twerer Straße, unweit des Roten Platzes. Die russische Gesellschaft, die von seiner Gruppierung gerade gekapert werden sollte, hatte mit uns einen Vorvertrag zur Gründung eines Joint Venture abgeschlossen; jetzt stand der ganze Vertrag auf der Kippe, denn einige unserer Herren in der europäischen Zentrale wollten keinen Partner, um den ein Übernahmekampf ausgebrochen war.

Die Sonne schien, wir rauchten und gingen zweihundert Meter schweigend nebeneinander; dann eröffnete er mir, dass seine Gruppe den Kontakt mit uns intensivieren wolle. Ob es nicht jemanden bei uns gäbe, der mit ihnen zusammenarbeiten würde. Er beschrieb das so als eine Art PR-Maulwurf, Schönwetter machen im beiderseitigen Interesse – schließlich wäre es doch grundschade, wenn wir ausgerechnet jetzt einen Fehler begingen und die vielversprechende Zusammenarbeit beendeten. Zuletzt meinte er noch, er habe bei der Sache an mich gedacht.

Ich muss wohl ermunternd genickt haben in dem Moment: schließlich ist es immer schade, eine vielversprechende Zusammenarbeit zu beenden. Er fügte jedenfalls hinzu, niemand erwarte, dass ich einen solchen Job umsonst machte. Ich bräuchte ihm nur ein Konto zu nennen in der Schweiz oder auf den Caymans oder in Panama, irgendwo, dorthin würde er eine halbe Million Dollar überweisen, als Pauschalentgelt. Eigentlich sei es gar keine Arbeit, meinte er noch, nur Stimmungsmache im positiven Sinn.

Damals galt noch die Deutsche Mark, und der Dollar stand bei einsfünfundsechzig. Es ging also um viel Geld. Kaum war die Summe über seine Lippen, als ich schallend zu lachen begann. Natürlich hatte ich geahnt, dass unser Gespräch auf einen schrägen Deal hinauslief, aber mit so einer Summe hatte ich nicht gerechnet. Achthunderttausend Mark, ohne mich krummzulegen.

Bis heute vergesse ich nicht seinen Gesichtsausdruck, als er mein Lachen hörte. Er wartete einige Sekunden, sah mich von der Seite an – wir spazierten weiterhin die Twerskaja hinauf – und sagte dann: »Über die Summe können wir ja reden ...«

In Amerika gibt es die Kennzahl des *net worth*, des Finanzvermögens eines Menschen nach Abzug aller Schulden, die seinen Wert bestimmt. In Russland bemisst dein Wert sich danach, für wieviel Geld man dich kaufen kann. Ich versuchte dem jungen Mann jedenfalls zu erklären, dass ich unverkäuflich sei. So eine Art Liebhaberstück. Auf Ehre und Gewissen, er hat es mir nicht geglaubt. Immer wieder von neuem drang er auf mich ein, bestand darauf, dass ich nicht die Wahrheit sagte, dass ich ganz sicher zu haben sei, wenn nur die Summe passt. Eine Milliarde, zwei Milliarden, drei Milliarden ... Es war am Ende ein rein philosophisches Gespräch.

Kurzum, ich blieb unverkäuflich, und aus dem Joint Venture wurde nichts. Das ist jetzt über zwanzig Jahre her, und unverkäuflich bin ich noch immer. Vielleicht kein Liebhaberstück mehr.

Bestechung und Bestechlichkeit, Durchstecherei, Begünstigung … Seit Jahrhunderten ist Russland mit dieser Pest infiziert. Nach allem, was mir zu Ohren gekommen ist, sind Ausländer, auch Deutsche, gegen die Krankheit nicht immun. Wenn sie etwas schützt, dann nur das Stigma, das dem Thema in ihrer Heimat anhaftet. Diesen Schutz sollte man allerdings nicht überschätzen; es bedarf immer noch des seelischen Rückgrats, um von der Sünde nicht geküsst zu werden. Oder seinen eigenen Weg zu bestimmen und zu gehen.

Mein persönlicher Kompromiss sieht so aus: Ich bin nicht käuflich. Aber wo es not tut, wo es unumgänglich ist, da kaufe ich. Es geschieht selten genug.

Das wird die Damen und Herren von der strengen Observanz, wie sie uns in NGOs wie *Transparency International* begegnen, nicht zufriedenstellen. Auch nicht die Prinzipienwächter, denen kluge Worte wie »Wehret den Anfängen« von den Lippen gleiten.

Sei's drum. Sollen sie für ihre Sache kämpfen.

All jenen, die draußen, an der Front des Lebens, der Versuchung ausgesetzt sind, kann ich nur einschärfen: Gebt euch nicht in fremde Hand, so verführerisch die Summen klingen mögen. Dabei geht es gar nicht immer um das große Geld. Gerüchten zufolge sind in der Vergangenheit sogar Konsulatsbeamte dem Virus zum Opfer gefallen, und für ein paar Schengen-Visa zahlt niemand Millionen.

Existieren noch andere Motive? Abenteuerlust? Nachts im unbeleuchteten Auto ein Kuvert mit hunderttausend Dollar über die lederne Sitzbank zu schieben ist schon was anderes als die Kilometerpauschale in der Einkommensteuererklärung nach oben zu korrigieren. Doch mit dem Kitzel kommt die Gefahr. Ich erinnere mich an Deutsche in den Neunzigern, die glaubten, bei der Vermittlung junger Frauen an westeuropäische Nachtclubs mit der Mafia mithalten zu können. Irgendwo fand man später ihre Leichen.

Kein Bereich des Lebens bleibt von Versuchungen der Korruption unberührt. Alle menschlichen Beziehungen, vielleicht abgesehen vom allerprivatesten Raum, werden zum Gegenstand kommerzieller Tauschverhältnisse – Geld gegen Lieferung oder Leistung. Niemand redet darüber, bei manchen klopft vielleicht das Gewissen, nur die Angst vor Strafe lässt die Beteiligten extrem vorsichtig sein.

Materielle Zuwendungen für staatliche Hoheitsakte: Lizenzen, Erlaubnisse, Bestätigungen, Freigaben und Befreiungen... Nichts von dem, was Bürokraten sich ausdenken, ist unverkäuflich.

Sogenannte *Kick-backs* in der freien Wirtschaft: Der Einkäufer erhält einen Prozentsatz im Gegenzug für einen hohen Preis, der Verkäufer für einen niedrigen.

Schlichte Bestechung in der Rechtspflege: Einem geflügelten Wort zufolge nimmt ein ehrlicher Richter von beiden Seiten dieselbe Summe und entscheidet nach Sachverhalt und Gesetz.

Kollaboration mit dem organisierten Verbrechen: Da gibt es eine Vielfalt an Varianten. Seit Jahren im Schwange ist das Unwesen der sogenannten *Raider*, die sich mit Hilfe gefälschter Handels- oder Aktienregister ganze Unternehmen unter den Nagel reißen. Wer über gute Beziehungen in der Steuerbehörde verfügt, kann ein Unternehmen buchhalterisch mit hohen Verlusten ausstatten und riesige Summen an angeblich gezahlter Gewinnsteuer zurückfordern. Dergleichen Transaktionen fallen in der Regel auf, deshalb wird das Geld an eine konkursreife Bank überwiesen, die es umgehend in die Karibik schickt und selbst sofort von der Bildfläche verschwindet.

Der Kreativität sind keine Grenzen gesetzt. So bei der Zusammenarbeit zwischen Autodieben und der Polizei: Kennt man die richtigen Leute, dann finden die Polizisten das Fahrzeug manchmal binnen weniger Stunden – gegen einen angemessenen »Unkostenbeitrag«. Pech hat man, wenn der Kontakt zu spät zustande kommt, etwa wegen einer Dienstreise. Doch auch dann kennt der freundliche Polizist sich aus; so weiß er etwa, dass das Fahrzeug schon in Tschetschenien oder Dagestan eingetroffen ist. Warum hat man sich auch nicht früher gemeldet, da wäre vielleicht noch was zu machen gewesen. Aber so, mit dem Wagen in Grosny oder Machatschkala ...

Es heißt, dass mindestens zwanzig Prozent der Kosten aller Moskauer Bauprojekte in privaten Taschen landen; die Einkäufer vieler Unternehmen, auch ausländischer, nehmen bis zu zehn Prozent vom Warenwert (und drücken dafür bei miserabler Qualität die Augen zu); ein zweistelliger Prozentsatz des Verteidigungsetats wird angeblich von geschäftstüchtigen Beamten und Offizieren abgeschöpft ...

Auch den abgebrühtesten ausländischen Geschäftsleuten erteilt die russische Realität noch Lektionen. In den Niederlassungen großer Konzerne wurden junge, talentierte und bestens ausgebildete Russen zu Generaldirektoren befördert, nachdem sie zuvor reihenweise *Corporate-Governance-, Empowerment-* und *Loyalty-Enhancement-*Seminare durchlaufen hatten. Ein halbes Jahr später wurden sowohl der Einkauf als auch der Vertrieb der Niederlassungen über zwischengeschaltete Gesellschaften abgewickelt, die Verwandten und alten Freunden des neuen Mannes an der Spitze gehörten, die Buchhaltung war mit seinen Vertrauten besetzt, und die ausländischen Eigentümer rangen die Hände.

Das Gesetz, wonach es schlimmer kommt, als man denkt, gilt in Russland doppelt.

Genauso gibt es aber auch die entgegengesetzten Erfahrungen, positive, ermutigende, und unerwartete Erfolge. Von zentraler Bedeutung ist, wie der konkrete ausländische Unternehmer oder sein zuständiger Manager an die Dinge herangeht. Hat er ein Händchen für das Land, den siebten Sinn, der ihm sagt, mit wem man das Bett teilen kann und wer einen hinterrücks nachts meuchelt?

Die schlechten Beispiele haben Russlands Ruf als Wirtschaftsstandort ramponiert. Bestechliche Gerichte, unehrliche Joint-

Venture-Partner, Betrug an Aktionären, ein desinteressierter Staat, absurde, widersprüchliche Vorschriften – Bedingungen, unter denen man nur mit Glück erfolgreich sein kann, sind nicht für jeden attraktiv.

Als wir früh in den Neunzigern versuchten, ein Zusammentreffen unseres europäischen Vorstandsvorsitzenden mit einem weithin bekannten, liberalen und prowestlichen Politiker zu organisieren, sahen wir uns aus seiner Umgebung mit der diskreten Forderung nach zwanzigtausend Dollar konfrontiert. Anderenfalls würde sich schwerlich ein Termin finden lassen. Aus dem Gespräch wurde nichts, aus dem Politiker wurde auch nichts, nur wir waren wieder um eine Erfahrung reicher.

Nicht einmal der Sport ist von der Günstlingswirtschaft frei. Die Berufung des Holländers Guus Hiddink zum russischen Fußballnationaltrainer im Jahr 2006 war schon deshalb aufsehenerregend, weil statt Beziehungen und Rücksichten plötzlich die fußballerische Qualität zum Kriterium für die Berufung von Spielern in den Nationalkader wurde.

Nicht anders ist es auf den Gebieten von Kultur und Wissenschaft. Wo Titel, Abschlüsse und Beförderungen käuflich sind, trauen die eigenen Leute dem Betrieb nicht über den Weg. Es sind diese Missstände, die begabte Nachwuchswissenschaftler veranlassen, ihre Heimat zu verlassen und ihr Talent im Ausland zu verwirklichen. Der Aufstieg neuer, privater Opernhäuser in Moskau in den Neunzigern rührte nicht zuletzt daher, dass in den alten, staatlichen Institutionen das künstlerische Können nicht mehr das wesentliche Kriterium für Personalentscheidungen war.

Die Zahlungsempfänger in korrupten Beziehungen – Politiker, Beamte, Offiziere, Manager – verstehen ihr Tun in der Regel als zwar illegales, moralisch jedoch noch vertretbares Tauschgeschäft. In ihren jeweiligen Stellungen fühlen sie sich ungerecht behandelt und sind auch zumeist über die Maßen schlecht bezahlt. Wenn sie Zeuge werden, wie schamlos sich manche ihrer Vorgesetzten bereichern, ist der Rubikon dann schon halb überschritten.

Wenn der Kreml, was alle paar Jahre geschieht, eine Antikorruptionskampagne startet, wird das traurige Bild nicht fröhlicher. Im Volk tief verwurzelt ist die Überzeugung, dass der Fisch vom Kopf her stinkt. Seit Jahren zirkuliert die Behauptung, in Wahrheit sei Wladimir Putin der reichste Mann im Lande. Ein Aktienvermögen im Wert von vierzig Milliarden Dollar soll er angehäuft haben, Anteile an Gasprom und anderen Rohstoffgesellschaften in den Händen gesichtsloser Strohmänner.

Ist das alles nur üble Nachrede, schwarze PR aus der Feder eines Boris Beresowski, der im Londoner Exil Kompromat auf Kompromat häufte, alles, wenn es nur seinem einstigen Ziehsohn Putin schadete?

1997 lässt ein bis dato unbekannter Ölhändler namens Gennadi Timtschenko gemeinsam mit seinem schwedischen Partner die Firma Gunvor Group Ltd in das Amsterdamer Handelsregister eintragen. Jahrelang führt Gunvor eine Nischenexistenz und verschifft russisches Erdöl über estnische Häfen. Doch plötzlich wird die Branche hellhörig: In den sechs Jahren nach 2002 steigt die Menge der über Gunvor abgewickelten russischen Ölexporte um das Sechzehnfache. 2008 ist die Firma bereits der drittgrößte Rohölhändler der Welt.

Ein faszinierender Aufstieg, den ein Jahresumsatz von um die siebzig Milliarden US-Dollar krönt. Niemals in der Geschichte des Ölhandels ist eine Gesellschaft derart schnell gewachsen; Timtschenko und sein Partner Törnqvist verfügen offensichtlich über außerirdische kaufmännische Begabungen.

2008 wird der Name Timtschenko auch außerhalb des Ölhandels bekannt. Im Mai präsentiert Forbes ihn als einen der hundert reichsten Russen – und als guten Bekannten Wladimir Putins aus dessen Petersburger Zeit. Die Mutmaßungen und

Spekulationen, die seitdem nicht zur Ruhe kommen, bringt eine Gegendarstellung der Londoner Zeitschrift *The Economist* vom 30. Juli 2009 unter der Überschrift »Gennady Timchenko and Gunvor International BV« auf den Punkt:

> »In einem Teil unseres Russland-Specials unter dem Namen ›Grease my Palm‹ (29. 11. 2008) wurde Bezug genommen auf die Firma Gunvor und ihren Mitgründer Gennadi Timtschenko. Wir stellen gern klar, dass, wenn von der ›neuen Korruption‹ im heutigen Russland die Rede war, es uns fernlag anzudeuten, Gunvor oder Herr Timtschenko hätten ihr Geschäft mit russischem Öl mit der Zahlung von Bestechungsgeld oder ähnlichen korrupten Begünstigungen erkauft. Rosneft veräußert nur 30–40 % seines Rohöls über Gunvor, nicht (wie von uns beschrieben) den ›wesentlichen Teil‹. Wir akzeptieren Gunvors Versicherungen, wonach weder Wladimir Putin noch andere hochrangige russische Politiker irgendwelche Eigentumsanteile an Gunvor besitzen. Sollte ein gegenteiliger Eindruck entstanden sein, so bedauern wir dies.«[*]

Es scheint offensichtlich, dass im Handelsregister weder der russische Präsident noch andere russische Politiker als Mitbesitzer der Gunvor eingetragen sind. Putins Anhänger würden es nicht gutheißen, wenn der KGB-Saubermann, der sie vom Oligarchenjoch befreit hat, plötzlich Eigentümer von Unternehmensanteilen im Wert von vielen Milliarden Dollar wäre. Ein paar Dutzend Millionen nähme niemand krumm, vielleicht auch hundert oder mehr – die Plackerei soll ja nicht umsonst gewesen sein –, aber nicht in den Größenordnungen, die der Präsident selbst bei jeder Gelegenheit den Privatisierungsgewinnlern vorgehalten hat.

Trotz alledem bleibt der frappierende Aufstieg der Firma Gunvor ins Dreigestirn der weltweit größten Ölhändler. Doch am Ende ist es schon irrelevant, ob Gunvor nun die Alters-

[*] Übersetzung aus dem Engl. Th. F.

versorgung des Präsidenten ist oder lediglich eine schwarze Kasse zur Finanzierung von Wahlsiegen, Spezial- und Sondertiteln. Desgleichen, ob Putin und Timtschenko in der Ersten Hauptverwaltung des KGB gedient und schon zu Sowjetzeiten im Petersburger Sportklub Jawara-Newa auf derselben Judomatte gestanden haben. Ob Fluch der bösen Tat oder Fluch schwarzer PR, Wahrheit oder Machwerk exilierter Dämonen wie Boris Beresowski – das Volk misstraut dem Staat ohnehin bis in alle Ewigkeit.

Machen wir uns nichts vor: Die Korruption ist ein Kontinuum der russischen Geschichte und Gesellschaft. Wie ein Bandwurm im Darm des Patienten senkt sie den Wirkungsgrad, aber sie ist kein Krebsgeschwür, das zum Tode führt. Sie komplett zu beseitigen ist unmöglich. Eindämmung und etwas mehr Maß und Mitte wären schon ein großer Erfolg.

Wer in dieser Richtung etwas tun will, beginnt nicht beim Polizisten an der Straßenecke. Die Chinesen, die mit demselben Übel kämpfen, nennen das: die Tiger und die Fliegen fangen. Leider erweisen sich die russischen Tugenden Duldsamkeit, Empathie und Humor bei dieser Aufgabe als Hemmschuh. In etablierten und verfilzten Netzwerken produzieren sie jene Nachsicht, die für das russische Establishment typisch ist und jeden harten Schnitt unmöglich macht.

Wenn Teenager in einem Nachtclub verbrennen und sich das Fehlen jedes Brandschutzes herausstellt (obwohl die örtliche Feuerwehr jährlich brav das Gegenteil testiert), wenn ein Grubenunglück in Sibirien Dutzende Todesopfer fordert und die Sicherheitsvorschriften krass missachtet wurden (obwohl die Grubenleitung korrekt gestempelte Unterlagen vorlegen kann) – wird das irgendwelche Folgen haben außer, allenfalls, vereinzelten, lokalen Bauernopfern?

Die Schuld der Großen wird mit hanebüchener Logik unter den Teppich gekehrt. Die mit den fetten Epauletten an der

Spitze der Nahrungskette, die rührt auch der Präsident nicht an. Die Beamten, die Generäle, das Offizierskorps, das ist seine Machtbasis. Wer stärkt ihm den Rücken, wenn es einmal Spitz auf Knopf steht? Also wird vertuscht, was vertuscht werden kann. *Scratching each other's back* nennen das die Amerikaner, und wer sich an den letzten Zoobesuch erinnert, weiß, was sie damit meinen. Antikorruptionskampagnen kommen und gehen, Bestecher und Bestochene ducken sich, dann ist der Sturm vorüber, und das Leben geht seinen Gang. Solange niemand Verrat begeht an seiner Seilschaft oder am Vaterland, wird auch noch der letzte Löffeldieb mitgeschleppt und mitbefördert.

Der Dorfpolizist und ich sitzen immer noch in seinem Schiguli. Natürlich haben wir uns geeinigt ... achthundert Rubel, mehr habe ich nicht. Ich trage nie viel Geld in der Tasche; da kann mir niemand beweisen, dass ich nicht arm bin.

Bevor ich aussteige, zieht er ein Bild seines Großvaters, eine vergilbte, an den Rändern eingerissene Schwarzweißaufnahme, aus der Brieftasche. Ich frage ihn, warum ausgerechnet der Großvater; die meisten Menschen haben Fotografien ihrer Eltern oder Kinder dabei.

Deduschka sei der Held der Familie, antwortet er.

Eine hochgewachsene Gestalt in gegürteter Uniform vor Ruinen von Häuserfronten ist darauf zu sehen, ein Offizier, auf dessen Schulterstücken es schwach blitzt. Es muss Sommer sein, die Schirmmütze hat er tief in den Nacken geschoben. Rechts im Hintergrund ist ein schmaler Fluss zu erkennen und über zerbombte Dächer hinweg die Silhouette einer Kuppel. Es ist der zerstörte Reichstag; der Fluss ist die Spree. Der Mann sieht dünn aus, dünn und drahtig, und er lacht und hat den linken Arm wie zu einem zivilen Gruß halb erhoben, keck auf eine Weise, unmilitärisch, als fotografierte ihn eine Frau.

Das gelbe Fotopapier mit dem Sieger ist zwischen zwei meiner Finger geklemmt. Frei und glücklich sieht er aus. Auch der

Polizist blickt auf das alte Bild, es ist, als flöhen seine Gedanken aus dem tiefverschneiten Dorf in eine heroischere Zeit. Vielleicht hat sein Großvater sich niemals kaufen lassen. Dann treffen sich unsere Augen, und wir lesen in denen des anderen, dass wir beide keine Helden sind.

Jedenfalls nicht ohne weiteres.

Es ist schon kein leichtes Leben.

VIII.
IM NAMEN DES VATERS

Zargrad, Cäsarstadt, so nannten sie in der Rus den Mittelpunkt der Welt, das unendlich reiche, mit Gold und Geschmeide bis unter die Halskrause angefüllte Konstantinopel. Mit einer halben Million Einwohner war die byzantinische Hauptstadt der Leitstern des christlichen Erdkreises. Rom, die verflossene Herrscherin, war auf weniger als hunderttausend geschrumpft. In Europa konnte allein das sagenhafte Córdoba im iberischen Al-Andalus, Sitz der Umayyaden-Kalifen, mithalten. Aber von einer Stadt Córdoba wusste man im 9. und 10. Jahrhundert weder am Dnepr noch an den Ufern der Ostsee.

Am Bosporus waren die blonden, hochgewachsenen Männer kein ungewohnter Anblick, deren Boote mit den schnittigen Rahsegeln, mit Rauchwerk und Honig beladen, seit langer Zeit vom Norden her über das Meer kamen. Breitschultrige Barbaren in den Augen der kaiserlichen Höflinge, Abgesandte aus einer Nebelwelt, in der es keine Tischsitten gab.

Kurz vor Sonnenuntergang an einem Junitag des Jahres 860 verging den Höflingen ihr Hochmut. Aus dem Dunkel der Geschichte waren sie vor der Saray-Spitze aufgetaucht, zweihundert Drachenschiffe mit einem vieltausendköpfigen Heer, plündernd, mordend, brandschatzend. Die weitgereisten venezianischen Kaufleute fühlten sich, wenn sie die altnordische Sprache der Eindringlinge hörten, an Nordmänner oder Normannen erinnert, an die Wikinger, deren Terror zur gleichen Zeit Westeuropa drangsalierte.

Der Bosporus lag unter Schutt und Asche, als die Boote mit schwerer Beute wieder gen Norden segelten, Wochen später und bis zur Bordkante im Wasser. Allein die seit uralter Zeit hoch ummauerte Stadt blieb verschont.

Die Grausamkeit der blonden Heiden aus dem Norden, die ein Pantheon voll grimmiger Götter aus ihrer Waldwelt verehrten, schockierte die zivilisierten Griechen. Die Rus, wie sie sich nach der gleichnamigen Region nannten, waren aus anderem

Holz als die Truppen der dekadenten Abassidenherrscher in Kairo. Allein die Vorstellung, in einem Land zu hausen, wo im Winter keine Sonne schien – eine Zumutung für die aufgeklärten Byzantiner.

Schon die antiken Griechen kannten das Nordufer des Schwarzen Meeres, das unter den Römern *Mare Pontus* hieß. Lange vor der Zeitenwende siedelten sie auf der fruchtbaren Krim, der Taurischen Halbinsel, *Chersonesos Taurike*. Griechische Stadtkolonien, frei und unabhängig vom Mutterland, reihten sich in einem weiten Bogen vom heutigen Sotschi bis zu den Mündungen der Flüsse Dnestr, Dnepr, Bug und Don. Weiter im Norden, bei den Quellen der großen Flüsse, begann das Land unterhalb des Pols. Dort in den Wäldern, am Ende der belebten Welt, wohnten die Nebelvölker, deren Händler Honig, Felle, Bernstein und Sklaven lieferten.

Später durchzogen immer neue Volksstämme das Land nördlich der Krim, wurden sesshaft, wurden vertrieben, verschwanden oder machten sich von allein auf den Weg. Aber wie immer ihre Nachbarn sie nennen mochten, Samaren, Tauren, Goten, Hunnen, Bulgaren, Petschenegen, Chasaren, Waräger oder Slawen – aus Sicht der Byzantiner, ungerührt und arrogant in der Weltstadt hinter der Theodosianischen Mauer, waren es allesamt ungeschlachte Waldmenschen.

Und plötzlich, durch den Zauberstab der Geschichte und die ungeheure Anmaßung des Warägerfürsten Wladimir, unehelicher Spross des Swjatoslaw, Enkel der Christin Olga, Mörder seines Halbbruders und seit 980 Herrscher des Landes zwischen Kiew und Nowgorod, sollte alles anders werden.

In der zweiten Hälfte des 10. Jahrhunderts ist Kiew, die Stadt am Steilhang des Dnepr, schon lange kein Dorf mehr. Es ist ein Schmelztiegel im Kleinen. 969 hat Wladimirs Vater Swjatoslaw dem benachbarten jüdischen Chasarenreich im Norden des Kaukasus den Todesstoß versetzt; dessen einst blühende

Hauptstadt Itil im Wolgadelta liegt in Trümmern, der überlebende Teil der Bevölkerung flieht in alle Himmelsrichtungen. In Kiew blüht eine jüdische Gemeinde, in der vertriebene Chasaren ebenso wie verfolgte Glaubensbrüder aus Byzanz oder Persien eine Bleibe finden.

Im Nordosten leben die Wolgabulgaren auf dem Territorium des heutigen Tatarstan. Einige Jahrzehnte zuvor sind sie zum Islam übergetreten, das Land ist der mit Abstand nördlichste Brückenkopf des neuen Glaubens, und in Bagdad, Damaskus und Kairo wird sein Schicksal aufmerksam verfolgt. Wie die Chasaren weist Swjatoslaw auch die Wolgabulgaren in die Schranken, und als sein Sohn Wladimir, nach acht Jahren Interregnum seines Halbbruders Jaropolk, die Herrschaft antritt, ist die Rus bereits eine aufstrebende Mittelmacht.

Ein guter Stern steht über dem jungen Staat. Von einem Reich zu sprechen wäre zu früh, das trifft erst auf den Moskauer Staat Jahrhunderte später zu, aber die Rus ist ein durchaus lebensfähiges Konglomerat lokaler Fürstentümer um den charismatischen Kiewer Thron und bereits im 10. Jahrhundert der größte Flächenstaat Europas. Seine Hauptstadt ist die bedeutendste Stadt im Osten des Kontinents: Heiden, Christen, Juden, Muslime und Schamanisten leben in ihren Mauern; Händler ziehen den Dnepr hinab nach Konstantinopel, Persien und in den Nahen Osten, über die Seidenstraße nach China und in alle Länder Europas.

Auch der lateinische Westen ist auf den Staat aufmerksam geworden. Ein weiterer Neuankömmling auf der europäischen Bühne, jünger als die Rus, aber mit einer illustren Ahnenreihe, ist das Heilige Römische Reich Deutscher Nation. 962 hat der Papst es mit der Krönung Ottos I. aus den Fragmenten des karolingischen Erbes zusammengeschmiedet.

Wenige Jahre später, noch unter der Herrschaft des Jaropolk – sein Halbbruder Wladimir wartet im kargen, kalten Nowgorod auf seine Zeit –, erscheint eine Kiewer Delegation zum Osterfest am deutschen Kaiserhof. Jaropolk steuert einen Westkurs, der nicht nur zum Austausch von Gesandtschaften führt, sondern – so lassen sich jedenfalls einige Quellen interpretieren – möglicherweise zum Übertritt des Kiewer Herrschers zum römischen Glauben.

Wladimir, der sich in Nowgorod bedroht fühlt, flieht nach Schweden, überzeugt kampfesmutige Wikinger, mit ihm gemeinsam um Thron und Beute gegen Kiew zu ziehen, erobert die Stadt, ermordet Jaropolk und initiiert eine heidnische Gegenrevolution. Auf einem Erdhügel neben seinem Palast errichtet er eine gewaltige Statue aus Holz. Es ist Perun, das slawische Pendant des Donnergottes Thor, der seine silberne Faust drohend gegen Wladimirs Untertanen hebt. Über das Land verteilt warten achthundert Konkubinen auf ihn, dazu am Hof mehrere offizielle Ehefrauen. Wladimir führt ein Leben im Heidenparadies.

Und plötzlich, in einem Schwenk aus heiterem Himmel, der sich binnen eines einzigen Jahres vollzieht, nähern sich das christliche Byzanz und der Kiewer Fürst einander an. Der byzantinische Kaiser Basileios II. ist unter Druck geraten; einer seiner wichtigsten Generäle, Bardas Phokas, führt Truppen gegen Konstantinopel und ruft den Bürgerkrieg aus. Im Herbst 987 erhebt er sich zum Gegenkaiser. Basileios sendet Hilferufe in alle Himmelsrichtungen.

Ob es der Mantel der Geschichte war, dessen Zipfel Wladimir vorüberhuschen sah, oder nur Vermessenheit, Opportunismus, Glücksritterei – er greift zu und verlangt das Unerhörte: die Hand von Anna, Basileios' siebenundzwanzigjähriger Schwester.

Es ist ein Eklat ohnegleichen; nie zuvor hat eine purpurgeborene byzantinische Prinzessin mit einem Barbaren das Lager geteilt. Anna verweigert sich. Schon Hugo Capet, der Stammvater aller französischen Könige, und der deutsche Kaiser Otto I.

haben für ihre Söhne vergeblich um dieselbe Anna gefreit. Da wird sie sich keinem hergelaufenen Wikingerbastard an den Hals werfen.

Wladimir spürt das Zögern. Er ist auf den Geschmack gekommen; Anna ist nicht die erste Frau, die er sich mit Gewalt holt. Während Bardas Phokas seine Drohkulisse ausbaut, marschiert Wladimir auf die Krim und erobert Chersones, die wichtigste Stadt auf der Halbinsel und Teil des Byzantinischen Reichs.

Das Tauziehen hinter den Kulissen zieht sich nicht lange hin. Beide Seiten wetten hoch, und beide Seiten springen schließlich über ihren Schatten. Anna willigt ein, zu den Nebelmenschen zu ziehen und deren Fürsten zu heiraten. Wladimir gibt Chersones frei, schickt sechstausend seiner besten Männer nach Konstantinopel, blonde, breitschultrige Hünen, die mit der Palastrevolte aufräumen und als Warägergarde in byzantinische Dienste treten. Noch 1453, den Untergang Byzanz' vor Augen, kämpfen nordeuropäische Söldner unter diesem Namen für Kaiser, Kreuz und Stadt.

Und Wladimir verspricht, dass er sich vor der Eheschließung taufen lassen wird – und zwar mit seinem ganzen Volk, damit das Ding auch Dauer hat. Er wird seinen achthundert Konkubinen ade sagen und seinen Ehefrauen, seinem hölzernen Perun und dem ganzen Heidenhokuspokus … Der Preis ist hoch.

Aber was nichts kostet, ist nichts wert. Zudem ist der Gewinn ungemein. Wladimir wird Vorrang besitzen vor den Herrschern der Christenheit; nur sein Schwiegervater Basileios darf vor ihm den Thronsaal betreten. Eine Purpurgeborene zur Frau! Wenige wagen das zu träumen, was für den Häuptling aus Kiew, der eben noch Menschenopfer befohlen hat, um seinem Holzgötzen zu gefallen, vor tausend Jahren Wirklichkeit wird.

Wladimirs frecher Triumph ist aus dem Stoff, aus dem in Russland heute noch die atemberaubenden Karrieren sind, die der Abramowitsche und Chodorkowskis. Immer knallhart am

Wind, jederzeit bereit zu kentern, zu ersaufen mit Mann und Maus und Boot. Aber auch zu siegen, so Gott will.

Die unerhörten Taten gelingen, wenn Wille und Gelegenheit für einen kurzen Moment in eins fallen, in einem winzig kleinen Fenster in der Zeit. Großfürst Wladimir I. markiert eine Wende in der russischen Geschichte, einen Aufsprung, dessen Nachwirkungen über den heutigen Tag hinaus spürbar sind. Mit seinem Griff nach dem Doppeladler, der später im Pathos des Dritten Rom gipfelt, belädt er das Land mit einem Ehrgeiz, an dem es bis in die Gegenwart zu tragen hat. Dabei bleibt sein Streben in dynastischer Sicht fruchtlos; Anna gebiert ihm keine Nachkommen. Darum ranken sich viele Spekulationen bis hin zur Annahme, die stolze Frau aus der makedonischen Dynastie habe sich ihrem barbarischen Gemahl konsequent verweigert. Jedenfalls wird erst Wladimirs Enkel aus einer früheren Ehe, Wsewolod, der ebenfalls eine Kaisertochter aus Konstantinopel ehelicht, die Rurikiden-Dynastie um das griechische Blut bereichern. Bis dahin bleibt es beim Symbol.

Die *Nestorchronik* aus dem frühen 12. Jahrhundert widmet den Bettgeschichten der Fürsten keine Zeile. Stattdessen kleidet sie die Christianisierung der Rus in einen Wettbewerb der Religionen. Nun sollten wir die Legende nicht abtun; die Bekehrung der heidnischen Völker lag im 10. Jahrhundert in der Luft. Es war eine Zeit der Konsolidierung; nach den Jahrhunderten der Völkerwanderung stand der Westen wieder auf den Füßen, und im Norden und Osten des Kontinents wurden die Eliten gewahr, was für eine kulturelle Kluft sie von der mittelmeerischen Welt trennte. Polen, damals ein ziemlicher Brocken Land zwischen Schwarzmeer und Ostsee, wurde offiziell 966 durch die Taufe seines Herrschers christianisiert. Zur selben Zeit schwand auch in Dänemark der Einfluss der alten Religion, und bald verteidigten nur die sturen Recken in Skandinavien noch den alten, heidnischen Götterglauben. Im 10. Jahrhundert herrschte religiöse Konkurrenz bis in den Alltag hinein, und das galt nicht nur für die Rivalinnen Rom und Konstantinopel. Da war der expandierende Islam, und selbst das Judentum, den Kiewern in Gestalt der Chasaren nördlich des Schwarzmeers wohlbekannt, galt manchen von ihnen als Alternative, als dritter Weg.

Schenkt man der *Nestorchronik*, der ältesten erhaltenen ost-slawischen Chronik, Glauben, so kamen Gelehrte nach Kiew und warben vor dem Fürsten für ihre Version der einen großen Wahrheit, darunter auch die Muslime von der Wolga:

»Volodimer hörte sie an, [...] doch die Beschneidung und die Enthaltung von Schweinefleisch gefielen ihm nicht, und das vom Trinken ganz und gar nicht. Und er sagte: ›Den Russen ist das Trinken eine Lust, ohne das können wir nicht sein.‹«[*]

Damit war die Option vom Tisch. Auch dem Judentum konn-te er wenig abgewinnen; mit Losern wird der Erfolgsbesessene sich nicht einlassen:

»Wie lehrt ihr denn andere, ihr selbst aber seid von Gott ver-worfen und zerstreut? Wenn Gott euch liebte und euer Gesetz, so wäret ihr nicht zerstreut worden über fremde Lande. Wollt ihr etwa, daß uns auch dasselbe treffe?«

Auch die Deutschen, die als »Ostbeauftragte« der römischen Kurie antreten, schaffen es nicht, den Kiewer Fürsten zu bekehren. Schließlich sendet er seine eigenen Berater aus, zehn an der Zahl:

»Wir gingen zu den Bolgaren und beobachteten, wie sie sich in ihrem Tempel, nämlich in der Moschee, verneigen, ohne

[*] Übersetzung dieser und der folgenden Textstellen aus dem Altrussischen von Rein-hold Trautmann

Gürtel dastehend; nachdem einer sich verneigt hat, setzt er sich und blickt hierhin und dorthin, wie ein Besessener, und keine Fröhlichkeit herrscht unter ihnen, sondern Trübsal und großer Gestank. Ihr Gesetz ist nicht gut. Und wir kamen zu den Deutschen und sahen sie in der Kirche vielmals den Gottesdienst abhalten, aber wir haben nichts Schönes gesehen.«

Schließlich stehen sie in Konstantinopel vor der Ikonostase der Hagia Sophia am Goldenen Horn. Die Göttliche Liturgie des hl. Chrysostomus umrauscht und berauscht sie; sie vergessen das Denken, und ihre Seelen schmelzen beim Gesang der Cherubimhymne, die in Byzanz noch anders klingt als später in der slawischen Liturgie – trocken und durstig, nach den Schmerzen der Wüste, nach Einsamkeit, Orient, Sehnsucht und Ewigkeit. Als sie heimkehren und ihrem Fürsten berichten, ist ihr Herz verloren:

»Und wir wissen nicht, waren wir im Himmel oder auf der Erde: denn auf der Erde gibt es solche Schau und solche Schönheit sonst nicht. Wir sind nicht imstande davon zu berichten; nur das wissen wir, daß dort Gott mit den Menschen ist, und ihr Gottesdienst ist besser als bei allen anderen Völkern. Wir können diese Schönheit nicht vergessen; denn kein Mensch, der Süßes gekostet, mag hernach Bitteres zu sich nehmen. So wollen wir auch hier nicht mehr leben.«

Die Rivalität zwischen dem freudlosen Glaubensleben der Deutschen und dem prachtvollen der Griechen ist uralt. Im vierten Jahrhundert wurde der Glaube an den eingeborenen Gott und Menschensohn zur Staatsreligion im Römischen Reich. Fünfzehn Jahre später, 395, zerfiel das Reich in zwei Teile, Ostrom und Westrom. Die Reichsteilung war der letzte Akt vor dem Untergang der Antike. Keine hundert Jahre später existierte Westrom nicht mehr, und der Osten verwandelte sich in das griechisch geprägte Byzanz. Mehr noch: Die Reichsteilung war auch der Auftakt zur Spaltung Europas in einen römischen Westen und einen orthodoxen Osten, deren politische Folgen uns noch im 21. Jahrhundert auf dem Balkan und in Osteuropa Kopfschmerzen bereiten.

Fünf christliche Patriarchate bildeten die Zentren der ersten Jahrhunderte: Alexandria, Antiochia, Jerusalem, Konstantinopel und Rom. Unter den Wirren der Völkerwanderung litt vor allem die alte, ewige Stadt: Rom. Der weltliche Regierungssitz wurde schon bald nach Mailand und später nach Ravenna verlegt; es dauerte nicht lange, da war die einstige Millionenstadt nicht einmal mehr für plündernde Germanen interessant. Nur die Kirche blieb in den Ruinen des tausendjährigen Reiches. Zäh und selbstbewusst auf Petrus' Grab, durchdrungen von der Mission, Nachfolger des ersten Bischofs von Rom, des auserwählten Apostels zu sein, hielten die Päpste aus – getreu der *Bibel*, Matthäus 16,18:

> »Ich aber sage dir: Du bist Petrus, und auf diesen Felsen werde ich meine Kirche bauen, und die Mächte der Unterwelt werden sie nicht überwältigen.«

Für heutige Europäer ist es unmöglich, den mittelalterlichen Kirchenstreit in all seiner Schärfe nachzuvollziehen; es erscheint wie Spiegelfechterei, wie Glasperlenspiele eitler, alter Männer. Indem Religion ihre Bedeutung verliert, verlernen wir, uns in religiöse Menschen hineinzudenken – am deutlichsten ist das sichtbar in unserer Reaktion auf den Islam, der in genau entgegengesetzter Richtung fortschreitet.

So wird auch nicht verstanden, in welchem Ausmaß die europäischen Völker auch heute noch durch die Konfessionen ihrer Vorfahren geprägt sind. Die großen europäischen Schismen – 1057 zwischen West und Ost und im 16. Jahrhundert zwischen der römischen und der protestantischen Konfession – bestimmen unsere jeweilige Mentalität viel stärker, als wir es wahrhaben wollen.

Die Organisation *Transparency International* führt eine Statistik namens Korruptionsindex, die seit den neunziger Jahren jährlich überarbeitet wird. In ihr sind alle Länder der Welt gelistet. Längst ist es Tradition, dass die Skandinavier die Saubermänner sind. Auch am unteren Ende tummeln sich stets dieselben Verdächtigen: Somalia, Afghanistan, der Tschad und Sudan. Auffällig ist die Clusterbildung entlang konfessioneller Grenzen; so befinden sich unter den elf Besten die fünf Länder mit dem höchsten Anteil von Lutheranern an der Gesamtbevölkerung: Dänemark, Island, Norwegen, Schweden und Finnland. Bei allen elf liegt der durchschnittliche Anteil der Protestanten bei knapp unter sechzig Prozent. Nur in einem einzigen, in Singapur, sind es weniger als dreißig Prozent. So gut wie alle Nationen, die stark von einer der protestantischen Strömungen geprägt sind, befinden sich im oberen Drittel des Index – die meisten unter den ersten zwanzig.

Sind Protestanten etwa ehrlichere, anständigere, bessere Menschen? Tragen Skandinavier ein Antikorruptionsgen im Erbgut?

Die großen römisch-katholischen Nationen Europas bevölkern das Mittelfeld: Italien, Spanien, Frankreich, Polen und Portugal. Besser schneidet Irland ab, das mit dem konfessionell gemischten Deutschland gleichauf liegt.

Abgeschlagen unter den christlichen Ländern folgen die orthodoxen Staaten. Bulgarien, Rumänien und Griechenland (hinteres Mittelfeld), noch weiter hinten Serbien und schließlich, irgendwo unter ferner liefen zwischen Sierra Leone, der Elfenbeinküste, den Komoren und Uganda: Belarus, Russland und die Ukraine.

Kann ein Zusammenhang zwischen Konfession und Korruption heutzutage überhaupt relevant sein? Schließlich stellen die praktizierenden Christen nur noch eine relativ kleine Minderheit dar, abgesehen vielleicht von Polen und einer Handvoll anderer Länder. Doch wie soll man die statistischen Cluster anders deuten? Wer sie als Nachwirkung des Eisernen Vorhangs, des Kommunismus im 20. Jahrhundert abtut, muss erklären, warum das neutrale Schweden weit vorn und nicht im Mittelfeld liegt und warum die Griechen, eine politisch in der NATO und im Westen verankerte Nation, punktgenau in der orthodoxen Nachhut landen.

Man muss kein Philosoph sein, um einen Standpunkt zu haben; es ist einfach der Ort, von dem aus wir die Welt betrachten. Und diesen Ort bestimmen wir nur zum geringsten Teil selbst. Unsere Herkunft spielt hinein, die Erfahrungen unserer Familien und die Werte, die unsere Umwelt uns früh schon vermittelt. Unsere Einstellung dem Leben, uns selbst und anderen gegenüber, die Entscheidung darüber, was wir missachten und was uns wichtig ist, was wir für gut und was wir für schlecht halten, das alles ist nur zum Bruchteil unser eigenes Werk. Wir fühlen uns selbstbestimmt und sind doch fremdgesteuert. Die Götter, an die unsere Vorfahren glaubten, spuken auch in unserem Leben herum.

Vor Jahren bot mir ein russischer Kunde Bargeld für eine Leistung, die zu erbringen ich vertraglich verpflichtet war. Das machte mich neugierig – warum wollte er zusätzliches Geld ausgeben, wo mein Unternehmen ohnedies in seiner Schuld stand. Was für einen Grund konnte ich haben, meinen Ruf durch schludrige Leistung zu riskieren? Was dachte der Mensch von mir?

Seine Antwort habe ich nicht vergessen: Er fühle sich besser auf diese Weise. Dabei vertraute er mir. Was ihm nicht behagte, war die abstrakte Vertragsschuld – die hätte er gerne durch eine persönliche, durch Schmiergeld besiegelte Verpflichtung ersetzt. Sein Misstrauen bezog sich nur auf das Papier, auf unseren Vertrag.

Die Sozialwissenschaften kennen den Begriff der Reziprozität – er dient als Kennziffer für die Gegenseitigkeit menschlicher Beziehungen. Die mir angebotene Summe (das Bestechungsgeld) war zuerst einmal ein Opfer, ein Dienst an der Reziprozität. In fragmentierten Gesellschaften, etwa in den Clan-Welten Zentralasiens oder des Kaukasus, ist Korruption der Kitt im menschlichen Miteinander. Wo es außerhalb direkter persönlicher Beziehungen keine normative Infrastruktur gibt, keine Gesetze und Gerichte, auf deren Grundlage die Menschen ihre gegenseitigen Ansprüche und Rechte verlässlich durchsetzen und verteidigen können, dort sind Familie, Sippe, Freunde und das aus Schuld und Gegenschuld geschaffene Netzwerk der Reziprozität der einzige Ersatz.

Aber trifft das auch auf Russland zu? Der Kaukasus mit seinem Gegenseitigkeitsprinzip und seinen undurchdringlichen Verflechtungen ist schließlich nur ein winziger Teil des riesigen Landes. Seine Gebräuche bestimmen sicher nicht das Verhalten der großen Mehrheit der Menschen. Dennoch genießt Reziprozität in Russland einen weitaus höheren Stellenwert als im übrigen Europa.

Ein russisches Sprichwort sagt: Der Himmel ist hoch und der Zar ist fern. Der Satz ist so zwiespältig wie alles zwischen Königsberg und Wladiwostok. Der Himmel ist hoch – wer im Kleinen auf Gott baut, benötigt viel Zuversicht. Und der Zar, der Staat, ist fern. Wer frei ist, ist auch ausgeliefert; es sind die zwei Seiten einer Medaille.

Die protestantischen Kulturen gehen einen anderen Weg. Luthers Ablehnung der sogenannten guten Werke hat sie veranlasst, sich auf ihr Innenleben zu konzentrieren, auf ihre Seele und die Motive ihres Tuns. Nirgends hat diese schwere Arbeit einen schöneren Ausdruck gefunden als in Kants kategorischem Imperativ: »Handle so, dass die Maxime deines Willens jederzeit zugleich als Prinzip einer allgemeinen Gesetzgebung gelten könne.« Wobei das allgemeine Gesetz – der Staat – einzig dem *Summum bonum* dienen soll, dem höchsten Gut: in Kants Augen Tugendhaftigkeit und Pflichterfüllung.

Wer Kants Regel verinnerlicht, braucht keinen Staat. Ist das Oberstübchen erst richtig austariert und stehen Verstand und Gefühl im rechten Verhältnis zueinander, dann ist die Vernunft in der Lage – so die Hypothese –, Polizist, Staatsanwalt, Verteidiger und Richter in einem zu sein.

Es kommt auf die Praxis an; bei einigem guten Willen funktioniert das am Ende auch ohne jeden Gottesglauben. Und in der Tat, Übung macht den Meister. Die Skandinavier werden auch dann noch freiwillig ihre Steuern zahlen und nachts vor roten Ampeln halten, wenn schon niemand auf der Welt mehr weiß, wer Martin Luther war.

Auch im Osten ist die kollektive Psyche durch eine gemeinsame Vergangenheit geformt. Allerdings kennt die Orthodoxie keine Rechtfertigungslehre; theologisch gehört das Gnadenthema für sie zum Wirken der Dreifaltigkeit, und die dogmatischen Dispute des Westens in der Frage waren der Ostkirche immer fremd.

In Russland weiß dennoch so ziemlich ein jeder, was gut und was böse ist. Auch der Begriff des guten Willens ist den Menschen nicht fremd, im Gegenteil. Doch nähern sie sich dem Thema auf andere Art und Weise. Wo sich der Deutsche mit dem Enthusiasmus des zuversichtlichen Provinzlers an die Reparatur der Welt begibt, geht der Russe denselben Weg skeptisch, abgeklärt. Er kennt sich schließlich aus im Leben. Viktor Tschernomyrdin, unter Boris Jelzin Premierminister, hat auf einer Pressekonferenz am 6. August 1993 ein geflügeltes Wort geprägt, das wie der russische Kontrapunkt zu Kants hochgestochenem Imperativ klingt: »Wir wollten nur das Beste, aber es kam wie immer.«

Es ist ein gebrochenes Verhältnis zum Selbst und zur Wirklichkeit, das uns hier begegnet: Wie haben wir uns nicht angestrengt … und wieder ist nichts daraus geworden. Die Literatur ist voll vom Versagen des russischen Menschen am Leben und an der Welt, so wie der russische Humor voll ist mit Witzen, in denen das Volk über seine eigene Unzulänglichkeit lacht. Es ist der tiefe Blick in einen zerbrochenen Spiegel, auf dessen Oberfläche das verzerrte Abbild seines silbrigen Hintergrunds leuchtet.

Überhaupt Hintergründigkeit.

Wir Deutsche haben Schwierigkeiten mit der Zusammensetzung aus zwei schlichten Wörtern: »Hinter« und »Grund«. Was sagt uns das Wörterbuch der Synonyme: Doppelbödigkeit, Abgründigkeit, Tiefsinn, Doppeldeutigkeit. Die ersten beiden aus der Liste klingen abwertend – dabei ist Hintergründigkeit an sich wertfrei, im Zweifel eher positiv. Tiefsinn ist besser, Doppeldeutigkeit auch, und könnte man die beiden Wörter in einem dritten verbinden, kämen wir der Sache nahe. Was fehlt, ist noch die Messerspitze Humor. Das Spiegelbild hinter den Scherben erkennen, lächeln im Angesicht der eigenen Unvollkommenheit. Das Ideal lieben, ihm nicht hinterherjagen. Sich an der eigenen Faulheit erfreuen, Glück im Mangel empfinden.

Nur der hintergründige Mensch erkennt das Bild hinter dem Bild, das Spiegelbild hinter den Scherben, Gott hinter der Ikonostase. Wer Gegensätze nicht auflösen, sie nicht auf höherer Ebene versöhnen kann, dem bleibt die Bedeutung der russischen Matrjoschkas, der gedrechselten und verschachtelten Holzpuppen, so unzugänglich wie ein delphisches Orakel.

Man kann den Unterschied gar nicht größer denken: Während Luther den Menschen zerknirscht, aber selbstbewusst vor Gottes Angesicht stellt, betet das russische Mütterlein demütig vor der Ikone eines heiligen Vermittlers.

Seit einem halben Jahrtausend praktizieren die Protestanten ihre ganz eigene Form von Augenhöhe mit dem Höchsten. Es ist kein Wunder, dass dort, wo der Protestantismus zuhause ist, auch die innerlich glaubensferne Mehrheit diese Lebenseinstellung übernommen hat. Lebt man dagegen in Russland und ist an die dortige Mentalität gewöhnt, staunt man nur über die Selbstsicherheit, mit der Menschen im Westen, ob in Talkshows oder am heimischen Esstisch, über Gott und die Letzten Dinge reden, über die grundfeste Überzeugung, wissen zu können, und die Gewissheit, dass in den Erkenntnissen der Wissenschaft Wahrheit liegt. Das sei doch alles ganz klar, bekommt man dann zu hören, und statt einer Antwort schweigt man höflich und lächelt. Menschen sind mitunter so ahnungslos.

Nun gibt es in Russland aber auch nicht nur zittrige Mütterlein. Spricht man mit Reichen und Erfolgreichen, spürt man auch dort Selbstbewusstsein, mitunter eines, das alle Grenzen sprengt, nicht zuletzt die des guten Geschmacks. Und dennoch, den intellektuellen Hochmut, die Selbstgewissheit vieler Europäer, wenn es um religiöse oder philosophische Themen geht, habe ich in Russland noch nirgendwo getroffen. Selbst Atheisten haben instinktiv Respekt vor dem, was anderen heilig ist. Vielleicht ist es die Erinnerung an die eigene Großmutter, die allabendlich vor dem Öllämpchen, in dem das ewige Licht unter einer feinen Rauchsäule funzelt, für ihren Enkel gebetet hat? Die Anschauungen der Alten, selbst wenn man sie für überholt und gestrig hält, wird niemand verspotten. Das gilt auch für die roten Sterne auf den Kremltürmen und das Mausoleum auf dem Roten Platz – was ist schon geblieben von einem Menschenalter Kommunismus? Und es gilt für den Glauben an die eine, allumfassende und rechtgläubige Kirche.

Auch der unausrottbare Aberglaube gehört dazu, der noch in den gottfernsten Zeitgenossen seine Spuren hinterlässt. Er ist die lichtabgewandte Seite der russischen Hintergründigkeit.

Die neuen Herrscher nach dem Untergang des Kommunismus haben der Kirche wieder einen zentralen Platz eingeräumt. Kein hoher Feiertag, an dem die Staatsführer sich nicht mediengerecht in der wiederaufgebauten Christi-Erlöser-Kirche zeigen, routiniert die drei geschlossenen Fingerspitzen über Stirn, Brust und Schultern führen, Ikonen küssen und mit ihrer Mimik unterstreichen, welch sinnstiftende Bedeutung die heilige Allianz zwischen Staat und orthodoxer Kirche besitzt. Das gemeinsame Bemühen, vor dem Hintergrund einer zerrissenen Geschichte so etwas wie Kontinuität zu zaubern, verleiht dem Klerus Autorität auf allen Ebenen.

Das Patriarchat unterhält gute Beziehungen zur Wirtschaft, zu Konzernen und Banken. Die Beteiligten wissen, was man aneinander hat. Geld fließt in die Renovierung von Kirchen und Klöstern, und in den Schlafstädten am Rand der Metropolen entstehen Kirchenneubauten, von denen ein großer Teil mit privaten Mitteln errichtet ist.

Das römische *pecunia non olet* gilt auch in Moskau, nur sinnverkehrt: Wo Geld ist, dort stinkt es. Kaum hatte Präsident Jelzin nach 1990 die Kirche mit Einfuhr- und Steuerprivilegien ausgestattet, klebte die organisierte Kriminalität an ihren Gliedern. Ich erinnere mich an einen bizarren Empfang Mitte des Jahrzehnts im Danilowski-Kloster und an ein kurzes Gespräch mit dem inzwischen verstorbenen Patriarchen Alexius II. Ich hatte ihn um seinen Segen gebeten. Er war damals schon ein alter Mann und sprach Deutsch mit dem melodiösen, aussterbenden Akzent seiner Heimat. Sein Familienname war Rüdiger, er entstammte einer deutsch-baltischen Adelsfamilie.

Die Einladung hatte ich aus Kreisen der Moskauer Mafia erhalten. Die wussten, ich würde die Gelegenheit nicht versäumen. Es war ein gespenstischer Nachmittag: Gestalten mit groben, vernarbten Gesichtern, darunter nicht wenige, die bald im Gefängnis oder unter der Erde landen sollten, bewegten sich zwischen den schwarzberockten Mönchen, als seien sie dort groß geworden.

Längst sind die wirtschaftlichen Privilegien der Kirche verschwunden, doch das Erbe der unter den Teppich gekehrten Skandale wirkt fort. Die Heilung gesellschaftlicher Missstände verläuft in Russland in eigenen, auch für den Insider nicht auf den ersten Blick nachvollziehbaren Zyklen.

Im 21. Jahrhundert erfüllt die russische Kirche von neuem die ewige Rolle der Religion: In den Augen des Volkes symbolisiert sie Identität und historische Kontinuität, und dem Einzelnen schenkt sie Hoffnung auf ewigen Frieden. In der Gestalt des auferstandenen Christus bietet sie im Überschuss, was die innerweltlichen Entwürfe, sei es Zarenherrschaft, Kommunismus oder Demokratie, nie einlösen konnten.

In einer weiteren Rolle tut die Kirche sich noch schwer. Dabei wird sie dringend gebraucht als Korrektiv einer überkommerzialisierten Welt, die nach Moral und ideellen Werten schreit – als Stimme und Fürsprecherin der Verlierer, der Schwachen und Hungrigen.

Alexius, ein bescheidener, hochgeachteter Mann, aber auch ein Produkt der Anpassung der Kirche an die Sowjetherrschaft und in seinen letzten Jahren von Krankheit gezeichnet, war als Patriarch kein ernstzunehmender Gegenpol der raffsüchtig und unverschämt gewordenen Zeit. Sein Nachfolger Kirill (seit 2009) ist von robusterem Naturell. Der Weg ist steinig und undankbar, doch einer muss ihn gehen.

Die enge Bindung der Kirche an den Staat, durch die orthodoxe Tradition bereits geprägt, wurde im Jahr 1721 zementiert, als Peter I. das Moskauer Patriarchat durch eine Behörde, den Heiligen Synod, ersetzte und die Hierarchie der Kirche in den Staatsapparat eingliederte. Erst die Oktoberrevolution 1917 hat dieses Band zerschnitten, doch die Wiedereinrichtung des Patriarchats nach mehr als zwei Jahrhunderten war nur Selbsttäuschung im Vorfeld des bolschewistischen Terrors.

Wie jede Form von Religion wurde die orthodoxe Kirche nach der Revolution nahezu ausgelöscht und Spiritualität durch den Kult der Kommunisten ersetzt. Weit über hunderttausend Diakone, Priester, Nonnen, Mönche und Bischöfe wurden ermordet. Von sechzigtausend orthodoxen Gotteshäusern im alten Russland arbeiteten 1941 keine fünfhundert mehr, nicht einmal ein einziges Prozent. Der überlebende Klerus bestand aus eingeschüchterten, angepassten Geistlichen, die sich gegenseitig und auch die wenigen Kirchenbesucher bespitzelten.

Während der Kriegsjahre ließ der atheistische Druck nach, doch schon vor dem Ende des Chruschtschowschen Tauwetters zog die Partei die Daumenschrauben wieder an. Ende der achtziger Jahre, als der kommunistische Spuk sich allmählich in Luft auflöste, gab es immerhin siebentausend aktive Kirchen, doch zahllose Geistliche saßen weiterhin in den Straflagern des GULag.

Heute nimmt die Kirche wieder den Platz ein, den sie vor der Revolution innehatte: im Schatten des Kreml. Und wie damals ist die Versuchung groß, zum schieren Anhängsel des Staates zu werden, zu schmückendem Beiwerk. Doch die enge Beziehung sollte nicht zu dem Schluss verleiten, die Kirche sei mit Haut und Haaren der weltlichen Herrschaft verfallen. Ein gängiges Vorurteil mag das behaupten, wahr ist es nicht. Denn am Ende gehorcht die Kirche einem anderen Herrn. Weder zittert sie vor dem Staat, noch ist sie versessen auf ihn. Er ist Teil des Irdischen, des Vergänglichen. Und so erträgt sie ihn auch als notwendiges Übel. Im Fokus des Glaubens steht dennoch die Befreiung von der materiellen Welt – das Jenseits. Und dort hat der Staat nichts verloren und nichts zu suchen.

Unsere Zeit auf Erden beschreibt nur eine kurze Spanne. Siebzig, achtzig, vielleicht neunzig Jahre, ein Nichts im Vergleich zum Davor und Danach. In diesen paar Jahrzehnten muss die Kirche für ihre Gläubigen greifbar sein. Wenn sie über der

Liturgie das Leben vergisst, und mag der Moment noch so kurz sein, verliert sie die Menschen. Daher muss auch die russische Kirche mit ihrer Botschaft ins Leben hinein, dorthin, wo der Teufel schon lange zuhause ist. Der kennt sich perfekt mit uns aus und spricht unsere Sprache. Seine Verlockungen sind zugeschnitten auf unsere Welt, und sein Opfer, der schwache Mensch, braucht Stärkung und Stütze in eben dieser Auseinandersetzung. Wer als Priester Gottes unterwegs ist, muss zum Menschen im Diesseits sprechen, zurechtweisen, Richtungen vorgeben und in die Praxis eingreifen. Der Glaube ist die Treppe zum Licht, aber zuerst einmal muss man den Eingang finden. Da braucht es tatkräftige Popen, die vor die Tür gehen und ihre Schäflein am Kragen packen. Viel zu viele tappen ohne Halt und Hilfe im Dunkel.

Doch wer zum Licht findet ... eine orthodoxe Messe ist der Himmel auf Erden. Eine atemberaubende Leiter zum Paradies: die goldbedeckte Ikonostase, tausend Kerzen unter buntbemalten Mauerbögen, der Duft von Weihrauch und Myrrhe, der vielstimmige Hymnengesang. Noch im Computerzeitalter reagieren die Menschen wie die Kiewer Gesandten vor tausend Jahren in Byzanz.

Ein Vierteljahrhundert ist vergangen seit dem Ende der Sowjetunion. Mancher enttäuschte Russe sieht den verlogenen Kommunismus lediglich abgelöst durch neue Ideologien: Geld und das Recht des Stärkeren. Die Intelligenzija als moralische Instanz ist verschwunden. Die staatlichen Institutionen nehmen kaum Anteil am Schicksal der Schwachen und Verlierer. Wen interessieren die schon? Wenn die Kirche sich jetzt nur auf das Jenseits konzentriert, nur auf die Liturgie als Spiegel des Paradieses in der Welt, droht ein Vakuum, das jeder Gesellschaft zum Verhängnis würde.

IX.
NICHT NUR BARBAROSSA

Požerūnai ist ein armseliger Flecken zwischen Feldern, Birkenwäldchen und Weidengestrüpp neben der Europastraße 77 in Litauen zwanzig Kilometer vor Sowjetsk, dem alten deutschen Tilsit, der Grenze zum Gebiet Kaliningrad. Die zweispurige Straße kommt von Norden aus dem russischen Pskow, das auf Deutsch Pleskau heißt. Über Požerūnai führt sie bis zum ostpreußischen Königsberg, dem heutigen Kaliningrad, dann weiter durch das jahrzehntelang umzankte Danzig – heute Gdańsk – und nach einem Schwenk Richtung Süden bis tief in die Mitte Europas, nach Budapest, das immer noch seinen alten Namen trägt.

Lange markierte die Europastraße 77 die Wundränder des 20. Jahrhunderts zwischen Ost und West. Jahrzehntelang lagen sie blutig offen – bis eine weitere Generation starb und all den Kummer mit ins Grab nahm. Die Landschaften, die Dörfer und die Städte entlang des Asphaltbandes vermitteln noch den Phantomschmerz, den traurigen Rest von tausend Jahren deutscher Ostbesiedlung. Und wenn es nur die Namen sind …

Auch wer nicht vertrieben wurde, empfindet den Schmerz, wenn er auf der Nehrung steht vor der tiefblauen Ostsee, die Dünen unter dem weiten östlichen Himmel wie ein Strich auf dem Meer, ein Band aus herber Zuversicht und Schönheit. Sand zwischen den Zehen, Wind im Haar und der Kosmos in Azur.

Drei Kilometer nordöstlich von Požerūnai, nach kurzer Fahrt durch langweilige, ebene Landschaft, liegt das Städtchen Tauragė. Es gibt dort keine dreißigtausend Einwohner, eine renovierte Festung und ein weißes Kirchlein, deren Portal und Turm an langen Sommerabenden in der baltischen Sonne leuchten. Spuren von Wohlstand haben die Vorgärten verändert, die alten Wartburgs und Dacias sind von den Straßen verschwunden, und doch würde niemand vermuten, dass ausgerechnet aus diesem Dutzendstädtchen die Eltern eines der reichsten Russen stammen, bevor Stalin sie – Juden, Litauer, immer potentielle Volksfeinde – 1940 nach Sibirien deportieren ließ.

Doch neben dem Aufstieg des Roman Abramowitsch gibt es noch einen Grund, sich mit Tauragė zu beschäftigen. Ende des 18. Jahrhunderts gehörte die Stadt zu Preußen, damals schon an die hundert Jahre lang, und trug den anmutigen Namen Tauroggen. Das Dörfchen Požerūnai hieß Poscherun, dort klapperte eine alte Wassermühle, und das Flüsschen, das sie antrieb, murmelt heute noch zwischen Ufergestrüpp und Birken. 1795, als die Nachbarmächte alle Reste des schwachen, ungeliebten polnischen Staates endgültig unter sich aufteilen, kommt Poscherun zum riesigen Russischen Reich.

Der 30. Dezember 1812 verkörpert eine Sternstunde der Menschheit, und Stefan Zweig hätte den Tag und die Poscheruner Wassermühle bedenkenlos in seine Sammlung historischer Miniaturen aufnehmen können. Es sind die Momente, an denen belanglose Orte, und sei es eine wurmstichige Mühle kurz hinter dem Memelland, durch Handlungen Einzelner zu Symbolen werden, an die wir uns erinnern, ohne je dabeigewesen zu sein.

Die Mühle, von der keine Spur mehr existiert, liegt abseits der Straße, die 1812 noch keine Europastraße ist – so schöne Namen gab es noch nicht –, die aber immer schon das litauische Herzland mit der ostpreußischen Hauptstadt verband. Der Müller ist es zufrieden, so wie er überhaupt von Glück sagen kann, dass es in jenem grimmen Dezember 1812 nicht die geschlagenen Franzosen sind, die aus Nordosten kommend im Morast der Straße waten, und dass nicht jeder marodierende Haufen mit der Nase auf sein bisschen Mühle stößt.

Was noch vor wenigen Monaten die Grande Armée war, überquert weiter östlich die Memel, strömt verhungert und verzweifelt der Heimat entgegen, einige zehntausend Söldner, die übrig sind von einer halben Million, notdürftig in Lumpen gehüllt, halb erfroren und gejagt wie Rudel räudiger Hunde von Kosaken auf kleinen Pferden, im Rücken die reguläre russische Armee. Wer in den Schnee fällt, weil er nicht mehr kann vor Erschöpfung, weil kein Funke Lebenswille mehr glimmt, der kann nur beten, dass er erfriert, bevor die Bauern ihm mit Dreschflegeln an die Glieder gehen.

Und selbst wenn ... die Müdigkeit ist übermächtig ... eine letzte, beklemmende Angst, ein heißer Schmerz ... dann ist es überstanden.

Die Truppen bei Poscherun auf der Straße nach Königsberg sind keine Franzosen, es ist das preußische Hilfskorps, zwei frische Divisionen, die König Friedrich Wilhelm III., Verlierer der Schlachten von 1806 und 1807, dem Imperator in Paris für dessen Russlandfeldzug versprechen musste. Sie waren 1812 nicht mit nach Moskau gezogen, sondern lagen die Sommer- und Herbstmonate über zusammen mit einer französischen Division vor Riga. Ihnen gegenüber, die Düna als fließende Front in der Mitte, lauerte die russische Nordarmee unter dem Grafen Sayn-Wittgenstein. Dessen Generalquartiermeister war der Schlesier Hans von Diebitsch, Absolvent der Berliner Kadettenanstalt.

Deutsche Namen auf beiden Seiten, preußische, schlesische und hannöversche Familien, die gleich zwei Herrscher mit Offiziersnachwuchs versorgten: den König in Berlin und den Zaren in St. Petersburg. Das galt damals nicht anders als heute im Heer der Manager, die sich im Lauf ihrer Karriere bei wechselnden Konkurrenten verdingen.

Als der Müller von Poscherun die preußischen Truppen aus Richtung Tauroggen kommend auf der Straße erspäht, ist die ihnen zugesellte französische Division schon Meilen voraus. Von hinten drückt die russische Vorhut unter Diebitsch; bald kann sie zupacken, aber Wittgenstein hat den Befehl gegeben, die nichtfranzösischen Hilfskorps, wo immer möglich, durch gute Behandlung zum Überlaufen zu bewegen.

Am Weihnachtsabend 1812 treffen sich Diebitsch und der preußische Befehlshaber Graf Yorck von Wartenburg auf halbem

Wege zwischen ihren Vorposten. In dicke Pelerinen gehüllt, die hohen Kragen bis über das Kinn, sprechen sie zum ersten Mal über eine gemeinsame Zukunft gegen Napoleon.

Fünf Tage später, am Morgen vor dem Silvestertag, während draußen die Bäume den frischen Schnee abschütteln und der Wind durch die Ritzen pfeift, stehen sechs Männer um einen Holztisch im Erdgeschoss der bescheidenen Mühle. Wir wissen nicht, ob die Müllerskinder oben am Treppenloch hocken und lauschen, die verängstigte Mutter im Rücken, der Vater nervös neben der Tür von einem Fuß auf den anderen tretend. Das Gebäude ist klein, der Raum reicht gerade einmal für die Delegationen, im hinteren Teil das Mahlwerk mit Rädern und Gestänge, ein Tisch, ein paar Stühle ...

Die sechs Offiziere haben eigene Sorgen. Die Ranghöchsten beider Seiten begegnen einander mit Distanz, und wen sie unterbrechen, der schweigt. Der eine ist bereits vorgerückten Alters, das Gesicht steinern mit klugen, resignierten Augen, der andere deutlich jünger, aber fest in Haltung, Blick und Selbstbewusstsein – er vertritt die stärkeren Bataillone.

Es ist Hans von Diebitsch, von den Russen Iwan Iwanowitsch genannt, Generalmajor des Zaren und gerade einmal siebenundzwanzig Jahre alt. Sein Gegenspieler ist Ludwig Yorck von Wartenburg, dreiundfünfzigjährig und Generalleutnant des preußischen Königs. Zu Diebitschs Entourage gehören der junge russische Oberstleutnant und künftige Militärtheoretiker Carl von Clausewitz und der Ordonnanzoffizier Friedrich Graf zu Dohna. Mit Yorck kommen der preußische Stabschef Oberst von Röder und sein Adjutant Florian von Seydlitz.

Sechs Preußen, drei im Dienst ihres Königs, drei im Dienst seines russischen Gegners, handeln in der windschiefen Mühle von Poscherun einen Waffenstillstand aus, der das Ende der napoleonischen Herrschaft einläutet. Als Diebitsch, der genau weiß, dass seine Russen die preußischen Grenadiere in die eisige Memel treiben könnten, das Siegel in den heißen Lack drückt, steht ihm dasselbe entspannte Lächeln im Gesicht wie seinem nunmehrigen Verbündeten Yorck.

Das Dokument ist bekannt als Konvention von Tauroggen, und die Mühle, die heute nur noch in der Erinnerung existiert, wird durch diesen Akt unsterblich. Von nun an heißt es nicht mehr Preußen gegen Russland; jetzt geht es um die Befreiung Europas von Napoleon.

Russen und Deutsche – zwei Nationen, die einander nicht ungern Nachbarn sind, dabei regelmäßig vergessend, dass dazwischen noch bewohnte Parzellen liegen. Seit tausend Jahren pflegen sie ein ebenso intensives wie widersprüchliches Verhältnis, geprägt von Intimität, heftiger gegenseitiger Anziehung und wenigen, aber umso heftigeren Konflikten.

In den Augen nicht weniger Europäer, und das nicht nur im Westen des Kontinents, sind Russen und Deutsche zwei Völker mit geheimnisvollen Seelen, faszinierend und unberechenbar, mit einem fatalen Hang zu Sentimentalität und Romantik und in regelmäßigen Abständen, wenn nur der Wahnsinnsfunke in sie fährt, bereit, alle Brücken zu verbrennen, sich zu opfern im Kampf für etwas, das sie als groß und bedeutsam wahrnehmen, ungleich größer und bedeutsamer als die Krämerei, mit der der Rest der Welt seine Tage vertut.

Europa wird nervös, wenn Deutsche und Russen einander näherrücken. Die bedauernswerten Polen erst recht, die von einer solchen Annäherung buchstäblich physisch betroffen sind.

Seit tausend Jahren lockt Russland westeuropäische Ausländer, die sich in dem großen und dünnbesiedelten Land eine bessere Zukunft versprechen, anfangs Kaufleute und Handwerker, später Soldaten, Bauern, Ärzte, Offiziere, Wissenschaftler und Zivilbeamte. Bereits Ende des 16. Jahrhunderts unter Iwan IV., dem Schrecklichen, existierte die Deutschen-Vorstadt, die *Nemezkaja Sloboda*, im Nordosten Moskaus wenige Kilometer außerhalb der Stadtgrenze. *Nemez* ist der Deutsche – dabei bezeichnete das Wort ursprünglich jeden, der unverständliches Kauderwelsch sprach.

Hundert Jahre später wird der junge Zar Peter I. in der Nemezkaja Sloboda ein gern und regelmäßig gesehener Gast. Dort nimmt er Maß für die Modernisierung seines Landes; wie auf einem Messestand liegen die Handwerke, Wissenschaften und Künste des westlichen Europas vor den Moskauer Stadttoren ausgebreitet.

Gut ein halbes Jahrhundert später öffnet Katharina die Große, eine deutsche Prinzessin aus dem Hause Anhalt-Zerbst, die Schleusen. Mit einer liberalen Einwanderungspolitik, Steuererleichterungen, kostenlosem Ackerland, Befreiung vom Wehrdienst, Religionsfreiheit und anderen Privilegien lockt sie deutsche Bauern, die in langen Trecks an die mittlere Wolga und nach Südrussland ziehen, wo sie sich auf der fruchtbaren schwarzen Erde niederlassen.

Zugleich wächst die Zahl der Deutschen in der Beamtenschaft und im Offizierskorps. Da das Reich mit seinen zahllosen Souveränen jede Menge ebenbürtiger Ehepartner bietet, steigt der Anteil deutscher Vorfahren in der Dynastie der Romanows auf über die Hälfte.

Der Honigmond der deutsch-russischen Beziehungen waren die achtzig Jahre nach Tauroggen. Ein Grund war die wachsende Machtposition Preußens unter den deutschen Teilstaaten. Mögen die Russen heute für das Oktoberfest schwärmen oder für schwäbische Autos, von der Mentalität her am nächsten liegt ihnen das nordisch-preußische Element. So entstammte auch der ganz überwiegende Teil der Deutschen im russischen Kriegs- und Beamtendienst den preußischen Kernlanden und dem Baltikum, das seit dem 18. Jahrhundert zu Russland gehörte. Karg und kernig, auch im Adel nicht übermäßig zivilisiert, gewöhnt an den weiten Horizont der Ebene und auch einfacher

Kost zugetan, war der ostelbische Mensch geschult darin, sich auf das Wesentliche zu beschränken. Sein protestantischer Pragmatismus, der alles Überflüssige aus den Kirchen verbannte, ergänzte sich aufs beste mit dem russischen Pragmatismus, der außer in seinen Kirchen auf Überfluss nicht angewiesen war.

Hinzu kam der Konservatismus in den Anschauungen der politischen Eliten. Skepsis gegenüber Experimenten und den Versprechungen des sogenannten Fortschritts verband die bäuerlich geprägten Mentalitäten der preußischen Kernlande und Russlands. Die Industrialisierung kam spät, und die Restauration der guten alten Zeit nach den Wirren der Franzosenkriege wurde mit Eifer betrieben. Wobei das Zarenregime, seinen Traditionen treu, dabei deutlich repressiver vorging als die preußischen Nachbarn. Der erste Warnschuss in Form des Dekabristenaufstands 1825, der eine dünnhäutigere Oberschicht zum Nachdenken veranlasst hätte, wurde überhört. Während der weitsichtige Bismarck die aufbrechenden Kräfte in das neugegründete Reich und den Glanz der kapitalistischen Gründerjahre lenkte, waren die letzten Zaren, phantasielos und verängstigt, nur noch von ihrem verknöcherten Autokratenwahn beherrscht.

Bismarcks Abgang als Reichskanzler 1890 besiegelte das Ende der Sonderbeziehung. Man traf sich wie zuvor auf Festen und Bällen, aber die *special relationship* zwischen Berlin und Petersburg gehörte achtundsiebzig Jahre nach dem Unterzeichnungsakt in der Mühle von Poscherun der Vergangenheit an. Bismarcks Meisterstück, der geheime Rückversicherungsvertrag mit Russland von 1887, der einen Zweifrontenkrieg für Deutschland verhindern sollte, hat die Entlassung seines Urhebers nicht überlebt. Der Grundstein für den Ersten Weltkrieg, den ersten deutsch-russischen Krieg seit dem Tod der Zarin Elisabeth 1762, war gelegt.

Für den neuen Kaiser Wilhelm II., forsch, ehrgeizig, rhetorisch begabt und mit einem verkrüppelten Arm geschlagen, war

Russland nicht die Macht, an die ein ambitioniertes Deutsches Reich sein Schicksal binden würde. Sein Deutschland würde ganz vorn mit dabei sein – oder nicht sein. Ganz vorn, das bedeutete Kriegsflotte, Kolonien, Einflusszonen und Großstrategien. Deutsche Soldaten in China und in Afrika, das war nach Wilhelms Geschmack.

Was für ein Unterschied, wenn man diesen Kaiser neben seinen Großvater stellt. Der hatte noch den gesunden Zweifel im Leib, wie Bauern, die karges Land beackern. Größe allein hatte keinen Wert; das Ganze musste taugen. Schon 1871 hatte er sich nur widerwillig vor Bismarcks Reichskarren spannen lassen, nicht wirklich begreifend, wo denn nun in der Verbindung mit den katholischen Hallodris in Süd- und Westdeutschland der große Vorteil für Preußen lag.

Recht hat er gehabt; sein Land ging in Deutschland zuerst auf und bald auch unter. 1945, nach über vierhundert Jahren Staatsgeschichte, war unter Preußens Existenz der Schlussstrich gezogen.

Bismarck, der schließlich doch wahrnahm, welches potentielle Monster er geschaffen hatte mitten in einer auf Dynamik und Expansion drängenden Welt, beteuerte zwanzig Jahre lang, sein Land sei saturiert, zufrieden, anspruchslos. Das war es auch – aber nicht das Reich, Bismarcks Kopfgeburt, sondern Preußen, sein Herzland. Indem Preußen sich im Reich auflöste, vergaß es seine Wurzeln im sandigen Boden der Mark, entfernte sich von Ost und West zugleich und begab sich auf abenteuerliche Fahrt hinein in den Mahlstrom der großen Mächte und, nach wenigen Jahrzehnten, in den Untergang.

Der neue Kaiser, vom Volk Wilhelm Zwo genannt, verkörperte diesen Kurs bis in die Spitzen seines Schnurrbarts. Deutscher Geist und deutsche Manneskraft kannten keine Grenze, nicht auf dieser Welt.

Das Ergebnis liegt vor. Verbohrter Glaube an Autokratie und Gottesgnadentum auf der russischen Seite, Großmannssucht und Selbstüberschätzung auf der deutschen – am Ende des Ersten Weltkriegs war es aus mit Imperium und Kaiserreich. Chaos hub an auf beiden Seiten, Bürgerkrieg und Flucht, Kommunisten gegen Patrioten … Untergangsstimmung. Nach blutigen Kämpfen hatten in Russland die Kommunisten gewonnen und in Deutschland ihre sozialdemokratischen und bürgerlichen Gegenspieler. Der Zar und seine Familie waren ermordet, der deutsche Kaiser im holländischen Exil – die große neue Zeit konnte beginnen.

Wie immer nach katastrophalen Niederlagen machten sich die Verlierer daran, ein neues Fundament für eine bessere, womöglich noch blühendere Zukunft zu legen: Atatürk in der Türkei, Lenin in Russland, die Sozialdemokratie in Berlin. In Österreich langte, was übriggeblieben war, nur noch für ein begehrtes, wunderschönes Urlaubsland.

Das Sonderverhältnis zwischen Deutschen und Russen, die jetzt unter der Marke »Sowjets« auftraten, lebte schon 1922 mit dem Vertrag von Rapallo wieder auf. In dem Dokument wurden diplomatische Beziehungen, der Verzicht auf gegenseitige Reparationen und die zollrechtliche Meistbegünstigung vereinbart, außerdem Lieferungen strategischer Industrieprodukte, die Sowjetrussland und der wenig später gegründeten Sowjetunion halfen, ihre Abhängigkeit von den Westmächten zu reduzieren.

In den Augen des Westens war der Vertrag das Signal zweier Parias an die Welt: Wir können auch ohne euch. Noch heute steht das Wort Rapallo für das Misstrauen des Auslands, wenn Deutschland und Russland einander näherrücken.

Bis zur Machtübernahme der Nationalsozialisten 1933 war Rapallo außerdem die Folie für eine intensive deutsch-sowjetische Zusammenarbeit im militärischen Bereich. Dort war Deutschland aufgrund des Versailler Vertrags einschneidenden Begrenzungen ausgesetzt. An vier Orten in der UdSSR, in Lipezk und Kasan sowie bei Moskau und Saratow, betrieben

Reichswehr und Rote Armee gemeinsame Ausbildungs- und Erprobungsstätten. Hunderte deutsche Offiziere wurden durch die russischen Lehrgänge geschleust, darunter nicht wenige, an deren Ordensbrust später Schwerter und Brillanten prangten, etwa der Vordenker der Fallschirmtruppe Kurt Student oder die Panzeroffiziere Guderian und Kleist.

Auch sowjetische Militärs besuchten Deutschland und die russischen Reichswehr-Stützpunkte, darunter die späteren Marschälle der UdSSR Tuchatschewski und Jegorow. Doch anders als ihre deutschen Kollegen waren sie nicht in der Lage, ihre Erfahrungen im Großen Vaterländischen Krieg auch umzusetzen. Sämtliche sowjetischen Offiziere, die in herausgehobener Stellung Kontakte zur Reichswehr hatten, fielen 1937 der »Großen Säuberung« zum Opfer.

Vieles spricht dafür, dass die modernsten Elemente der Militärdoktrinen Deutschlands und der Sowjetunion, die nach 1939 und 1941 umgesetzt wurden, auch in diesem Austausch wurzelten. Zwei Länder, deren alte Eliten nach Krieg und Revolution vernichtet oder an den Rand gedrängt waren, begannen in den zwanziger Jahren bei Null. Technik und Wissenschaft entwickelten sich rasant, und bürgerlich-aristokratische Wertvorstellungen hatten weitgehend ausgedient. England und Frankreich, die europäischen Demokratien, deren gesellschaftliche Strukturen den Ersten Weltkrieg mehr oder minder unbeschadet überstanden hatten, verpassten diesen Modernisierungssprung. Dort hatte der Sieg von 1918 jene Selbstgewissheit gefördert, die blind macht für neue Bedrohung. Erst der deutsche Sichelschnitt durch die Ardennen 1940, die Einkesselung des britischen Expeditionskorps in Dünkirchen, der Schock, den die Niederlage Frankreichs auslöste, und die Erfahrung des Bombenkriegs über dem eigenen Festland weckten in England die Bereitschaft, für den Erfolg auch bewährte Traditionen zu opfern. Der Schriftsteller Evelyn Waugh, der die Eroberung Kretas durch deutsche Fallschirmjäger im Mai 1941 als englischer Offizier erlebte, hat diesen späten Wandel in seiner Trilogie *Sword of Honour* (auf deutsch unter dem Titel *Ohne Furcht und Tadel* erschienen) anschaulich gemacht.

Im Deutschen Reich hatte man schon vor dem Weltkrieg begonnen, das Offizierskorps nach Befähigung und Leistung zu rekrutieren. Im letzten Friedensjahr 1913 war der Anteil des Adels auf weniger als ein Drittel zurückgeschraubt. Russland stand, nach der Revolution, vor einer viel radikaleren Erneuerung. Die alte Elite war ausgelöscht, ermordet oder ins Exil getrieben. Was blieb, waren die Berufsrevolutionäre, die Kader der Partei, sowie die Nachkommen der wenige Jahrzehnte zuvor freigelassenen Leibeigenen.

Der ungeheure Sprung in die Industriegesellschaft, dessen Gelingen man der Sowjetunion unter Stalin zugestehen muss, ohne die Leiden der Millionen Opfer zu relativieren, war nur unter diesen Bedingungen möglich. Die radikale Reorganisation aller gesellschaftlichen Prozesse, die alleinige Ausrichtung auf Leistung und Resultate sowie die Schaffung völlig neuer Hierarchien, wie sie das Jahrhundert forderte – all das vollzog sich auf dem Boden der *tabula rasa*, die nach der Revolution übrigblieb. Nichts. Null. Die neue Zeit war angekommen; hart und expressiv in den Farben der Plakate, holzschnittartig in der politischen Philosophie, keine Epoche für Weißhändchen und verzärtelte Herrensöhne. Eiserne Hämmer, stampfende Kolben und der Massenmensch, das waren die Bauklötze der Zukunft.

Auf militärischer Ebene folgten tiefgreifende Reformen im strategischen und taktischen Denken. Allen Seiten saß die Angst vor einer Wiederholung der mörderischen Grabenkämpfe im Nacken; da boten die Motoren, Propeller und Panzerketten die ersehnte Gelegenheit, den Krieg wieder mobil zu machen.

Erkannt haben das viele, aber Erkenntnis ist nur der erste Schritt. Die eigentliche Herausforderung war, das neue Denken in dem schwerfälligen, konservativen Apparat, wie jede Armee ihn darstellt, auch umzusetzen. Offiziere wie Tuchatschewski, Guderian oder Rommel fanden in der Sowjetunion und in Deutschland, in einem Klima von Aufbruch ohne Rückschau, von Neubeginn ohne Nostalgie, ideale Bedingungen vor. Die Ergebnisse des einsetzenden Brainstorms konnten sich sehen lassen. Die Generalstäbe besannen sich auf die ursprünglich für die Kavallerie entwickelten Grundsätze der beweglichen Kriegsführung, passten sie an die neuen Waffensysteme an, ließen Konzepte wie Auftragstaktik zu und rehabilitierten die Führung von vorn.

Effektiv umgesetzt wurden die neuen Gedanken, als Stalin und Hitler in den dreißiger Jahren zum großen Sprung ansetzten. In Deutschland entstanden die Grundlagen für das, was unter dem Namen Blitzkrieg schließlich sogar die eigene Führung verblüffte: der synchrone Einsatz von Sturzkampfbombern, Fallschirmjägern und massierten, tief die Front durchbohrenden Panzerspitzen. Der Blitzkrieg war nicht am Reißbrett von langer Hand vorbereitet; er war ein Phänomen des Augenblicks, geboren aus dem Zusammentreffen forscher, zur eigenwilligen Auslegung von Befehlen fähiger Generäle, unvorbereiteter Gegner, neuer Technologie und unkonventioneller Ideen. Mehr als zwei Jahre hielt er die Kriegsgegner in Schach, bis zum Steckenbleiben des deutschen Angriffs vor Moskau im Schnee.

Auch die Sowjetunion reformierte ihre Armee, was schließlich zum beeindruckenden Zurückwerfen der deutschen Truppen in den letzten Kriegsjahren führte. Es ist ein fauler Mythos, wonach die Sowjetunion den Krieg nur gewonnen hätte, weil sie ihre Soldaten millionenfach den feindlichen Kanonen entgegenwarf. Das galt allenfalls für die Schlacht vor Moskau Ende 1941, aber sicher nicht für die Zeit nach Stalingrad Anfang 1943.

Die physische Vernichtung von neunzig Prozent der Generalität und über sechzig Prozent der Offiziere nur wenige Jahre vor dem Angriff der Deutschen hatte die Rote Armee bis in die Wurzeln geschwächt. Selbst Stalin war im Sommer 1941 einige Tage lang von der bevorstehenden Niederlage überzeugt. Dennoch waren die Ideen, die Tuchatschewski und andere entwickelt hatten, viele davon gemeinsam mit deutschen Kollegen, nicht völlig vergessen. Nach Kriegsbeginn wurden sie Schritt für Schritt realisiert.

Es waren dieselben Rezepte wie auf Seiten der Wehrmacht: Entscheidungsfreiheit für die Frontkommandeure und ein enges Zusammenspiel der Waffengattungen am Boden und in der Luft. Gegen sein Naturell willigte Stalin sogar ein, den Einfluss der politischen Kommissare zu beschränken. 1943, nach Stalingrad, zog die Rote Armee mit der Wehrmacht strategisch, taktisch und technisch gleich und war spätestens 1944, als die deutsche Kriegsmaschine zu stocken begann, deutlich überlegen.

Der europäischen Katastrophe, die einen buchstäblich entmannten Kontinent zurückließ, fiel auch das deutsch-russische Verhältnis zum Opfer. Es zerriss in zwei Teile, ein Davor, das irgendwann zwischen 1890 und 1914 endet, und ein Danach, das mit dem Ende des Kommunismus wieder beginnt. Die Kriege, die Zwischenkriegszeit und der Kalte Krieg wirken im Rückblick wie eine gespenstische Schattenzeit, ein Interregnum besessener Untoter.

Doch die Akteure waren keine Untoten. Auch wenn die aberwitzige Selbstvergessenheit, mit der Deutsche und Russen sich selbst und andere im 20. Jahrhundert zerfleischt haben, mit dem Bild der zwei Nationen, wie es uns aus tausend Jahren vor Augen steht, nicht in Deckung zu bringen ist, waren beide höchst lebendig dabei. Auf verstörende Weise »deutsch« war Deutschland unter dem Nationalsozialismus, nichts anders als Russland »russisch« war während seiner Herrschaft über die Sowjetunion. Es waren eben diese beiden Völker – sie haben die irrwitzigen Verbrechen und das sinnlose Schlachten vollbracht.

Der Triumph im Großen Vaterländischen Krieg, die rote Fahne über dem Reichstag, die zerfetzten SS-Standarten im Staub des Roten Platzes – für die allermeisten Russen ist dieser Sieg der eine große, kollektive Erfolg ihrer Nation im 20. Jahrhundert. Noch auf lange Zeit wird er alle Verbrechen des Genossen Stalin übertünchen. Auch hier trifft zu, was über die Hybris gesagt wurde, die allen Siegern droht: Im Grunde ist jeder Sieg ein Pyrrhussieg.

Heute trennt der Sieg die Völker nicht mehr; die Luft ist rein wie nach heftigen Gewittern. Doch den Siegern, den Russen, droht der 9. Mai 1945 den Zugang zur eigenen Geschichte zu verbauen. Dieser Mittwoch im Mai kennzeichnet einen Triumph, der übermächtig ist; er wird zum archimedischen Punkt in der Wahrnehmung eines ganzen Jahrhunderts. Mit jeder Parade auf dem Roten Platz wird die Vergangenheit ein Stück zubetoniert. Zu sich selbst und nach vorn findet das Land so nicht.

Das Tabu um diesen Sieg belastet auch das Verhältnis zu den Nachbarn. Im Baltikum lebt die nichtrussische Bevölkerung im Bewusstsein, von beiden Seiten des Hitler-Stalin-Pakts Unrecht erlitten zu haben. Dort sind sowohl die Erinnerungen an Nazideutschland als auch an die Sowjetunion von Bitterkeit geprägt. Was eine Befreiung hätte sein können, nämlich die Vertreibung der Wehrmacht im Herbst 1944, wurde Okkupation und Annektierung unter dem von Moskau aufoktroyierten sozialistischen System. Wären die Befreier nach dem Krieg abgezogen und hätten die Balten nach Lust und Laune leben lassen – noch heute stünde auf jedem litauischen, estnischen und lettischen Dorfplatz ein blitzblank gehaltenes Denkmal für die Rote Armee mit täglich frischen Blumen am Sockel.

Die russischen Historiker und Politiker, die vom Baltikum Dankbarkeit fordern, sollten sich fragen, warum diese nicht freiwillig kommt. Ein sensibleres, besonneneres Verhältnis zu den kleinen Nachbarn wäre zuallererst in Russlands eigenem Interesse. Doch statt ihnen großzügig entgegenzukommen, erwartet man Subordination, reagiert empfindlich auf die kleinste Provokation und lässt sich mitunter vorführen wie der sprichwörtliche Bär in seiner Tapsigkeit.

Noch ist die russische Gesellschaft süchtig nach dem Stoff, aus dem der Triumph im Zweiten Weltkrieg war. Dieser Sieg war echt, er war wirklich, er war wahr – keine von den Lügen, mit denen man dem Volk siebzig Jahre lang die Mäuler stopfte. Dass nun andere Wahrheiten diese eine große, heilige verdunkeln sollen, darf nicht sein.

Es wird noch viel Wasser die Wolga hinunterfließen, bis das Land aus diesem Dilemma einen Ausweg findet.

Was bedeutet das für uns Deutsche? Fünfhundert Jahre lang war kein Land in Europa so intensiv mit Russland verbunden wie unseres. Auch heute stellen wir wieder die stärkste Gruppe der Ausländer in der Russischen Föderation – übertroffen nur von den alten Sowjetrepubliken. Was können wir beitragen zum russischen Weg in die Welt?

Zunächst einmal sind wir gut beraten, unsere schlechten Eigenschaften zu zügeln; Oberlehrer und Besserwisser sind das letzte, was Russen not tut. Ihr Leben ist mühsam genug. Die bodenständige Emotionalität hingegen, die vielen von uns zu eigen ist, kommt in Russland gut an. Man schätzt an uns, dass wir offenherzig sind, ohne unhöflich zu sein, ehrlich und zurückhaltend, mit praktischer Vernunft begabt, im allgemeinen frei von Kalkül und Winkelzügen und mit dem Herzen, wie man sagt, am rechten Fleck. Vermögen wir außerdem noch, um drei Ecken zu denken, besitzen wir Geduld und haben unsere eingeborene Gründlichkeit unter Kontrolle, dann können wir geradezu etwas bewegen in diesem Land. Und dabei auch einiges lernen: von den Russen und über uns selbst.

Auf politischer Ebene liegen die Dinge komplizierter. Für viele Deutsche westlich der Elbe rückt Russland erst allmählich über den Horizont. Die Bundesrepublik vor 1989 war ein besserer

Rheinbund und Ostelbien zerrissen zwischen Russland, Polen und der DDR. Wir wissen noch lange nicht, wo das wiedervereinte Deutschland in seinem Verhältnis zu Russland dereinst zu verorten sein wird.

Für die russischen Politiker, skeptisch und pragmatisch, ist das derzeit unwahrscheinlichste Szenario eine EU aus bald dreißig Mitgliedern, die politisch mit einer Stimme spricht. Das entspräche, so die Moskauer Sichtweise, weder der Geschichte noch der gegenwärtigen Verfassung des Kontinents. Russland schließt eine Wette darauf ab, dass die EU über einen Zollverein mit angegliederter Normierungsabteilung und einer aufgeblasenen Bürokratie nicht hinausgelangen wird. Die Chancen stehen nicht schlecht, dass die Wette aufgeht.

Außerdem hat die russische Elite Zweifel hinsichtlich der langfristigen Perspektiven des Westens. Den Europäern fällt es schwer, das nachzuvollziehen. Sie leben in der Überzeugung, dass der Weg des Westens uns von der Aufklärung direkt zur Vollendung der Geschichte führt. Freiheit, Menschenrechte, Demokratie – sollten das etwa keine universellen, globalen Werte sein?

Von außen betrachtet sieht man vor allem, wie Europas Spielräume enger werden. Seit Jahren wachsen die Sozialausgaben und die staatliche Zinslast rascher als die Wirtschaftsleistung. Bald reicht es nicht mehr zur Erhaltung der Straßen, Schulen und Krankenhäuser. Weniger und weniger von dem, was die Gesellschaft in den großen Topf einzahlt, kommt ihr in greifbarer Form wieder zugute. Und was Mitte des Jahrhunderts noch übrig ist an industrieller Wertschöpfung, wird unbedeutend sein gegenüber dem Rest der Welt.

Außereuropäische Migration und Spannungen zwischen der glaubensfernen Mehrheit und religiösen Minderheiten, Muslimen und bald auch gläubigen Christen, fragmentieren und schwächen den Kontinent. Wer weiß, vielleicht wird Osteuropa, in seinen Strukturen konservativer und von muslimischer

Zuwanderung kaum betroffen, dereinst zu Fluchtpunkten westlicher Christen, die ihrer Heimat keine Zukunft mehr zutrauen.

Szenarien für das 22. Jahrhundert. Der Einfluss versiegender Energieressourcen ist da noch gar nicht berücksichtigt. Im Vergleich dazu sind die Aussichten für Russland geradezu rosig. Die Rohstoffreserven reichen für lange Zeit; das anhaltende Wachstum in Asien und Südamerika lässt die Weltmarktpreise nicht einbrechen; die Staatsreserven bleiben solide, und das Volk ist duldsam wie eh und je.

Die Migration aus Afrika und dem Mittleren Osten, die Westeuropa in den Grundfesten erschüttert, betrifft Russland nur am Rande. Der Anteil der Muslime an der Gesamtbevölkerung (etwa fünfzehn Prozent) ist zwar doppelt so hoch wie in Deutschland, doch das Miteinander ist seit uralten Zeiten eingespielt. Der Konflikt im Nordkaukasus schwelt seit zwei Jahrhunderten. Rom und Byzanz haben über tausend Jahre lang Grenzkriege geführt – warum sollte es Russland besser ergehen?

Nicht ausgeschlossen ist, dass vielleicht sogar noch im 21. Jahrhundert die Äußere Mandschurei, die erst seit den »Ungleichen Verträgen« 1858/60 zu Russland gehört, an China zurückfällt. Doch auch dann werden die beiden Atommächte keinen Krieg riskieren und sich den Verkauf Alaskas an die USA 1867 zum Vorbild nehmen.

Vom Klimawandel wird Russland in Summe profitieren. Steigende Temperaturen erlauben den Anbau von Weizen, Kartoffeln und anderen Ackerfrüchten in höheren Breitengraden. Im Nordmeer lockt die Erschließung riesiger Rohstoffreserven unter dem arktischen Schelf, und schon in wenigen Jahrzehnten wird ein großer Teil des internationalen Schiffsverkehrs die dann dauerhaft eisfreie Nordostpassage nutzen. Negativ zu Buche schlagen das Auftauen der Permafrostböden und der Verlust der über Jahrzehnte dort errichteten Infrastruktur. Trotzdem kann man die Russen im Vergleich zu dem, was anderen Ländern bevorsteht, getrost als Klimagewinnler bezeichnen.

In Deutschland werden die Orientierung der USA in Richtung Pazifik, das Abtreten der transatlantisch geprägten Politikergeneration und die anhaltende Integration der slawischen Länder in die europäische Staatenwelt eine Neubewertung des Verhältnisses zu Russland nach sich ziehen. Aus russischer Sicht sind wir ohnehin der zeitlose Wunschpartner in Mitteleuropa. Die militärischen Konflikte zwischen beiden Ländern sind an den Fingern einer Hand abgezählt – der Kampf gegen die Deutschordensritter, der Siebenjährige Krieg und schließlich, am Ausgang des europäischen Zeitalters, die Katastrophe der zwei Weltkriege. Je weiter das 20. Jahrhundert in die Vergangenheit rückt, desto weniger werden diese Kriege die kollektive Erinnerung belasten.

Vor uns liegt ein langes Menschenalter bis zur nächsten Jahrhundertwende, eine schwierige, herausfordernde, von Verwirrung und Unübersichtlichkeit gezeichnete Zeit. Die europäische Vorreiterrolle in der Welt geht unwiderruflich zu Ende. Das Vereinigte Königreich – vor wenigen Generationen die Nummer eins und Herrscherin der Meere – wird noch im laufenden Jahrzehnt nicht mehr zu den zehn weltgrößten Wirtschaftsmächten zählen. Wo Deutschland in fünfzig Jahren stehen wird, mit dieser Frage mag sich derzeit – *the party goes on!* – niemand auseinandersetzen, am wenigsten unsere Berliner Politiker, die gerne schulterklopfend nach hinten, nach vorn jedoch nie weiter als vier Jahre blicken.

Nun, wenn wir es nicht erleben, dann unsere Kinder und Enkel.

X.
ZWEI HAUPTSTÄDTE

Mit steifen Gliedern zwängt der Mann im schwarzen Zobelpelz sich aus dem Reiseschlitten. Dahinter der magere Buchhalter, mit dem er das Gefährt seit drei Monaten teilt und der ein direkter Untergebener des Oberhofmarschalls ist. Der Buchhalter zittert an allen Gliedern. Im Inneren des Schlittens ist es kaum wärmer als auf der schneebedeckten Ebene. Das eiserne Becken, das morgens in Koselez noch bis an den Rand voll glühender Kohlen war, ist längst erkaltet. Wo nicht ihre Körper das Holz warm gehalten haben, bedeckt eine Schicht aus Schneeflocken und Reif die dünnen Wände.

Es ist der Dreikönigstag des Jahres 1731. Den großen Zaren, Peter I., haben sie vor sechs Jahren beerdigt; nach seiner Frau Katharina und seinem Enkel Peter II. sitzt wieder eine Kaiserin auf dem Thron, Peters entfernte Nichte Anna Iwanowna. Unter ihrer Herrschaft steigt die Nachfrage nach Tokajer ins Unstillbare.

Der Hof liebt Tokajer, und seit dem Tag, an dem der große Peter den Ungarwein in seiner neuen Hauptstadt eingeführt hat, bekommen die Schranzen den Rachen nicht voll davon. Nur findet sich trotz der durchaus realistischen und enormen Gewinnaussichten kein Händler, der die Mühen auf sich nimmt, die Versorgung der Petersburger mit dem süßen, goldenen Saft, der den Damen so wunderbar lieblich zu Kopfe steigt, zu übernehmen.

Der Deutschbalte Graf Löwenwolde, als Oberhofmarschall für die natürlichen Bedürfnisse der Zarin und ihrer Umgebung verantwortlich, sieht nur einen Ausweg. Zu Beginn jedes Winters im frühen November, kaum dass der Frost die Erde gefestigt hat, verlässt eine Schlittenkarawane unter dem Begleitschutz von zwanzig Reitern die Hauptstadt, in der Mitte der altmodische Vierspänner mit dem Obersten im schwarzen Pelz, der Fjodor Stepanowitsch Wischnewski heißt, und dem misstrauischen Buchhalter, zwischen ihnen eine eiserne, dicht an dicht vernietete und mit drei Schlössern versehene Kasse und, mit festen Stricken quer über das Dach gebunden, fette Bündel sibirischer Pelze.

Der Weg vom Finnischen Meerbusen nach Ungarn ist weit, auch wenn es nur bis zur Stadt Tokaj am Oberlauf der Theiß geht. Mehr als zweitausend Kilometer mit schwerer Last, eine Reise, die zur warmen Jahreszeit, wenn die Kutschräder sich durch trockenen Sand oder knöcheltiefen Schlamm fressen müssen, schier unmöglich ist. Zu allem Überfluss führt die Strecke auch noch durch die Polnisch-Litauische Republik, die sich in einem breiten Riegel bis an das Schwarze Meer erstreckt. Auch in Friedenszeiten ist das Verhältnis der Nachbarn nicht ungestört. Bis das Land rechts des Dnepr, eine der Herzkammern der alten Rus, 1793 wieder unter russische Herrschaft gelangt, muss der Petersburger Hof, wenn er seinen Tokajer sicher über die Grenzen bringen will, die polnischen Beamten mit Zoll und Pelzen gewogen machen.

Zur Zufriedenheit des Obersten ist der Winter kalt in jenem Jahr 1731; im brandenburgischen Wittenberge sinkt das Thermometer gar auf minus achtunddreißig Grad. Wenn der Frost rechtzeitig über dem Land liegt, früher Schnee die Felder bedeckt und allmählich zu eisharten Schichten erstarrt, dann sind auch mit den schweren Lastschlitten, deren Kufen unter dem Gewicht der vollen Fässer tief in den Harsch greifen, siebzig, achtzig Tageskilometer zu schaffen.

Wischnewski beginnt sich an die jährliche Schlittenfahrt zu gewöhnen. Sie bringt Abwechslung in den öden Militäralltag und ist immer noch besser als Krieg. Er macht seine Sache gut, so gut, dass die Zarin zwei Jahre später eine Kommission zum Einkauf des Tokajerweins ins Leben ruft, sie für zehn Jahre mit insgesamt zwanzigtausend Rubeln – damals eine ungeheure Summe – und unbegrenzten Mengen an Pelzen ausstattet und Wischnewski zum Kommissar ernennt. Das letzte, was wir von ihm wissen, ist, dass er 1745 noch einmal in Ungarn war.

Am Dreikönigstag 1731 hat es ununterbrochen geschneit, seit zweiundsiebzig Stunden schon kämpft die Karawane sich durch eine Wand aus dicken Flocken. Wischnewski kann von Glück reden, dass die Poststrecke zwischen Kiew und Tschernigow dicht befahren ist – für die Verhältnisse seiner Zeit. Sie führt durch trostlose, gleichförmige Landschaft. Im Westen hinter dem Horizont mäandert die Desna, nach Osten erstreckt die Ebene sich bis zum Rand der fernen Steppe.

Es ist kaum ein Weiterkommen; gerade einmal zwanzig Kilometer haben sie zurückgelegt seit der Abfahrt am Morgen. Reiter und Schlittenkutscher sind völlig erschöpft. Zwanzig Kilometer bei schlechter Sicht durch tiefen Neuschnee, und schon ist die Dunkelheit da. An so einem Tag ist das kein Dahingleiten auf glattgewehter Kruste. Tief schneiden die Schlittenkufen in die hohen Wehen ein, müde heben die Pferde ihre Hufe aus dem Schnee, und man vergisst schier, wie die Karawane an guten Tagen über die eisige Ebene dahinfliegt.

Als der Oberst die vom Kerzenschein erleuchteten Fenster der Dorfkirche von Tschemer sieht, gibt er das Signal zum Anhalten. Die fünfzig Kilometer bis Tschernigow schaffen sie ohnehin nicht mehr. Tschemer ist ein Kaff, eines der vielen, die sie seit Kiew durchfahren haben, drei Dutzend windschiefe Hütten entlang der Poststraße, schmale Streifen Gartenland hinter jeder von ihnen, aber es hat eine Kirche und einen Popen, und mehr haben sie bis Tschernigow auch andernorts nicht zu erwarten.

Außerdem steht der Dreikönigstag für die Erscheinung des Herrn, die Epiphanie, und seine Taufe. Verständlich, dass der Oberst an diesem Feiertag, der in der Ostkirche noch Weihnachten überstrahlt, die heilige Liturgie nicht versäumen will.

Das Kirchlein von Tschemer ist ein niedriger, in den Proportionen missratener Walmdachbau aus weiß gekalktem Holz, der an seinem östlichen Ende von einem schlichten viereckigen Zapfen – ihn Turm zu nennen wäre übertrieben – mit einer angedeuteten Zwiebelspitze gerade einmal zweimannshoch überragt wird. Die hübschen geschnitzten und hellblau gestrichenen Rahmen um die Kirchentür und um die wenigen Fenster, die sich vom Weiß der Wand abheben, zeugen von der Liebe der Dorfleute zu den kleinen Dingen.

Der Oberst tritt sich den Krampf aus den Unterschenkeln, während neben ihm der Buchhalter von einem Bein aufs andere hüpft, dann gehen sie die flache Böschung zur Kirche hinab. Hinter ihnen die Reiter sind abgesessen, die Kutscher rollen sich in ihre löchrigen Pelze, alle warten auf die Befehle ihres Herrn.

Das ganze Dorf steht in der Kirche, in der es dank der Menschen und Kerzen etwas wärmer als draußen ist. Die Leute tragen gefütterte Jacken, an deren Qualität man sie auf den ersten Blick als ganz Arme und etwas weniger Arme erkennen kann, und der Atem gefriert vor ihren Mündern. Noch hat niemand bemerkt, dass draußen eine Schlittenkarawane mit hohen Herren haltgemacht hat. Der Oberst öffnet die Tür, auch eine zweite hinter einem engen Windfang, bekreuzigt und verbeugt sich und – plötzlich geschieht etwas ganz Seltenes.

Die unvermittelte Begegnung mit reiner Schönheit ist ein Teil der göttlichen Gerechtigkeit, eine Erfahrung, die mit keinem Geld der Welt zu erkaufen ist. Jeder Milliardär kann sich durch den *Guide Michelin* futtern, im Sommer Stammgast in Salzburg sein und zu den berauschendsten Panoramen der Kontinente reisen – wenn ihm die Schönheit nicht irgendwann, irgendwo aus dem Nichts erscheint, wird er sterben und hat nur vorgekaute Kost konsumiert.

Es ist eine menschliche Stimme, die den Obersten in ihren Bann zieht. Eine Stimme wie legiert aus Licht und Gold, ein Tenor von engelhafter Klarheit, der aus der Ecke seitlich der Ikonostase, wo der Chor hinter einer Art Paravent steht, an sein Ohr dringt.

Der imposante Militär schiebt sich durch die Schar der Gläubigen. Scheu weichen die Menschen zurück vor dem Mann im goldbestickten Paraderock unter dem schwarzen Pelz, der locker um seine Schultern hängt; Pluderhosen aus himbeerfarbenem Samt umhüllen die Beine des Herrn.

Nach der Liturgie bleibt Wischnewski in der Kirche, bis nur noch der Chor und der Priester vor der Ikonostase stehen, dann winkt er den Diakon herbei. Wer denn der Tenor sei, der so schön gesungen habe, fragt er den eingeschüchterten Mann.

Ach, antwortet der Diakon, nur ein Hütebursch aus der Gegend, Aljoscha Rosum mit Namen.

Fein singen könne der Hütebursch, sinniert der Oberst, und ihm kommt ein Gedanke. Der Diakon solle ihm den Jungen einmal zeigen.

Rosum ist schon kein Bursch mehr, zweiundzwanzig Jahre alt, großgewachsen, dunkelhaarig mit kräftigen Brauen, ruhigen, tiefbraunen Augen und ebenmäßigen, männlichen Zügen. Das Gesicht noch erhitzt vom Gesang, bekleidet mit einem bestickten Feiertagskittel aus kräftiger Leinwand, den Fransengürtel keck an der Seite geknotet, steht er vor dem pelzbehangenen Oberst.

Wischnewski mustert ihn vom Kopf bis zu den Füßen, dann noch einmal und wieder.

So ein Kerl sollte besser in Petersburg singen, brummt er. Mit einer Handbewegung weist er zur Tür. Zu dem verdutzten Diakon sagt er, wo er schon einmal da sei, wolle er auch die Eltern des jungen Sängers kennenlernen. Bei ihnen gäbe es sicher was zu essen. Er hätte da eine Idee.

So beginnt eines der Glücksmärchen von Reichtum und Karriere ... vielleicht das glücklichste unter den vielen, die im 18. Jahrhundert, seit dem Aufstieg eines Sumpfgebiets an der Newa zur russischen Hauptstadt, an der Tagesordnung sind. *Is grjasi w knjasi*, so lautet der Reim, den das schlaue Volk sich darauf macht: Aus dem Dreck in den Fürstenstand. François Le Fort, Alexander Menschikow, Katharina I., Alexej Rosum, Grigori

Potjomkin – auch wenn sie nicht alle aus dem »Dreck« kamen –, die soziale Mobilität, die mit der Regierung Peters des Großen einsetzt, ist ein Symbol für den Neubeginn, unter dessen Stern St. Petersburg steht.

Einen ähnlich kometenhaften Aufstieg aus dem Nichts zu buchstäblich unfassbarem Reichtum erleben wir erst wieder nach dem Ende der kommunistischen Ära. Roman Abramowitsch ist das Paradebeispiel, wie sich das Schicksal eines Alexej Rosum an die dreihundert Jahre später zu wiederholen scheint. Allein, die Zeiten haben sich geändert – Märchen sind passé. Nur wegen eines schönen Tenors und dichter Augenbrauen werden die Fürstentitel der Gegenwart – Milliardenvermögen und ein Platz auf dem Treppchen bei Forbes – nicht vergeben. Es gehört mehr dazu in unserer wettbewerbsgeprägten Zeit, und so halten sich auch hartnäckig die Gerüchte, wonach der strahlende Eigentümer des FC Chelsea seinen raschen Weg zu großem Reichtum mit der Unterschlagung von fünftausend Tonnen Rohöl begonnen haben soll. Fairerweise wird man den russischen Oligarchen, vor allem jenen der ersten Stunde, ein Quentchen krimineller Energie nicht abstreiten wollen.

Im Fall des Alexej Rosum können wir annehmen, dass er es heutzutage nicht zum Oligarchen bringen würde. Zeitlebens galt er als Muster an Loyalität, Diskretion und Bescheidenheit. Doch seine größte Qualität war wohl, neben der goldenen Stimme, dass er sich komplett aus der Politik herauszuhalten wusste – er, der doch über lange Jahre seiner Zarin am nächsten war.

Eine solche Zukunft ahnen natürlich weder Wischnewski noch der Buchhalter oder Rosum selbst, als sie in der vierspännigen Kutsche die annähernd tausend Kilometer bis St. Petersburg zurücklegen. Der Buchhalter legt zwar seine Stirn in tiefe Falten, als er erfährt, dass er mit dem Schweinehirten die Sitzbank teilen soll, doch dafür hat der Oberst nur ein Brummen übrig. Und dann singt Rosum auf der Fahrt Hymnen und Volkslieder; am Ende ist er ihnen ans Herz gewachsen.

In Petersburg gibt Wischnewski den jungen Hirten in die Obhut des Oberhofmarschalls, der ihn einkleiden lässt und in die Hofkapelle steckt. Dort fällt er nach einiger Zeit der gleichaltrigen Großfürstin Elisabeth auf, der Tochter Peters I., und ihr gefällt nicht nur sein kraftvoller Tenor.

Katharina die Große, die 1744 als Fünfzehnjährige an den Petersburger Hof kommt, wird gegen Ende ihres Lebens schreiben, dass Razumovsky – Rosum russifiziert seinen Namen und ergänzt ihn um die Endung »ovsky« – einer der schönsten Männer war, denen sie je begegnet sei.

Es dauert nicht lange, da ernennt Elisabeth, die zu jener Zeit noch nicht als Thronfolgerin gilt, den schönen Bauernburschen zu ihrem Kammerherrn. Einige Jahre steht er ihrem kleinen großfürstlichen Hofstaat vor, dann wird er, nach erfolgreichem Staatsstreich und Krönung, im November 1742 im Rahmen einer stillen Zeremonie im Dorf Perowo bei Moskau mit der neuen Zarin vermählt.

Es ist eine morganatische, bis über den Tod streng geheimgehaltene Ehe, eine Ehe zur linken Hand mangels Ebenbürtigkeit des Gatten. Ist dieser Mangel auch unheilbar, lindert die Zarin ihn doch nach Kräften. Razumovsky wird mit Titeln und Reichtümern überhäuft: Graf, Generalfeldmarschall, Träger des Andreas-Ordens ... Dörfer, Leibeigene und als Wohnsitz einer der prachtvollsten Neubauten der Stadt, der barocke Anitschkow-Palast an der Petersburger Fontanka. In ihm verbringt viele Jahrzehnte später der letzte Zar, Nikolaus II., die schönsten Jahre seiner Jugend.

Ebenfalls 1742 holt Razumovsky seinen neunzehn Jahre jüngeren Bruder Kirill nach Petersburg. Dessen Karriere gerät noch schwindelerregender. Zuerst wird er auf die obligate Grand Tour nach Europa geschickt, darunter auch zum Studium nach Göttingen und Berlin, dann wird der Achtzehnjährige Präsident der Kaiserlichen Akademie der Wissenschaften in St. Petersburg – nach vier Deutschen überhaupt der erste Russe in diesem Amt, das er ein halbes Jahrhundert lang innehaben wird. Wenige Jahre später, gerade einmal Anfang zwanzig, ist er nicht nur Oberstleutnant, Senator und Generaladjutant, sondern auch *Hetman* der Ukraine, eine Art Vizekönig der kleinrussischen Gebiete bis zu deren Eingliederung in das Imperium unter Katharina II.

Die Karriere der beiden Grafen Razumovsky, vom Viehhirten zum Generalfeldmarschall, bündelt die schillernde Natur des petrinischen Jahrhunderts wie Licht in einem Taschenspiegel, alles Unwirkliche seiner schönsten Schöpfung, der goldenen Stadt an der Newa.

Man kann lange suchen und findet keine zwei Städte in einem Land, die einander so entgegengesetzt sind wie Moskau und St. Petersburg. Dabei liegt der Gegensatz nicht vorrangig in den Menschen. Vielleicht trifft der altmodische Begriff der Aura zu, etwas halb Jenseitiges, Atmosphärisches, nicht greifbar, nur spürbar.

Auf je ihre Weise sind beide Städte ein Ausdruck des russischen Märchens, der unendlichen Geschichte, die jedes Jahr von neuem beginnt, wenn sich im Dezember der Schnee über Plätze und Dächer legt, wenn das erste dünne Eis auf den Petersburger Kanälen die gelben Fassaden der Stadtpalais spiegelt, wenn in Moskau die bunten Zwiebeltürme der Basilius-Kathedrale, die am Ende selbst der schreckliche Stalin nicht angerührt hat, im Scheinwerferlicht vor der mächtigen dunklen Kremlmauer glänzen.

Moskau, das alte, heilige Moskau, seit annähernd tausend Jahren im Sandboden an der Mündung der Neglinnaja in die Moskwa verwurzelt, ist ein Geschöpf schwerer Gefühle. Das erkennt man an den wenigen Steinhäusern, die aus ganz alter Zeit geblieben sind, etwa dem Alten Englischen Hof (*Old*

English Yard) aus dem frühen 16. Jahrhundert, der englischen Gesandtschaft, einen Steinwurf unterhalb des Roten Platzes. Klein sind die Fenster und mehr als daumendick die Eisengitter davor – man denkt an die Reisebeschreibungen des Siegmund von Herberstein, in denen er davon berichtet, dass die Moskowiter nachts ihre Häuser möglichst nicht verließen, aus Furcht vor den Knüppelwerfern, die ihren Opfern, bevor sie sie ausraubten, mit viel Geschick in den engen, dunklen Gassen Holzscheite an den Kopf schleuderten.

In Moskau ist das meiste der Notwendigkeit geschuldet: die hässlichen Hochhäuser der Wohnungsnot; die Flut nutzloser SUVs dem Statuszwang; das Heer unfreundlicher Menschen dem Hochmut, der in allen Hauptstädtern gedeiht. Moskau gehört zu den wenigen Großstädten, die wie eine Zwiebel rund um ihren Kern gewachsen sind. Die Stadt steht unter Druck, und das wiederum drückt auf ihre Bewohner. Sie ist zu klein für die über zehn Millionen, die innerhalb der Ringautobahn leben wie die Sardinen in der Büchse. Zehntausend Menschen auf einem Quadratkilometer, mehr als fünfmal so viel wie in Hamburg, fast dreimal so viel wie in Berlin.

Schönheit im klassischen Sinn – Symmetrie, Harmonie, Proportionen – sucht man in Moskau vergebens. Ästheten sollen in die Toskana fahren. Die breiten Prospekte, die Stalin nach Pariser Vorbild radial durch die Zwiebelschichten hauen ließ, die monumentalen Bauten der dreißiger und vierziger Jahre, alles bestenfalls pittoreske Blickfänger, keine der Schönheit zu Füßen gelegte Architektur.

Moskau ist eine Frau mit wenig ebenmäßigen Zügen und einem mächtigen Charakter, fortgeschrittenen Alters, misstrauisch und selten gut gelaunt, aber für wen sie sich entscheidet, den lässt sie nicht mehr los. Eine Mutter Courage aus Ziegel und Beton.

Das verstand am Ende auch der Kaiser der Franzosen, Napoleon, Anfang Oktober 1812 in einem Sessel aus verschlissenem Brokat unter dem golden und bunt bemalten Kremlgewölbe. Die Ellbogen auf dem geschnitzten Holztisch, die müde Stirn, vom Champagner schwer, in die Handflächen gelegt, ging sein Blick durch Tränenschleier in eine weite Ferne, fassungslos, dass ein Volk seine eigene Hauptstadt verbrennt.

Was für Menschen. Sie verweigern Verhandlungen, vergessen mit einem Achselzucken Vergangenheit und Zukunft, alles, nur keinem Fremden untertan sein. Hätten wir Deutschen nur die Lektion gelernt. Man kann Moskau verbrennen, aber es ist unzerstörbar. Es ist wirklich das Dritte Rom.

Petersburg ist anders. Es ist das Kleinod, nicht ewig, sondern geschaffen aus dem Willen des riesenhaften Zaren, der sich diese Stadt erdacht und realisiert hat wie andere Leute eine Urlaubsreise. Wird es verlassen, fallengelassen, dann verschwindet es.

Daher musste die Bevölkerung in Leningrad bleiben, der nachmaligen Heldenstadt, als die Wehrmacht den Ring 1941 immer enger zog. Wohin hätten sich die Menschen auch flüchten sollen – ins Wasser des Meerbusens? Nichts weniger als die komplette Vernichtung hatte Hitler dem Juwel an der Newa zugedacht, dem Erdboden gleichmachen würde er die Stadt nach seinem Sieg.

Aber mit derselben stoischen Verbissenheit wie die Moskowiter 1812 ertrugen die Leningrader neunhundert grauenhafte Tage. Annähernd eine Million Einwohner fielen der Kälte und dem Hunger zum Opfer. Die großen Lebensmittellager waren schon im Herbst 1941 zerstört. Unter Artilleriebeschuss und Brandbomben klaubten die Einwohner ihre paar Krümel täglich Brot zusammen und warteten auf den Hungertod. Während der schlimmsten Wochen im Winter 1942 wurden am Tag viertausend Leichen bestattet, vierzigmal mehr als in Friedenszeiten, und an manchen Tagen war die Zahl doppelt so hoch.

Ende März bestand das Große Leningrader Radio-Sinfonieorchester noch aus fünfzehn vom Hunger geschwächten Musikern. Im Dezember war der Konzertbetrieb eingestellt worden, im April 1942 begann es, längst das einzige Orchester in der Stadt, unter dem Dirigenten Karl Eliasberg wieder zu spielen. Am Ende waren es vierhundert Konzerte, die während der dreijährigen Belagerung gegeben wurden. Wer von den Musikern starb, wurde ersetzt.

Der Komponist Dmitri Schostakowitsch war schon im kriegsfernen Samara an der Wolga, das zu jener Zeit Kujbyschew hieß, als er im Februar 1942 den letzten Satz seiner Siebten Sinfonie niederschrieb. Heute heißt sie die Leningrader. Die ersten beiden Sätze waren noch in der Stadt entstanden, vor Schostakowitschs Evakuierung im Oktober. Im Mai fliegt ein Blockadebrecher die Partitur nach Leningrad, und am 9. August 1942, das Orchester um eilig von der Front zurückgerufene Musiker verstärkt, wird das Werk uraufgeführt.

Die Veranstaltung dauert achtzig Minuten. Im Saal brennen die Kronleuchter, als würde Zarenball gegeben. Draußen schlagen die deutschen Granaten ein. Der sowjetische Kommandeur Marschall Goworow hat seinen Truppen für die Zeit der Aufführung eine kategorische Feuerpause befohlen.

Ein Gemisch aus halbverhungerten Musikfreunden, Soldaten in Filzstiefeln mit Karabinern über der Schulter und Matrosen in blau-weiß gestreiften Hemden füllt die Sitzreihen bis auf den letzten Platz. Das Radio und die öffentlichen Lautsprecher, auch die Propagandalautsprecher draußen an der Front, übertragen Schostakowitschs Musik. Achtzig Minuten lang stören nur die deutschen Waffen den Frieden über Leningrad.

Auch viele Wehrmachtssoldaten erinnern sich später an die gespenstische Episode. Schostakowitschs strenge, neuzeitliche Musik, die so ganz anders klang als die patriotischen sowjetischen Lieder, dazu die Stille auf der gegenüberliegenden Seite der Front, achtzig Minuten kein Knall, keine pfeifenden Granaten, kein Mündungsblitz.

Der 9. August 1942 war für Leningrad, was ein halbes Jahr später Stalingrad für die Sowjetunion wurde. Mancher raue deutsche Landser hat während jener achtzig Minuten erstmals geahnt, dass in diesem Krieg der Angreifer den Preis bezahlt. Der Dichter Alexander Meschirow schrieb später, im Jahre 1961, in seinem Gedicht *Musik*:

Was für eine Musik!
Was für eine Musik hat da gespielt,
Während der verdammte Krieg
Seelen und Körper zertrat.[*]

Noch in den friedlichsten Stunden hat Petersburg etwas von einem Trugbild, einem Traumbild. Schwer lastet die Stadt auf Millionen fest gefügter Pfähle im Sumpf, doch an bitterkalten Januartagen, wenn die Dämmerung früh am Nachmittag von Osten heraufzieht und die Häuserfronten in den Nebel gemalt scheinen, schwebt sie über dem Eis der Newa und unter dem grauweiß-frostigen Himmel wie die Erinnerung an einen Kuss vor langer Zeit.

Dabei standen, als St. Petersburg vor gerade einmal dreihundert Jahren aus dem Nichts gegründet wurde, ganz handfeste Motive im Vordergrund. Seit dem Untergang der Nowgoroder Republik hatte das Land im Osten des Finnischen Meerbusens alle hundert Jahre zwischen Russland und Schweden den Besitzer gewechselt. Peter I. war entschlossen, diesem Hin und Her ein Ende zu bereiten. Das alte Ingermanland am Schnittpunkt der finnischen, warägischen und slawischen Besiedlung wird russisch werden – und russisch bleiben.

Mitten im Großen Nordischen Krieg gegen die Schweden, die verheerende Niederlage von Narwa ist gerade drei Jahre her, beschließt er, nicht nur zwei Festungen zur Sicherung der Newamündung anzulegen, Peter und Paul auf dem Festland

* Übersetzung Th. F.

und Kronstadt auf einer vorgelagerten Insel, nein, er wird eine ganze Stadt bauen, die er vom ersten Tag an zu Ehren seines Namenspatrons und der von ihm verehrten Holländer Sankt-Piters-Burch nennt.

Mit ungeheurer Geschwindigkeit wachsen die Mauern aus dem für ein solches Projekt denkbar ungeeigneten Gelände. Sumpfig und viel zu tief gelegen ist das Delta des kurzen Newaflusses, über den der Ladogasee in die Ostsee entwässert, mückenverseucht in den kurzen, heißen Sommern und ständig vom Hochwasser bedroht. Zwei, drei Meter muss die Erde aufgeschüttet werden entlang der beiden Ufer, und dann will niemand dort wohnen. Aber der Zar hat nur seinen Ostseehafen vor Augen, den wird er sich schaffen und mit Klauen und Zähnen verteidigen bis zum Jüngsten Tag.

Unterstützer findet er wenige. Auch sein maritimer Spleen, sein Ehrgeiz, Russland eine Flotte zu geben, wird von kaum jemandem geteilt. Die Söhne der Landadligen haben bessere Ideen, als mit den Ratten zusammen übers Meer zu segeln. Immer rigider werden die Ukasse, mit denen Peter Geld, Material und Arbeitskräfte für den Bau der Stadt zusammentrommelt. Die Mythen, nach denen die Stadt auf den Knochen Zehntausender Leibeigener errichtet ist, mögen übertrieben sein, aber Enthusiasmus und freier Wille allein waren nicht am Werk. Jahr für Jahr mussten die Bewohner eine festgesetzte Zahl behauener Steine abliefern, Steinmetzen aus dem ganzen Reich wurden an die Newa beordert, schließlich wurde für mehrere Jahrzehnte der Bau von Steinhäusern in allen anderen Städten untersagt.

Diese Maßnahmen machten das Projekt nicht populärer. Peter, entnervt und ungehalten über den schleppenden Baufortschritt und den Mangel an Begeisterung, unternahm 1710 schließlich das, was russische Herrscher, die ihren Willen nicht durchsetzen konnten, immer wieder getan haben. Er verließ Moskau, kommandierte Hof und Regierung kurzerhand nach Petersburg und machte seine Neugründung, die völkerrechtlich auf schwedischem Territorium lag, de facto zur russischen Hauptstadt.

Da saßen nun die Bojaren im ewigen Moskau ohne Hof und Glanz, schon genug gebeutelt durch Peters Reformen und den Verlust ihrer Kaftane und Bärte, und mussten zusehen, wie Abenteurer, Deutsche aus dem Baltikum und Neureiche, die den kalten Sumpf nicht scheuten, sich um die verkannte Lichtgestalt scharten. Und Peter gab jedem zu verstehen, dass sein Hang zur Ostsee und zu der neuen Stadt im Sumpf alles andere als eine vorübergehende Laune war.

Grummelnd und widerwillig machten die alten Familien sich schließlich auf den Weg, wobei der Zar sie auch noch verpflichtete, entlang der granitgefassten Kanäle im Süden der Newa, in die sich allmählich der Sumpf entwässerte, nach Lage, Stil und Größe vorgegebene Steinhäuser zu bauen. Im Ergebnis war bereits gegen Mitte des 18. Jahrhunderts der Stadtkern auf dem linken Ufer in der Form, wie wir ihn heute vor uns sehen, errichtet. Es war die pure Autokratie, der wir eine der schönsten Städte der Welt verdanken.

Als das Ingermanland 1721 im Frieden von Nystad zu Russland kommt, hat Peter ein Spiel gewonnen, wie die Geschichte es nur Siegern verzeiht. Noch nach der Verlegung der Hauptstadt hätte Karl XII., dem lediglich eine fragile Allianz aus Sachsen, Polen und Russen gegenüberstand, seinen Besitz durch geschickte Friedensverträge retten können. Letzten Endes wurde dieser schwedische König, ohne dass er es wusste, der Garant von St. Petersburg – oder genauer: sein selbstsüchtiges, undiplomatisches und von verstiegenen Ehrbegriffen am Erkennen der eigenen Grenzen gehindertes Naturell.

Vergessene Geschichte. In den langen, hellen Sommernächten schlendern wir am Ufer der Newa entlang, zu unserer Rechten die Zugbrücken zur Wassiljewski-Insel, die sich nach Mitternacht steil in die Höhe recken, während im Westen noch ein feiner, roter Schimmer über dem Horizont liegt, die Quais prallvoll mit jungen Menschen, Lachen und Ausgelassenheit in der Luft.

Auf dem Dekabristenplatz, dem früheren Senatsplatz, vor der gelb-weißen Fassade des alten Senats – so endlos viel Gelb-Weiß in dieser Stadt –, steht starr der Kupferne Reiter. Im Deutschen nennt man ihn den ehernen, beides unkorrekte Bezeichnungen für die bronzene Statue, die Peter zu Pferde zeigt, das Tier in der hoch aufgerichteten Levade, ihm zu Füßen die Schlange, nach gängiger Auslegung das besiegte Schweden oder dessen König. Der grob zugehauene, riesige Granitsockel, der Peter, Pferd und Schlange trägt, ist der schwerste je von Menschenhand bewegte Stein. Auf der linken Seite sind die Lettern *Petro Primo / Catharina Secunda / MDCCLXXXII* in dem Stein verankert – Peter dem Ersten / Katharina die Zweite / 1782.

Eine großartige, atemberaubende Widmung, Bescheidenheit in ihrer hoffärtigsten Form. Die deutsche Zarin hat sich sichtlich wohlgefühlt auf ihrem Thron.

An der Rückseite der Admiralität entlang führt uns der Weg zurück zum Beginn des Newski-Prospekts und dort nach links in eine schmale, kurze Gasse, gesäumt von klassizistischen Häuserfronten, die dennoch Große Meeresstraße heißt. Gut hundert Meter, dann öffnen sich zwei kolossale Triumphbögen, die den weit geschwungenen Flügeln des alten Generalstabsgebäudes als Scharnier dienen.

Jenseits der Bögen überfordert das ungeheure Panorama schier die Augen, so riesig liegt der Palastplatz vor uns. Die Alexandersäule in seiner Mitte trägt auf ihrer Spitze einen Engel, der zwei Revolutionen zu seinen Füßen, Lenin, Stalin und Hitler überlebt hat. Sie ist aus rotem Granit gehauen, ein Monolith, sechshundert Tonnen schwer, der ohne jede Verankerung auf seinem Sockel steht. Jenseits schließt die breite grüne Front des Winterpalais den Platz zur Newa hin ab. Die grüne Farbe passt zu seiner Jahreszeit, dem Winter. Nur im Sommer, zumal in den dämmerhellen Nächten, wünscht man sich das Gelb-Weiß der anderen Gebäude auf die von tausend Pilastern unterbrochene Fassade.

Aber es gibt nicht nur das Petersburg der glänzenden Paläste. Da hockt noch ein anderes im Dunkel hinter dem Heumarkt, in den Bögen des Gribojedow-Kanals und den Vororten jenseits der Fontanka. Es ist das Petersburg der traurigen Existenzen, von denen auch der Kommunismus die Stadt nicht befreit hat. Es gibt zu viele davon. Auch zu viele verwinkelte Speicher, Hinterhöfe von Hinterhöfen von Hinterhöfen, alte, feuchte Kellerkneipen. Mit den *Kommunalki*, den staatlich zugewiesenen Gemeinschaftswohnungen, drang das Übel wie ein Krebsgeschwür in die vormals bürgerlichen Viertel ein.

Um die Not nach den Weltkriegen zu lindern, wurden die weitläufigen Etagen der verhassten Bourgeoisie auf proletarisches Maß gestutzt; getrennt durch dünne Wände, die manchmal nicht einmal zur Decke reichten, bewohnten acht Familien sechs Zimmer, teilten sich Bad und Küche. Da dauerte es nicht lange, bis die Parteien ihre trüben Tage in Zank, Gekeif und wodkaseliger Versöhnung zubrachten; viele Erwachsene erinnern sich nur mit Grausen an die Lebensbedingungen ihrer Kindheit. *Fenster nach Paris (Okno w Parish)*, das ist der Name einer schön-schrecklichen Filmkomödie im Geist der Perestroika, die Anfang der neunziger Jahre mit russischem Galgenhumor gedreht wurde. In einer Petersburger Kommunalka stirbt eine einsame, alte Frau, die abgesondert mit ihrer Katze im hintersten Zimmer eines langen, dunklen Korridors wohnte. Gierig durchsuchen die ärmlichen Nachbarn das Zimmer nach ihren paar Habseligkeiten. Dabei entdecken sie in der Rückwand eines schweren, uralten Kleiderschranks ein Fenster, aus dem der Blick in eine belebte Gasse geht, mit Häusern unter fremdartigen Mansarden und Giebeln.

Wie kommt ein Fenster an diese Stelle der Wand? Die Nachbarn öffnen es, warme Luft strömt herein, sie hören Musik.

Direkt unterhalb des Fensters erstreckt sich ein flaches Dach, sie steigen hinaus und über die Feuerleiter hinab auf die Straße. Es ist die Kreuzung zweier schmaler Gassen. An der Hausecke gegenüber sitzen Menschen vor einem Bistro, ein Mann dreht seinen Leierkasten, Liebespaare lachen und küssen sich ... Sie sind mitten in Paris.

Wer wissen will, was für ein Petersburg der Kommunismus hinterlassen hat, Stalins »neue Menschen« inbegriffen, der sollte sich diesen Film ansehen. Die Zeit fliegt. Den jungen Russen in ihren Zwanzigern bedeuten die Bilder schon heute nichts mehr; man muss ihnen erklären, wie ihre Eltern aufgewachsen sind, und sie verstehen es nicht.

Das kaputte, armselige, heruntergekommene, sich im Suff betäubende Petersburg hat den Glanz der Bälle und Partys stets begleitet, ein *memento mori*, zu leise, um im Trubel zur Geltung zu kommen. Das Land ist groß, das Leben ist kurz, und wem geht schon das Schicksal seiner Mitmenschen nah? Für Nächstenliebe und Caritas gibt es russische Wörter, aber sie werden selten benutzt.

Es gibt in Russland eine Tradition der Selbstbehinderung. Die Bürokratie und die Beamten machen es allen schwer, und die Menschen machen es sich gegenseitig schwer. Einen wirklichen Rückhalt bieten in den allermeisten Fällen die Familie und der enge Freundeskreis. Wo gibt es das schon, dass man Ausländern gegenüber, solchen aus Europa jedenfalls, freundlicher auftritt als seinen eigenen Landsleuten? In Russland ist das gang und gäbe, und sogar Russen, die lange im Westen waren, akzeptieren als gottgegeben, dass man sie in ihrer Heimat wie zweitklassige Menschen behandelt. Was will man auch ändern in diesem Land, in dem selbst der Zar seinen Willen nur mit brachialen Mitteln durchsetzen kann?

Wenige Literaten haben die traurigen Existenzen, die Gescheiterten und Gestrandeten, Halbbegabten und geborenen Taugenichtse so genial zu Instrumenten ihrer Weltauslegung gemacht wie Fjodor Michailowitsch Dostojewski, dem wir einen der bitter-schönsten Romane verdanken, *Verbrechen und Strafe* oder, wie früher übersetzt, *Schuld und Sühne*.

Es ist das Hohelied, in dissonantem Moll, auf knapp einen Quadratkilometer St. Petersburg, eine Fläche unmittelbar im Nordwesten des Gribojedow-Kanals, des mittleren der drei großen Kanäle am linken Newa-Ufer. Wie um eine vormalige Schanze biegt das Kanalbecken dort in einem Winkel um den Stoljarny pereulok, die Tischlergasse, und seine Querstraßen. In einer davon, der Kasnatschejskaja uliza, hat Dostojewski jahrelang hintereinander in drei verschiedenen Wohnungen gelebt und, im Haus Nummer sieben, den Roman fertiggestellt.

Einem Puzzlespiel gleich fügt sich dessen Geographie in den Raum zwischen Mojka und Katharinenkanal, dem erst die Kommunisten den Namen des im 19. Jahrhundert in Teheran ermordeten Diplomaten und Dramatikers Gribojedow gaben. Raskolnikow, der Held des Romans, hauste in einem engen Loch im Dachgeschoss des Hauses Stoljarny pereulok Ecke Graschdanskaja uliza; die Beute nach dem Doppelmord an der alten Wucherin und ihrer unschuldigen Schwester war unter einem Stein im Hof des Wosnesenski-Prospekts Nummer drei versteckt; die K***-Brücke ist die Kokuschkin-Brücke, die Verlängerung des Stoljarny pereulok über den nahen Kanal ... Der Roman liest sich wie eine Schnitzeljagd.

Es geht jedoch um mehr als um stupides Sammeln von Fakten und Orten. Mitte des 19. Jahrhunderts begann die lange Vorbereitung auf den Umbruch, der Russland bevorstand. Die Leibeigenschaft war 1861 aufgehoben worden, sozialistische Ideen von Kommune und totaler Gerechtigkeit fanden Verbreitung, der ganze Unterbau der Gesellschaft begann ein Eigenleben, das ihn weiter und weiter fort führte von den Adelspalais, deren Reihen nur wenige hundert Meter entfernt die Kanäle säumten. So wie der größte Teil der Intelligenz geriet auch Dostojewski in den Bann der neuen Ideen. Zeitlebens gefiel ihm die Nähe der Angeschlagenen und Zerstörten, die immer der beste Spiegel sind, uns den Scherbenhaufen dieser Welt zu zeigen. Und beschädigt war er selbst: Große Summen gingen durch seine Hände, das Schreiben guter Romane war einträglich, doch am Spieltisch verflog das Geld zu nichts.

Dostojewski wohnte in ihrer Mitte. Der Stoljarny pereulok war eine der alkoholisiertesten Gegenden der Stadt: 1865 gab es in den sechzehn Häusern der einen Gasse achtzehn Kneipen, auf russisch *Kabaki* genannt, Bier- und Wodkaschwemmen, ein guter Teil davon im Kellergeschoss. Die Treppen, die direkt vom Trottoir hinunterführen, sind größtenteils noch vorhanden.

Wer Kontakte zu einheimischen Studenten der Literaturwissenschaft hat oder auch nur schlau zu googeln versteht, findet rasch einen Tourguide durch Dostojewskis Unterwelt. Der halbe Tag und die paar Rubel sind eine lohnende Investition. Wen es nie nach Russland verschlägt, dem muss die Lektüre des Romans genügen. Gogols Hauptwerke als Draufgabe, und alle Brüche und Klüfte dieses Landes, dessen Wunschbild von sich selbst umso größer ausfällt, je kürzer es in Wirklichkeit tritt, liegen ausgebreitet vor uns. Schwere Kost, und die Lauen und Laschen können sich das Thema sparen.

Waren die Emporkömmlinge der petrinischen Epoche die Avantgarde des großen Jahrhunderts an der Newa, so wurde die Nachhut von den Dekabristen gestellt, deren idealistische, hilflose Offiziersrevolte Ende Dezember 1825 auf dem Senatsplatz in Petersburg ein weiterer Beweis für das unpolitische Naturell der russischen Elite war.

Keine hundertfünfzig Jahre nach Peters Aufbruch war Russland aus seiner randständigen Existenz erwacht und erlöst, war es nicht mehr die Heimat der Hyperboreer, der lebenden Schatten im kalten Land hoch im Norden. Jetzt gehörte es zum Kreis der Siegermächte, seine Armee hatte dem Genie Napoleon an der Beresina das Genick gebrochen, und sein Volk war im Glanz des europäischen Zeitalters angekommen.

Das restliche 19. Jahrhundert brachte eine künstlerische Blüte ohne Beispiel, war aber gleichzeitig geprägt von Zaren ohne Phantasie, von wachsender Instabilität der gesellschaftlichen Strukturen und der Unfähigkeit der Eliten, Russland in eine bürgerliche Gesellschaft umzuwandeln. Dabei waren, wie immer in diesem Land, das menschliche Potential und die Bereitschaft mehr als vorhanden.

»Während meines Aufenthalts im Ausland habe ich die Zustände in Russland erkannt und ihre Mängel«, bekennt freimütig ein russischer Offizier und Teilnehmer an den Befreiungskriegen nach seiner Verhaftung 1826. »Nach meiner Rückkehr wusste ich: das einzige Hindernis für die Annäherung der Stände und überhaupt für die Entstehung einer russischen Gesellschaft ist die Leibeigenschaft.«[*] Es ist der Stabskapitän Iwan Dmitrijewitsch Jakuschkin, einer der Mitbegründer des Geheimbundes, den 1816 sechs junge Offiziere unter dem Namen »Union der Rettung« ins Leben gerufen hatten. Diese »Union« war der erste einer Reihe ähnlicher Bünde, die bis zu dem eigentlichen Aufstand Ende 1825 wie Pilze aus dem Boden schossen. Ein Bund, wie es in den Statuten hieß, für treue und wahrhaftige Söhne des Vaterlands.

Wenn es einen aufrechten, wahrhaftigen Menschen gab, dann diesen Jakuschkin, Sohn eines Gutsbesitzers aus dem Gouvernement Smolensk. Erzogen von deutschen und französischen Hauslehrern, trat er mit siebzehn Jahren in die Leibgarde des Semjonow-Regiments ein, kämpfte ein Jahr darauf bei Borodino, wo er sich das Silberne Georgskreuz verdiente, und verfolgte Napoleon mit der alliierten Armee durch die Schlachten bei Lützen, Bautzen und Kulm bis nach Leipzig und Paris.

[*] Übersetzung Th. F.

Wie elektrisiert war Europa gewesen, ein ganzes Vierteljahrhundert lang. Die Revolution in Frankreich hatte Wellen von Schock und Hoffnung in die hintersten Winkel gespült; in allen Provinzen des Kontinents kursierten die neuen Ideen von der Gleichheit unter den Menschen, der Freiheit im privaten und öffentlichen Handeln, der Brüderlichkeit im Umgang miteinander. Wem unter den jungen Offizieren die politische Theorie weniger wichtig erschien, dem klang immerhin noch der Schlachtenlärm im Ohr, die Erinnerung an die Kavallerieattacken, stampfende Hufe im Kugelhagel, der Puls hoch vor Lust, Angst und Drang.

Und plötzlich, 1815 mit dem Wiener Kongress und der Heiligen Allianz, war alles wieder wie zuvor und auf ewig unverrückbar. Der großen Mehrheit im russischen Volk war es recht, aber es gab die anderen, die spürten, dass in den hochfahrenden Plänen der Pariser Revolutionäre auch für Russland eine Botschaft, eine Kraft für die Zukunft lag.

Diese anderen, das waren vor allem die jungen Herren Offiziere. Sie hatten gelesen und gelernt, vieles verstanden und waren hungrig nach neuem Wissen. Und sie wollten gefragt und gehört werden. Nicht das Zarentum wollten sie abschaffen, sondern die Selbstherrschaft, die Autokratie. Wen der Kaiser als Offizier in seinen Kriegen sterben ließ, den sollte er auch im Frieden um Rat fragen, und das nicht nach Gutdünken, sondern als Pflicht.

»Bei unseren Gesprächen ging es um die Lage der Nation«, gibt Jakuschkin zu Protokoll, nachdem sie ihn in Ketten gelegt haben in der Peter-und-Paul-Festung, »um die Missstände in unserem Vaterland: das rückwärtsgewandte Volk, die Leibeigenschaft, den grausamen Wehrdienst, der fünfundzwanzig Jahre Zwangsarbeit bedeutet, die allgegenwärtige Korruption und die offensichtliche Verachtung der Menschen überhaupt.«[*]

[*] Übersetzung Th. F..

Die »Union der Rettung« besitzt ein klares, festgeschriebenes Ziel: eine Verfassung und bürgerliche Freiheiten. Und sollte der Zar, in jenen Jahren noch Alexander I., seinem Volk keine unabhängigen Rechte gewähren, dann, so beschließen sie, würden die Offiziere der Union seinem Nachfolger die Anerkennung verweigern.

Es sind Hirngespinste. Kein Zar in der langen Reihe vom ersten Alexander bis zum letzten Nikolaus dachte auch nur daran, sich ernsthaft durch eine Verfassung knebeln und binden zu lassen. Diese Haltung wurde von der überwiegenden Mehrheit der Aristokratie und vom Hofadel gestützt. Es gab zwar auch Repräsentanten dieser Kreise, die weiter sahen und weiter dachten, darunter einige blitzgescheite Romanows, aber die mussten längst schon an zwei Fronten kämpfen, gegen das unüberwindbare Beharrungsvermögen der Konservativen und gegen die immer radikaler werdenden künftigen Revolutionäre.

So verspielte das zaristische Russland die Chance, das Fundament für eine moderne Gesellschaft zu legen. Das hatte auch damit zu tun, dass Politik im eigentlichen Wortsinn gar nicht erst betrieben wurde. In den westlichen Demokratien gab es schon im späten Mittelalter erste Parteibildungen. Bei Hofe und im Bürgertum der Städte formierten sich Gruppen entlang der aktuellen Frontlinien der politischen, dynastischen oder religiösen Themen. Die erforderliche Öffentlichkeit – auch wenn sie nur eine schmale Aristokratie umfasste – wurde dem Herrscher abverlangt.

In Russland wirkte (und wirkt) eine andere Tradition. Kraft und Stärke, Geschlossenheit und eine einheitlich auftretende Führung sind wichtiger als die Bestimmung des richtigen Handelns im offenen, kreativen Diskurs. Was in den westlichen Demokratien als ineffizient und nicht erfolgversprechend erscheint – der Ausschluss der Öffentlichkeit –, gilt in Russland als Pflicht und Tugend der Herrschenden. Bloß nicht das Staatsvolk mit den ewigen Streitereien nerven. Man soll nun aber nicht glauben, in der russischen Politik herrsche blinder Gehorsam oder es gebe keinen Disput der Fraktionen, Interessengruppen und Parteien. Im Gegenteil. Aber das Spiel findet auch heute noch hinter den Kulissen statt.

Nur so konnte im Kalten Krieg auch jene fremdartige Wissenschaft entstehen, die Kremlologie genannt wurde. Ohne Ende haben westliche Politiker und Journalisten damals herumgerätselt, welcher inhaltliche Schwenk bevorstand, wer *in* war und wer *out*, wer mächtig war und wer Frühstücksdirektor. Sie strichen die Zeilen durch und lasen dazwischen, warteten auf Rauchzeichen über dem Senatsgebäude und studierten die Sitzordnungen der Staatsbankette.

Die Bewegung der Dekabristen, die sich immerhin über ein ganzes Jahrzehnt erstreckte, passte in dieses Schema. Geheimbündelei ist das Gegenteil von offener Politik; das Geheime ist die Verlängerung des Privaten ins Extrem. Heute würde man die jungen Offiziere, diese Mischung aus heißen Herzen und Dilettantismus, die der Stabskapitän Jakuschkin so exemplarisch verkörperte, wahrscheinlich als Gutmenschen bezeichnen. Der fatale Dezembertag 1825, der außer blutrotem Schnee auf dem Petersburger Senatsplatz wenig übrigließ, war nur eine weitere Fußnote auf dem tränenreichen russischen Weg.

Bezeichnend war die Reaktion der Geheimbündler auf die durchaus liberale Verfassung, die Zar Alexander I. als König des 1815 entstandenen Rumpfstaats Kongresspolen seinem polnischen Königreich gewährte. Anstatt für ihr Vaterland analoge Verhältnisse zu verlangen, waren viele Russen aufgebracht über die vermeintliche Großzügigkeit. Die Gerüchte jagen einander: Der Zar beabsichtige, den Polen russische Gouvernements zu überschreiben, ja er trage sich sogar mit dem Plan, seine Hauptstadt nach Warschau zu verlegen.

Die jungen Offiziere, die auf ihren Versammlungen Bürgerrechte, Abschaffung der Leibeigenschaft und Einschränkung der Autokratie fordern, sind entsetzt über den vermeintlichen Verrat. Bei einem Treffen von fünf Mitgliedern der »Union« in Moskau im Spätherbst 1817, als vorgeschlagen wird, durch das Los denjenigen zu bestimmen, der das Land durch einen Zarenmord von seinen Leiden erlöst, springt der dunkelhaarige Iwan Jakuschkin, der sonst immer freundlich, ernst und in sich gekehrt ist, auf und erklärt mit glühenden Augen, dass dieser Vorschlag zu spät komme. Er, Jakuschkin, sei bereits fest entschlossen, sich ohne jedes Los für dieses Ziel zu opfern. Von niemandem werde er sich diese Ehre nehmen lassen. In wenigen Tagen komme die Zarenfamilie nach Moskau, die Garde sei schon eingetroffen, da werde er mit zwei geladenen Pistolen an die Majestäten herantreten, mit einer Kugel den Zaren, mit der zweiten sich selbst töten.

Die Runde ist sprachlos; jetzt erst begreifen die anderen vier Männer, in welche Gefahr sie allein durch diese Worte geraten sind. Bis ins Mark erschrocken, beginnen sie auf Jakuschkin einzureden. Er dürfe so nicht sprechen; unmöglich könne er das ernst meinen; nicht einmal in Gedanken dürfe man einen Zarenmord erwägen.

In der Tat war das Thema in Russland mehr als tabu; auch für Tyrannenmord gab es seinerzeit keine moralische Sanktion. Der Aufstand gegen die monarchische Macht war ein Sakrileg. Schon die Absetzung des englischen Königs Karl I. durch das eigene Parlament 1646 hatte zur Ausweisung aller englischen Kaufleute aus Russland und zur Aufhebung des Handelsmonopols der *Muscovy Company* geführt.

Das alles bedeutet nicht, dass der Zarenthron kein Risiko für Leib und Leben barg. Regelmäßig starben Zaren und Zarewitsche eines unnatürlichen Todes, sei es von der Hand ihrer Väter oder Verwandten oder, mit deren stillschweigender Billigung, von der Hand der Hofaristokratie. Ein Zarenmörder aus den Reihen des Volkes oder des niederen Adels war jedenfalls undenkbar.

Einen ganzen Tag lang beschwören die Freunde Jakuschkin, Abstand zu nehmen von seinem hochfliegenden, landesverräterischen Plan. Am folgenden Abend lenkt er schließlich ein, verkündet enttäuscht seinen Austritt aus der »Union der Rettung«, nur um kurze Zeit später erneut dabei zu sein. Ein treuer Freund mit einem strengen Gewissen und tiefer Liebe zur Wahrhaftigkeit, aber mit einem schwachen Charakter, impulsiv, beeinflussbar und ineffizient.

Zu dem Versepos *Eugen Onegin*, das Alexander Puschkin veröffentlicht, als die Dekabristen längst in der sibirischen Verbannung sind, gehört ein vom Dichter zeitlebens geheimgehaltenes zehntes Kapitel. Puschkin war mit dem Kern der Verschwörer in den frühen Jahren um 1817 bestens bekannt; das mythenumwobene zehnte Kapitel dreht sich um die Ereignisse jener Zeit. Dass dem Dichter seine enge Beziehung zu den Unionisten nicht zum Verhängnis wurde, verdankt er neben viel Glück einem gesunden Instinkt, der ihn früh verstehen ließ, in welchem Ausmaß das Unterfangen der paar Aufrechten zum Scheitern verurteilt war. In dem 1949 aufgetauchten Kapitel schildert er in Strophe 15 eine Zusammenkunft der Verschwörer:

Ein Freund des Mars, des Bacchus und der Venus,
schlug Lunin grob
entschiedene Schritte vor
und murmelte beseelt.
Es las aus seinen Zeilen Puschkin,
und der melancholische Jakuschkin,
schweigend, so schien es, entblößte
den zarenmörderischen Dolch.
In aller Welt nur Russland sehend,
zog es ihn zu seinem Ziel.
Der hinkende Turgenjew, Hasser der Sklavenpeitsche,
hörte zu,
und in dem Haufen Adel
sah er die Befreier der Bauern.*

* Übersetzung Th. F.

Jakuschkins jahrzehntelange Verbannung beginnt in Tschita, in einem Arbeitslager nördlich der chinesischen Grenze in Ostsibirien. Es ist dasselbe Tschita, in dessen Nähe auch der einst reichste Russe einige Jahre lang einsaß, Michail Borissowitsch Chodorkowski. Auch er ein Mann, dessen Ambitionen der Obrigkeit nicht mehr tragbar schienen.

Trotz aller Bittgesuche ihrer hochgestellten Verwandtschaft verweigert der Zar Jakuschkins junger Frau, einer Gräfin Scheremetjewa, die Reise in den Fernen Osten. Erst dreißig Jahre später, die Gattin ist lange schon unter der Erde, dürfen seine Söhne den schwerkranken Mann nach Moskau holen, wo er binnen weniger Monate stirbt.

Sechshundert junge Offiziere, erzogen im Geist der Aufklärung, die meisten kriegserfahren und gereift, hat der Zar für den Rest ihres aktiven Lebens nach Sibirien geschickt. Die Energie, die Kreativität, die dem Land mit seiner traditionell dünnen Elite damit verlorenging, ist unermesslich. Ein Teil davon ist zumindest Sibirien zugute gekommen, wo die Dekabristen einen nachhaltigen Zivilisationssprung bewirkten.

Einige haben im Exil überhaupt erst ihre Bestimmung gefunden, jenseits von falschen Zielen, Stand und Reichtum. Jakuschkin selbst entpuppt sich in seiner zweiten Lebenshälfte als begeisterter Lehrer, baut im Gouvernement Tobolsk eine Jungenschule auf und experimentiert erfolgreich mit neuen, westeuropäischen Methoden. Ein Porträt wenige Jahre vor seinem Tod zeigt einen freundlichen Mann mit aufmerksamen, großen Augen, einen Schuldirektor, der alles andere als unglücklich wirkt. Seine Heimat, seine Frau, die Söhne, den Besitz und das, was man bürgerliche Ehre nennt, hat er längst verloren. Etwas Neues muss an ihre Stelle getreten sein.

Mit dem Scheitern der Dekabristen ist der große Aufbruch Russlands in die Welt, der mit Peter I. begonnen hatte, vorüber. Vom Sieg über die Schweden bis zum Einzug in Paris spannt sich die glorreiche Petersburger Zeit; danach wird restauriert, verteidigt, geklammert. Eine Reihe mediokrer Zaren erscheint und verschwindet, so als habe die Dynastie plötzlich Angst vor ihrer eigenen Vergangenheit. Musik, Malerei und Literatur blühen, aber politisch herrschen enge, fast kleinbürgerlich furchtsame Verhältnisse in einem imperialen Gewand.

Alexej Razumovsky, der geheime Zarengatte, und Iwan Jakuschkin, der verhinderte Zarenmörder, stehen wie Buchstützen zu beiden Seiten derselben Epoche. An ihrem Beginn setzt ein Zar dazu an, die Gesellschaft zu überholen, die starrsinnigen Bojaren mit ihren Bärten und ihrem ewigen konservativen Jammer. Peter und seine Nachfolger nehmen, wen sie finden, Hauptsache die Person kann und will etwas, und sei es wunderbar singen und ein schöner Mann sein.

Am Ende dagegen überholt die Gesellschaft ihre Zaren. Das Offizierskorps ist von den revolutionären Ideen des Westens angesteckt; der Widerstand gegen die als unwürdig empfundene Leibeigenschaft wächst. Zarenmord wäre ein Ausweg, aber die Zeit ist noch nicht reif, noch wirken die alten Tabus. Es dauert fast drei Generationen, bis sich der Unwille in neuen Geheimbünden formiert, jetzt schon fern von Hof und Aristokratie, und der erste Herrscher einem Mordanschlag aus dem Volk zum Opfer fällt.

Razumovsky und Jakuschkin verkörpern, jeder auf seine ganz eigene Weise, zwei Aspekte ihrer kollektiven Seele. Der eine: meteorische Geschwindigkeit, Wahrhaftigkeit im Denken, die Kraft, man selbst zu sein. Der andere: halbe Sachen, Abseitsstehen aus Unentschlossenheit.

Für uns Deutsche ist es leicht, einen Standpunkt zu haben und entschieden zu sein. Wir wissen, hinter Bergen liegen Täler, die Grenzen sind nah, und wir kennen jeden Teich. Aber was macht man in einem Zauberland, das den Nordpol berührt, in einer Stadt, deren Nächte im Sommer weiß und deren Wintertage trüb und dunkel sind; einer Stadt, die in ihren dreihundert Jahren so viel Glanz und Blut gesehen hat, so viel Hunger, so viel Hoffnung – einer Stadt, in der Geschichte ihrem eigenen Rhythmus folgt und Tatsachen so unwirklich sind wie ein Kunstwerk.

Sankt-Piters-Burch ist ein Kunstwerk.

Und alles geschieht gleichzeitig und nie.

XI.
PELMENI, PLOW UND CHATSCHAPURI

Mein Freund Wladimir Sergejewitsch, Wolodja genannt, ist schon seit mehr als zwanzig Jahren in Pension. Davor war er Nuklearphysiker, heute verdient er sich ein mageres Zubrot als Redakteur einer Moskauer Jagdzeitschrift. Wolodja ist Jäger und Angler. Er ist das Paradebeispiel eines Menschen, von dem man sagt, er sei aus einem Guss – im konkreten Fall mit der Ausnahme zweier metallener Hüftgelenke, die sie ihm vor Jahren eingepflanzt haben. Das sei vom Skilaufen gekommen, behauptet er, er habe es übertrieben, Langlauf und Wettkämpfe bis weit über vierzig, jetzt seien die Hüften dahin.

Er ist bestimmt schon siebzig, klein, drahtig, immer gut gelaunt mit einem Netz aus Falten im Gesicht. Darin blitzgescheite Augen, in denen der Schalk funkelt. Wer wissen will, wie man seine Seele gesund durch schwere Zeiten bringt, mit viel Humor und wenig Geld, mag sich ein Beispiel an ihm nehmen.

In der alten Zeit, vor 1990, hat er jeden Herbst im Altaigebirge weit hinten in Sibirien drei Monate lang Eichhörnchen gejagt, von September bis November, große *Belki-Teleutki* von silbergrau-aschblauer Farbe im jungen Winterkleid, mit roten Pinselohren und einem buschigen Schweif. Deren Pelze waren schon im Mittelalter ein Exportschlager. An den westeuropäischen Höfen, wo sie unter dem Namen Feh gehandelt wurden, erzielten sie höhere Preise als Hermelin.

Bis zum Ende der Sowjetunion existierte der Staat als Aufkäufer von Fehpelzen. Im Herbst, kaum dass den putzigen Tierchen der Winterpelz gewachsen war, durchstreiften Trapper wie Wolodja die Berge des Altai und die Wälder zwischen Ob und Jenissei. Ohne einer Menschenseele zu begegnen, nur mit Zelt, Beil, Flinte, Fallen, Haferflocken und Fett in der Kraxe, lebten die Jäger unter freiem Himmel und kehrten erst kurz vor Wintereinbruch heim, in guten Jahren beladen mit Hunderten Pelzen, zu stinkenden Bündeln geschnürt.

Der Erlös der Beute wog das Jahresgehalt auf, das Wolodja an seinem Institut verdiente, dazu kam die Befriedigung einer alljährlichen dreimonatigen Auszeit. Wer Glück hatte und mit Einsamkeit und wenigem zufrieden war, lebte auch im Kommunismus wie ein Mensch.

Allerdings galt es dafür, Herbst für Herbst drei Monate lang den Eichkatzen nachzustellen, täglich mindestens ein halbes Dutzend in Fallen zu locken oder mit schwachem Schrot zu erlegen, sie auszuweiden, abzubalgen und dann abends im Licht des Lagerfeuers zuerst die Felle von Fleisch, Blut, Fett zu reinigen und sie danach mit Weidenästen zum Trocknen aufzuspannen.

Kein Wunder, dass Wolodjas Jagdleidenschaft für die restlichen neun Monate gestillt war. Gegessen, sagt er, habe er die Tiere nie. Ohnehin isst er am liebsten Fisch, und seine Freizeit während jener Altai-Monate bestand daraus, nach der morgendlichen Jagd vor dem atemberaubenden, im September grünblauen, später braunroten Panorama der Berge an einem stillen, spiegelglatten See zu sitzen und zu angeln.

Wolodja ist der Meister der *Ucha*, der berühmten russischen Fischsuppe – und ich höre schon, wie er schimpft: Eine Ucha ist keine Fischsuppe.

Natürlich hat er recht. Eine Fischsuppe ist eine Fischsuppe – im Russischen *rybny sup* –, eine Ucha ist eine Ucha.

Als er mich zum ersten Mal seine Ucha probieren ließ, war das nicht im Altai, sondern auf einer winzig kleinen Insel in der Mitte eines Sees hinter Sapadnaja Dwina, am Ende eines langen, grasbewachsenen Feldwegs zweihundert Kilometer vor der lettischen Grenze südlich der Trasse Moskau-Riga. Dreimal musste ich das kleine Schlauchboot zu der einsamen Insel rudern, denn nur dort waren wir sicher vor Wilderern, Dieben und Fischereiaufsehern. Die Sonne berührte schon den Horizont, als die schweren Rucksäcke nebeneinander am hohen Ufer der Insel standen. Wolodja hatte das Zelt aufgebaut und hieb Pfähle für ein Dreibein über dem Lagerfeuer zurecht. Das schwere Beil führte er mit der Leichtigkeit eines Zwanzigjährigen. Als er bemerkte, dass ich mich vom Rudern ausruhte, deutete er wortlos auf die Angelruten und den leeren Alutopf.

Ich verstand seine Geste, spießte Würmer auf Haken und stieß das Schlauchboot im späten Licht durch den Schilfgürtel. Es war ein warmer, stiller Juniabend. Der See war fischreich, die Karauschen bissen, schließlich ein kleiner Hecht und der übliche Satz Barsche. Kein Laut hing unter dem hohen Sommerhimmel, nur das Zirpen der Grillen im Gras der Uferböschung und das Glucksen der Luftblasen, wenn sie die Wasseroberfläche brachen.

Der Speisezettel eines Landes ist wie ein kollektiver Fingerabdruck. Und was von den Regierungen behauptet wird, trifft auch auf die Nahrung zu: Ein Volk nimmt zu sich, was es verdient.

Die russische Küche ist reichhaltig, aber nicht reich. Es gibt ein Dutzend Klassiker, Nationalgerichte von kräftiger, bescheidener Natur mit begrenzten Zutaten – die Rede ist von den ursprünglichen russischen Nationalgerichten. An diesem schmalen Repertoire hängen die Menschen wie die Fans eines Fußball-Drittligisten an ihrem Verein. Pizzerias kommen und gehen, Sushi ist drei Sommer lang Mode, und für Fusion begeistern sich alle, weil keiner es versteht – aber im Grunde schlagen die Herzen für Blini und Cholodez, Borschtsch, Pelmeni und Salat Olivier. Wer nicht begreift, warum Deutsche im Ausland Kartoffelsalat und Würstchen bestellen, hat noch keine Russen erlebt, die am Roten Meer von Speck und Buchweizengrütze träumen.

Im Querschnitt der Küchengeschichte bilden die Suppen die unterste Schicht. Raffiniert, fortentwickelt, verfeinert und verdichtet bergen sie unsere Erinnerung an die Frühzeit, als alles, was unseren Vorfahren zur Verfügung stand, ein Loch war aus gestampften Lehm, Wasser und ein glühend heißer Stein. Dazu

Fisch, Fleisch, Gräser, Kräuter, Körner, Beeren ... bald auch Salz – ein langer Weg. Suppenkunde ist die Paläontologie des Kochens.

Schtschi, Soljanka und *Borschtsch*. Dazu die milchige *Okroschka*, die russische Variante des Gazpacho, der kalte, exotische Ausreißer für die heißen Sommerwochen.

Und schließlich die Königin *Ucha*. Es gibt sie in verschiedenen Stufen, mit jeder verbessert sich der Geschmack. Die einfache, bei der zweifachen wird Filet in einem Fond aus Fischabfällen gekocht, bei der dreifachen und vierfachen dienen die ersten Stufen lediglich der immer weiter auf die Spitze getriebenen Verfeinerung.

Was nach Palastküche und Peterhof klingt, kann ganz einfach sein. Als Beispiel das klassische russische Rezept einer zweifachen Ucha für Angler unter Birken im Ufergras, im Licht der Feuerstelle an einem Maiabend noch vor der alljährlichen Mückenplage. So hat Wolodja der Strenge sie zubereitet, vor Jahren auf der kleinen Insel hinter Sapadnaja Dwina.

Man nehme: Zander, Hecht, Schleie, Brassen oder andere Weißfische, doch weder Wels (zu fett) noch Bitterling, besser auch keine Plötzen, die ebenfalls leicht bitter schmekken, obwohl das seinen Reiz haben kann. An Gewürzen Salz und schwarze Pfefferkörner nach Geschmack, eine oder zwei ganze, ungeschälte Zwiebeln, ein Schnapsglas Wodka und Lorbeerblätter. Alles weitere verdirbt den Geschmack. Kartoffeln, Pilze, Getreide, Speck, Kräuter, Mayonnaise, saure Sahne, Schmorfleisch, Büchsenmilch und Trockenfrüchte gehören, so man unbedingt will, in eine Fischsuppe – nicht in die Ucha.

Die Fische müssen frisch gefangen sein. Ihr Geschmack lässt sich erheblich steigern, wenn man einen scharfen Schnitt quer zur Schwanzwurzel macht, die Tiere an einer Kinnschlaufe zurück ins Wasser gibt und langsam ausbluten lässt. Größere Fische müssen ausgenommen, brauchen aber nicht geschuppt zu werden; Barsche oder Kaulbarsche kann man im Ganzen hineingeben. Manche kochen sie lebend, aber das ist Quälerei. Bei großen Barschen reicht es, den Kopf abzuschneiden und das Gedärm herauszuziehen.

Ist das Lagerfeuer zur Glut zusammengesunken, sind die wertvolleren Fische schon lange gesäubert. Flossen, Schwimmblasen, Milch, Herz, Leber (vorsichtig auslösen, damit die Gallenblase nicht platzt), die übrigen Eingeweide und die abgeschnittenen Köpfe und Schwänze bilden die Spreu, das Kroppzeug, und das portionierte Muskelfleisch den Weizen.

Als erstes wandert das Kroppzeug in den hohen Henkeltopf, dazu die ungeschälte Zwiebel, Pfeffer, Lorbeerblatt und ausreichend kaltes Wasser. Dann kommt der Topf unter das hölzerne Dreibein am Feuer. Sobald die Flüssigkeit aufkocht und die Fischaugen weiß werden, nimmt man die Brühe vom Dreibein; besser wird sie schon nicht mehr. Zunächst werden die festen Rückstände mit einem Löffel entfernt. Fischköpfe, ausgekochtes Gedärm, Schuppen, Flossen, Gräten … Ist kein Löffel zur Hand, so tut es auch ein Stück Baumrinde. Um die flockigen Reste zu entfernen, taucht man ein glühendes Birkenscheit in die Brühe, es zischt, weiße Asche sinkt zu Boden, und das gelierte Eiweiß verschwindet wie durch einen Zauberstab. Die Brühe muss klar sein wie goldenes Glas.

Schließlich wird sie gesalzen, erneut über das Dreibein gehängt und kurz aufgekocht, dann läßt man vorsichtig die Filetstücke hineingleiten. Und nun zählt jede Sekunde. Zehn Sekunden je Zentimeter Fischfilet plus einmal dreißig für den Topf. Als letztes kommt das Glas Wodka dazu, kurz umrühren – fertig.

Jemand hat vorgeschlagen, die Gewürze in einem Gazesäckchen verschnürt in den Topf zu geben. Wolodja dazu: dann lieber alles in eine ungewaschene Socke; das erweitert auch das Geschmacksspektrum. Zehn Minuten sollte die Suppe stehen, derweil die zähesten Parasiten ihr Lebenslicht aushauchen. Sitzen dann alle ums Lagerfeuer, bekommt jeder einen Teller mit ein, zwei Gabelbissen Filet, einen Becher mit der Brühe extra, eine Scheibe Roggenbrot und fünfzig Gramm Wodka.

Egal, auch wenn es zwischenzeitlich regnet, jeder will eine zweite Portion und die zweiten fünfzig Gramm. Wetten?

»Auf die Ucha.«

Die Ucha lebt vom Fisch; Schtschi und Soljanka macht ihr saurer Geschmack zu dem, was sie sind. In der Regel steckt der Kohl dahinter, ein göttliches Gemüse, sofern man es nicht jeden Tag essen muss. Als Sauerkraut in Fleischbrühe gekocht wird er zum klassischen Schtschi. Von ihm unterscheidet sich wiederum die Soljanka durch die Zugabe von sauren oder gesalzenen Gurken, Oliven, Kapern und Zitronenscheiben. In den östlichen Bundesländern ist die Soljanka eine bleibende Hinterlassenschaft der sowjetischen Besatzungsmacht.

Dem Borschtsch gibt die Rote Bete seine leuchtende Farbe. Das in Deutschland lange Zeit verschmähte Gemüse hat eigentlich nur einen Nachteil: Es schmeckt immer nach sich selbst. Außerdem enthält Borschtsch nach Gusto Kohl, Kartoffeln oder Fleisch. Sein Name leitet sich übrigens vom russischen Wort für Bärenklau her, den die Rote Bete als Zutat wohl irgendwann verdrängt hat.

Soljanka, Schtschi und Borschtsch verlangen nach einem großen Löffel Smetana im Teller wie der Diabetiker nach Insulin. Ohne den fetten Klecks saure Sahne, deren fünfzehnprozentige Variante einem echten Russen als mager gilt, wird keine Suppe daraus.

Schließlich ist der Tisch bereitet. Das Roggenbrot ist frisch und duftig, der Wodka sauber und die Brühe hat lange genug gekocht. Im Wonnefall ist die Suppe überhaupt vom Vortag. Wenn der erste Löffel über die Lippen ist, dann versteht auch jeder Fremde, was das russische Imperium, korrupte Beamte, kalte

Winter und Luftverschmutzung hin oder her, im Innersten zu allen Zeiten zusammenhält.

Zahllose Variationen sorgen dafür, dass die slawischen Suppen stets ein Anlass für Streitereien zwischen Polen, Ukrainern, Weißrussen und Russen sind. Wem gehört welches Rezept, wo wurde es zuerst erdacht. Wer sich einmischt, wird wenig bewirken, außer dass er sich wahrscheinlich alle Gruppen zum Gegner macht. Angemerkt sei dennoch, dass Sauerampfer einen interessanten Kohlersatz darstellt.

Bodenständig schmecken die Suppen auf Kraut- und Rübenbasis, deftig, mit intensiven sauren und erdigen Geschmacksnoten. Kaum vorstellbar, Soljanka hoffähig zu machen; ihr Reiz liegt gerade in dem würzigen Kantinengeschmack, sauer wie der lange Alltag und halbtrocken das Brot dazu. Eine Soljanka im Drei-Sterne-Lokal geriete zur Eintagsfliege.

Da lässt sich mit der Roten Bete schon mehr anstellen. Ihr intensiver Geschmack, die Farbe zum Fürchten und die feste Konsistenz scheinen wie geschaffen für die Molekularküche. Wer sich da auskennt, der sieht im Geiste schon das Ergebnis. Auf einem jungen, abgezupften Blatt Roter Rübe liegt ein gläsernes Röhrchen. Der schmale, rote Kranz zeigt, welche Seite zwischen die Lippen gehört. Dann nur noch saugen wie an der Mutterbrust: das feste, tiefrote Gallert der gewürzten Bete als Avantgarde, dicht gefolgt von getrockneten Kohlspänen, dann zwei in hochreduzierter Bouillon badende Fleischfasern, eine feine Schicht gehackter Bärenklau und schließlich drei Tropfen hochprozentige Smetana. Die Finger einer Hand wedeln dazu den schmalen, in Wodka der Marke *Imperia* getauchten Papierstreifen unter der Nase, den der Kellner auf einer Schale aus bleichem Knochenporzellan reicht.

Aber erst die Ucha! Die Königin, zumal in ihrer drei- oder gar vierfachen Form, ist bereits ohne jede Verfremdung eine paradiesische Consommé, die sich von der klassisch französischen abhebt durch den Hauch der rohen Zwiebel und die Schärfe des Wodkas. Wenn es in Moskau irgendwann einmal ein echtes Drei-Sterne-Restaurant gibt (eines, das nicht nur so tut als ob), dann steht Ucha auf dem Menü.

England und Russland haben mehr gemein, als auf den ersten Blick offenbar ist. Richelieus verächtliches Diktum, England sei das Land der hundert Sekten und der drei Saucen, wäre auf Russland so nicht übertragbar – es gibt nicht genug Sekten. Dennoch hat die russische Küche genau wie die englische erst in späterer Zeit, genauer gesagt in der Kolonialzeit, an Vielfalt gewonnen. Die Kolonialisierung begann in beiden Ländern in der zweiten Hälfte des 16. Jahrhunderts, in England zur See, in Russland zu Lande.

Beide Staaten durchlebten eine Epoche voller sprudelnder, überschüssiger Energie – in England im Gefolge des beginnenden Kapitalismus, der den Einsatz der knappen Geldmittel revolutionierte, in Russland durch die Befreiung von der Mongolenherrschaft im Jahrhundert zuvor. Wie immer waren es Aufsteiger, geniale Emporkömmlinge, die die Gunst der Stunde erkannten. In England ein verwegener Pirat, ein Mann, der Ritter, Tod und Teufel nicht fürchtete und seiner Herrscherin den Weg zur Weltmacht ebnete – in Russland ein Kosak, finanziert von Salzmachern aus dem Bauernstand, der dem Zaren Sibirien erschloss.

Der Pirat hieß Francis Drake, und Elisabeth I. wusste genau, was für einen maßlosen Schuft sie 1581 in den Adelsstand erhob, aber Reichtum und Macht wachsen nicht auf den Schultern der Guten.

Der Kosake hieß Jermak Timofejewitsch, und niemand weiß, ob er auch einen Familiennamen hatte. Im Sommer 1580, als Drakes *Golden Hinde* beladen mit dem Raubgold der Spanier vor Westafrika nach Norden kreuzte, überquerte Jermak mit achthundert Bewaffneten die Grenze des tatarischen Khanats Sibir, das seinerzeit bis an die Wolga reichte.

Sechzig Jahre später standen die ersten russischen Kolonisten am Pazifik.

Unvorstellbare dreizehn Millionen Quadratkilometer, mehr als sechsunddreißigmal Deutschland in seinen heutigen Grenzen, wurden dem Russischen Zarenreich, das ohnedies schon der größte europäische Flächenstaat war, in weniger als einem Menschenleben hinzugeschlagen.

Woher die Energie, der Wille zu diesem plötzlichen Aufbruch, ohne Vorbild und ohne Not, wo doch die russische Politik seit der Befreiung von den Mongolen auf Konsolidierung und Abwehr gerichtet war. Das 16. Jahrhundert war eine der schillerndsten Phasen der russischen Geschichte, vor allem die Regierungszeit Iwans IV., des Schrecklichen, von 1547 bis 1584.

Vielleicht hatte Richard Chancellor dem Zaren 1554 von den unglaublichen Reichtümern jenseits aller Horizonte berichtet. Chancellor war Kapitän der in Archangelsk vor Anker liegenden *Edward Bonaventure*, und er hätte allen Grund dazu gehabt. Das Thema war in London zur Obsession geworden, seit wenige Jahrzehnte zuvor ein Wettrennen ausgebrochen war, wie es die Welt noch nie erlebt hatte. Mit kalter Eifersucht starrten die englischen Politiker auf die beiden Länder, die den Reichtum der Neuen Welt unter sich aufteilten: Spanien und Portugal. Ihr eigener Handel mit Kontinentaleuropa trug keine Früchte mehr. Verzweifelt suchten sie nach Wegen, den Iberern die Herrschaft abspenstig zu machen, brachen Freibeuterkriege in der Karibik vom Zaun und sandten Expeditionen auf die Suche nach neuen Absatzmärkten. Chancellors Reise, die ihn 1554 in das unbekannte Weiße Meer geführt hatte, diente diesem Zweck.

Ob der Zar nun durch das Beispiel der bewunderten Engländer auf den Geschmack gekommen ist oder nicht, plötzlich entdeckt er seine offene Flanke: den Ural und alles, was östlich ist. Statt wie besessen nach Westen zu starren, wo ihm die mächtige polnischlitauische Republik und im Süden der Türke nur Kummer bereiten, gibt er, wenige Jahre nach Chancellors Abreise, das Land östlich der Wolga, das gar nicht zu seinem Herrschaftsgebiet gehört, schrittweise zur Kolonisierung frei. Wie mittelalterliche Lehen, in Losen von der Größe ganzer Staaten, über die er gar keine Verfügungsgewalt besitzt, vergibt er die Gegenden links der Wolga bis zum Ural, später die fruchtbare Bergkette und ein paar Jahre darauf alles Land bis an die Ufer von Ob und Irtysch.

Die Resonanz unter den zaudernden, konservativen Bojaren kann nicht sehr groß gewesen sein – die ersten Lehen gehen alle an eine einzige Familie, und das ist keine aus dem Bojarenstand. Es sind Bauern aus dem Norden, die erst eine Generation zuvor mit der Gewinnung von Salz zu Geld gekommen sind, Aufsteiger, die sich durch Mut und Tatkraft auszeichnen, vor unbekannten Herausforderungen nicht zurückschreckend. Als die Parvenüs in einem genialen Schachzug 1566, ein Jahr nach Gründung der unter den Bojaren verhassten Opritschnina, auf die Seite des Zaren setzen, ja sogar ihr neuerworbenes Land der Opritschnina übertragen und dem Zaren zu persönlichem Eigentum geben, stehen sie endgültig in seiner Huld.

Die Salzbauern heißen Stroganow, und binnen zwanzig Jahren gehört ihnen alles Land zwischen Wolga und Ob, Hunderttausende Quadratkilometer zu beiden Seiten des Ural. Die Stroganows finanzieren die Errichtung von Garnisonen an Flussmündungen und Furten. Es ist eine Infrastruktur für Jäger, Fallensteller und Pelzhändler, vergleichbar der Erschließung Nordamerikas. Ungebundene, unabhängige und seit jeher unregierbare Kosaken, wie sie überall in den russischen Grenzregionen zuhause sind, Abenteurer, entlaufene Soldaten und Leibeigene, so sieht in den ersten Jahrzehnten das Kontingent der russischen Siedler aus.

Wie die Landsknechte in Westeuropa sind die wilden Horden zu Störfaktoren geworden; sie ziehen die Flüsse entlang, plündern, was es zu plündern gibt, und vergewaltigen und rauben die Frauen der Ureinwohner.

Verständlich, dass der Khan der Sibirer, Kutschum, dessen Land östlich von Ob und Irtysch liegt, sich gegen den zunehmenden Besiedelungsdruck auflehnt. Sein Khanat, das sich über tausend Kilometer bis an die Ufer des Jenissei im Osten spannt, ist wie das Krim-Khanat ein Fragment der mongolischen Weltherrschaft. Seit Jahrhunderten wohnen assimilierte Tataren neben sibirischen Ureinwohnern: Chanten, Mansen, Nenzen, Selkupen und anderen.

Nachdem Kutschum einige russische Forts geplündert hat, heuern die Stroganows den besagten Jermak Timofejewitsch für eine Strafexpedition an. Seinen eigenen fünfhundert Kämpfern stellen sie noch weitere dreihundert zur Seite; im übrigen geben sie den Kosaken freie Hand.

Binnen zweier Jahre wirft Jermak das sibirische Khanat nieder und legt alles Land dem Zaren zu Füßen – nur um es zwölf Monate später wieder an die Tataren zu verlieren, sein eigenes Leben obendrein. Aber das ist schon ohne Belang; der Hunger auf die riesigen Gebiete im Osten ist geweckt, und der Zar kommandiert inzwischen die stärkeren Bataillone.

Sibirien wird zu dem Mythos, der noch heute den Fernsehzuschauer in seiner warmen Couchecke fasziniert. Das kalte, weite Land, den längsten Teil des Jahres unter Schnee begraben und von einer Freiheit, die angst macht, ein Land für Eisbären und Russen. Und selbst die hat es nie groß nach Osten gezogen. Ohne Katorga, Straflager, Zwangsarbeit und Verbannung wären die Gebiete jenseits des Ural nur zu einem Bruchteil besiedelt.

In der Sowjetunion kam die Erschließung der Bodenschätze hinzu. Gehälter, die in Sibirien um das Drei- bis Vierfache über denen im europäischen Landesteil lagen, lange Ferien und ausgesuchte Bedingungen am Einsatzort – umgeben von Permafrost, monatelang ohne Sonnenlicht – waren selbst während der kommunistischen Diktatur unabdingbar, um Spezialisten anzulocken.

Auch heute findet, wer kein Bolschoi-Theater braucht und seine Ferien im chinesischen Hainan statt in Antalya verbringen kann, in Sibirien aufgeweckte, kundige Menschen, unter denen es sich leben lässt. Der genetische Mix aus Halsabschneidern, Kosaken, Dekabristen, Dissidenten, Altgläubigen, Polen, Deutschen und der Vielzahl indigener Völker hat dem Lande gutgetan. Auch die verängstigten, korrupten Weißpfötchen in ihren Amtsstuben, die den Menschen in der Hauptstadt das Leben sauer machen, spielen im kalten Osten eine viel geringere Rolle.

Und was tragen die Millionen Quadratkilometer zum russischen Speisezettel bei?

Der Legende nach vor allem die *Pelmeni*, die früher an den Schlachttagen zu Beginn der harschen Winter zubereitet und in frostiger Nacht tiefgefroren wurden. Gut geschützt vor Ratten und anderem hungrigen Getier blieben sie monatelang, bis in den Mai hinein, schmackhaft und frisch.

Pelmeni sind Nudeltaschen. Ihr Duft und Anblick zieht russischen Emigranten in der Fremde noch nach dreißig Jahren einen Tränenschleier vor die Augen. Hauchdünner Nudelteig, innen eine Mischung aus rohem Hack unterschiedlicher Herkunft, kunstvoll zu mondförmigen Taschen gewunden, die wenige Minuten in Wasser gekocht und mit Smetana und frischen Frühlingszwiebeln serviert werden.

Es sind die Chinesen, die Erfinder des Nudelteigs, auf deren Konto auch die schmackhaften gefüllten Taschen gehen. Alle ihre Nachbarn beherrschen ebenfalls die Kunst ihrer Zubereitung und haben sie erweitert mit eigenen Geschmacksakkorden und Erfindungen: die Mandu der Koreaner, die Tschutschwara der Usbeken, die Manti der Türken, die Pilmän der Tataren. Ob die Pelmeni ihren Weg in die russische Küche erst mit der Eroberung Sibiriens oder dreihundert Jahre zuvor im Gepäck der Mongolen gefunden haben, wird wohl für immer offenbleiben. Die weiteste Reise jedenfalls machte der Nudelteig vor über siebenhundert Jahren in den Satteltaschen des Marco Polo oder eines seiner Landsleute, die schließlich sogar das ferne, abgelegene Europa mit Nudeln und Nudeltaschen – Ravioli – beglückten.

Ein anderes Gericht wird niemand der Salzbauernfamilie streitig machen, nämlich das nach ihr benannte Rindergeschnetzelte. Mit Sibirien hat es allerdings nichts zu tun, eher mit der warmen Schwarzmeerküste, wo es um die Mitte des 19. Jahrhunderts im Palais des Grafen Alexander Grigorjewitsch Stroganow von einem unbekannten Koch erfunden wurde. Der Graf, der einige Jahre russischer Innenminister war, unterhielt in Odessa einen offenen Mittagstisch, so wie viele reiche Familien im Land, zu dem jedermann, auch jeder Fremde, zugelassen war, wenn er nur wie ein Gentleman aussah oder sich wenigstens so benahm. Nach Anmeldungen wurde nicht gefragt, und so kam es auf die Kunst der Köche an, Gerichte auszuwählen, die leicht zu portionieren, rasch zubereitet und schmackhaft waren. Leider sind das genau jene Eigenschaften, denen das *Bœuf Stroganoff* seine Berühmtheit als Kantinenessen verdankt. Die Suppe in diesem Fall ist natürlich eine Soljanka.

Im übrigen ist es der Beweis, dass *Fusion* lange vor der Postmoderne zwar noch kein Begriff, jedoch bewährte Praxis war. Im Stroganowschen Palais standen französische Köche hinter dem Herd, und das leichte *Bœuf* stellt eine herrliche Vermählung ihrer Traditionen mit den russischen dar.

Nun ist das Originalrezept so vielfältig variierbar, dass jeder halbwegs kreative Geist eine neue Variante hinzufügt, zumal, wenn man sich der Qualität der Grundzutaten – Fleisch, Zwiebeln, Schmand – nicht hundertprozentig sicher ist. Die Menge der Rezepte ist Legion, was bedauerlich ist, denn die Vermassung zieht auch beim Kochen die Qualität hinab. So kommt es zu den traurigen Bœuf Stroganoff in Rotwein mit Pilzen, die schmecken wie Coq au vin auf Rindfleischbasis. Und so sieht der Klassiker aus:

Gerne Rinderfilet oder Lende, doch den eigentlichen Genuss garantiert das würzige Bürgermeister- oder Pastorenstück von oberhalb der Kugel, in Österreich auch Hieferschwanzel genannt. Von Zwiebeln nur die besten, feste Winterzwiebeln mit trockener Haut. Wichtig ist der richtige Schmand, oder am besten gleich russische Smetana, deren Fettgehalt nicht unter zwanzig Prozent liegen darf. Bloß keine Crème fraîche! – sie kann Zucker enthalten. Alles übrige – neben Pilzen und Rotwein liest man von Gurkenstückchen, Streifen Roter Bete, Fleischbrühe, Schlagsahne und Paprika – ist pseudorussischer Küchenkitsch.

Das Fleisch quer zur Faser in Streifen von sechs Zentimeter Länge und einem Zentimeter Dicke schneiden und mit etwas Mehl bestäuben. Zwiebelringe in einer großen Pfanne mit wenig Butter auf hoher Flamme anschwitzen lassen und das Fleisch darüber verteilen. Bei einer größeren Menge mehrere Portionen nacheinander anbraten. Die Pfanne nach 3–5 Minuten, sobald das Fleisch rundum leicht Farbe angenommen hat – es sollte glänzen wie lackiert –, vom Feuer nehmen. Dann die gut verrührte Mischung aus einem Becher Schmand, einem Esslöffel Mehl und zwei Esslöffeln Tomatenmark hinzugeben und behutsam auf mittlerer Flamme garen. Mit Salz und Pfeffer abschmekken. Als Beilage eignen sich heiße Salzkartoffeln mit frischen Tomatenvierteln.

In Odessa, auf den langen, mit Silber eingedeckten Tischen im Palais der Stroganows, standen Wodka in Kristallkaraffen und Champagner in grünen Flaschen. Nicht immer war der Hausherr anwesend, doch Wodka und Champagner gab es jeden Tag. Wichtig war, das Bœuf heiß und sofort nach der Zubereitung zu servieren. Das Fleisch muss innen zartrosa sein, daher auch die langen Streifen, damit immer nur ein Teil auf dem heißen Pfannenboden liegt. Die Gäste wurden ohne Aperitif zu Tisch geführt, aber das Mahl begann nicht vor dem ersten Toast. So hatte es der Graf befohlen; er wusste, dass ein Wodka auf nüchternen Magen am effektivsten ist – in den Sekunden, wenn der Alkohol in die Blutbahn schießt, steigt die Empfänglichkeit für schmackhafte Speisen exponentiell.

Es war schon eine großartige Zeit.

Kolonien beleben den Küchenzettel eines Landes – man stelle sich die englische Gastronomie vor ohne Chutneys und Currys, Pickles oder Worcestershiresauce. Kolonisierung ist schließlich nicht nur Macht und Ausbeutung, sie ist auch gegenseitige Befruchtung, Verbindung einander fremder Teile zu einem neuen Ganzen. Das geschah auch in Russland nach der Eroberung Sibiriens, Zentralasiens und des Kaukasus.

Die Auseinandersetzungen mit der Pforte, dem Regierungssitz des osmanischen Sultans in Istanbul, hielten seit den Vorstößen Peters I. zum Schwarzen Meer um 1700 bis zum Untergang beider Imperien an. Schon zu Zeiten der Rus war die Südflanke der slawischen Besiedlung schwach und verletzlich gewesen. Petschenegen, Kyptschaken oder Krimtataren – wer immer den Norden des Mare Pontus besiedelte, war in der einen oder anderen Form mit den Byzantinern oder später den Osmanen gegen Russland verbandelt.

Gegen Ende des 17. Jahrhunderts, nach dem vorerst letzten und vergeblichen Versuch der Türken, Wien dem Islam einzuverleiben, wendete sich das Blatt. Peter nutzte die Schwächen der Großmächte im Süden und eroberte 1695, wenn auch vorerst nur für wenige Jahre, das Städtchen Asow, Russlands ersten Schwarzmeerhafen. Keine dreißig Jahre später folgte sein erster Feldzug in das Land südlich des Großen Kaukasus. Seither hat Russland sowohl den türkischen als auch den persischen Einfluss Schritt für Schritt zurückgedrängt, im Kaukasus wie auf dem Balkan. 1801 wurde das östliche Georgien und später schrittweise der Rest des Landes dem Russischen Reich angegliedert, schließlich das östliche Armenien, dann

Aserbaidschan, das damals aus zerstrittenen Herrschaften – Chanaten – bestand, und der ganze ethnische Flickenteppich im Nordkaukasus.

In Georgien und Armenien trat Russland als Schutzmacht der Christen auf, doch immer wieder schaffte es St. Petersburg, das russische Ansehen durch autoritäre, unsensible Maßnahmen, vor allem durch die rücksichtslose Russifizierung unter dem letzten Zaren, zu beschädigen. Es war nicht nur Zufall, dass ein guter Teil der bolschewistischen Revolutionäre, allen voran Josef Dschugaschwili, aus den kaukasischen Gouvernements stammte.

Der Kaukasus ist ein Rätsel. Bis heute spaltet er die russische Gesellschaft auf allen Ebenen; Sympathie und Faszination kontrastieren mit tiefer Abneigung. Auch Angst spielt keine geringe Rolle, Angst vor den gewieften, fremdartigen »Schwarzen«, wie viele Russen alle Kaukasusvölker aufgrund ihrer dunklen Haar- und Augenfarbe schimpfen. Ähnlich den Juden erfüllen die Kaukasier die Rolle geistig überlegener Außenseiter, schlauer Händler, von Kriegs- und Friedensgewinnlern, die einen biederen Russen mit seinen ehrlichen blauen Augen schon über den Tisch gezogen haben, bevor der noch bis drei zählen kann.

Es ist eine jener wenigen Regionen, die von keiner Variante zivilisierter Vernunft kolonisiert wurden, nicht von der westlich-individualistischen und nicht von der asiatisch-autoritären. Die Chancen stehen nicht schlecht, dass sich das auch in tausend Jahren nicht geändert haben wird.

Wie parallele Riegel falten die beiden Gebirgsketten sich zwischen dem Schwarzen und dem Kaspischen Meer in die Höhe. Der Nordhang des Großen Kaukasus, der bis zu seinem Kamm zu Russland gehört, ist ein Wellenbrecher, in dem das Schwemmgut der eurasischen Völkerwanderungen hängen geblieben ist wie Krill im Maul eines Blauwals. Gut fünfzig Völker mit annähernd ebenso vielen Sprachen, ein Spektrum bunt wie der Regenbogen, darunter archaische Ethnien, von Clans und Blutrache beherrscht ... in direkter Nachbarschaft der älteste christliche Staat der Welt: Armenien. Ein Schachbrett aus Sprachen, Schriften, Kulturen und Bekenntnissen.

Die Sprachen der Ureinwohner, wenn man sie so nennen will, auf beiden Seiten des Großen Kaukasus bilden eine in drei Familien gegliederte Gruppe: Abchasisch, Adygeisch, Tscherkessisch, Kabardinisch und andere im Nordwesten; weiter östlich die wainachische Sprachfamilie, darunter Tschetschenisch, Inguschisch, Awarisch, Darginisch und Lesgisch; schließlich die südkaukasischen Kartwel-Sprachen, das Georgische und seine Verwandten Megrelisch, Sanisch und Lasisch.

Wer das regieren muss, ist nicht zu beneiden. Es ist eine Welt von überbordendem, kreativem und zerstörerischem Temperament, von den Erbauern der Steinkirchen auf wilden Bergklippen in der Frühzeit des Christentums bis hin zu den Filmemachern, Sängern und Dichtern unserer Zeit.

Es sind besessene, großartige Menschen, die mit ihrem Leben umgehen, als sei es nur Episode, denen Ehre und Ansehen alles bedeuten. Ehre, Ansehen, Macht, Geld. Hass und Mord leuchten aus den fanatischen Augen der islamischen Kämpfer; wie die Kraft gefallener Engel wütet es in ihren Knochen.

Dagegen anzustehen ist aussichtslos; der Kaukasus zerfleischt sich und wird neu geboren. Leben und Tod bewohnen ihn wie ein gemeinsames Haus, wie die Söhne eines Vaters. Nur die Frauen weinen um die zerstörten Leiber ihrer Kinder.

Der Poet und Barde Bulat Okudschawa, seinerzeit auch genannt der Georges Brassens der Sowjetunion, dank seiner armenischen Mutter und seines georgischen Vaters ein Kaukasier durch und durch, hat unzählige Gedichte hinterlassen. Eines davon aus dem Jahr 1986 heißt *Das Vorzeichen*:

Schwebt ein Rabe in der Höhe,
kündet das von nahem Krieg,
ihn zu hindern heißt,
den Raben töten.
Wer den Raben töten will,
muss seine Waffe laden,
wer aber seine Waffe lädt,
den lockt der Schuss.
Und wer schießt,
des Kugel schlägt ein Loch.
Ihr tut niemand leid,
sie will nur treffen,
Feind, Freund, egal.
Nicht mehr.
Nicht mehr.
Und niemand
außer dem Raben –
ihn zu schießen bleibt niemand mehr.*

Doch ob jemand übrigbleibt oder nicht, ist ohne Belang, wenn es im Kaukasus erst um die Ehre geht.

Unter den uransässigen Bergvölkern sind Georgier und Tschetschenen die an Angehörigen größten, danach kommen Awaren, Inguschen, Lak und Miniaturvölker, deren Überleben allein schon die ungeheure Zähigkeit dieser Menschen belegt.

Die Georgier haben ihren eigenen Staat. Mit dem gehen sie noch nicht sehr klug um, doch immerhin.

Die Tschetschenen sind seit einhundertfünfzig Jahren, nach vergeblichem, verbissenem Kampf gegen die russischen Eroberer, ein Teil ihres Imperiums. Seitdem verlöscht die Fackel des Widerstands nicht, auch stellvertretend für manche der Nachbarvölker, die dasselbe Schicksal, aber nicht die zahlenmäßige Stärke teilen.

* Übersetzung Th. F.

Es gibt großartige Menschen unter tschetschenischen Männern, intelligente, sensible, talentierte, gebildete, in den Künsten bewanderte – sofern man sich unter vier Augen mit ihnen unterhält. Kaum jedoch gesellen sich Männer zu Männern, dann gelten nur noch Begriffe wie Macht, Rang, Status, Gruppe und Ehre.

Was zum russischen Begriff *poschly* (vgl. S. 84) gesagt wurde, trifft im Kaukasus erst recht zu. Dieser Ehrbegriff ist billig; an jedem Wort und jeder Äußerlichkeit hängt er sich auf. Wahrscheinlich war es in Preußen-Deutschland im Ausgang des 19. Jahrhunderts nicht viel anders, als auch alles »auf Ehre« ging; als der Kaiser sich mit flammendem Blick porträtieren ließ und jeder Handlungskommis glaubte, satisfaktionsfähig zu sein.

Wenn erwachsene Männer vor Ehrpusselei nicht mehr durchatmen können, ist es Zeit, sich aus dem Staub zu machen. Für den Westeuropäer gehört ein gemeinschaftlich verbrachter Abend mit dem starken tschetschenischen Geschlecht (Frauen bleiben ohnehin unter Verschluss) zu den eindrücklichsten und ermüdendsten Erfahrungen, sei es im Fitnesszentrum oder im Nachtclub. Wenn erst ihr eigenartiger Sozialkodex mit ihnen durchgeht ... Ein falsches Wort, ein schräger Blick, und sie werden zu stampfenden, dampfenden Auerochsen, diese meist nicht eben groß gewachsenen Männer. Es ist eine Nervenprüfung für Völkerkundler oder Chefreporter oder besser gleich für Masochisten.

Viele Russen betrachten ihre kaukasischen Nachbarn wie ein Römer zur Zeit des Tacitus die germanischen Völker jenseits des Rheins. Barbaren, Halbwilde ohne Aufklärung und Fortschritt, der Blutrache verschrieben, die Frauen entrechtet. Und wie in den Zeilen der römischen Historiker schwingt mitunter Respekt dafür mit, dass Menschen es wagen, in einem solchen Ausmaß anders zu sein.

Seit Jahren versucht Russland nun, den Wundherd zu isolieren und mit Hilfe körpereigener Immunkraft am Schwären zu hindern. Die Kraft hat einen Namen: Ramsan Kadyrow, der Sohn des ermordeten Präsidenten Achmad Kadyrow und seit Anfang 2007 selbst Präsident der Tschetschenischen Republik in der Russischen Föderation, verkörpert die Hoffnung auf Immunität gegen Separatismus und Terror.

Der Deal liegt auf der Hand; beide Seiten spielen mit hohem Risiko. Kadyrow, noch keine Vierzig, garantiert dem Kreml die Ausmerzung der Sezessionisten; im Gegenzug lässt ihm der Kreml freie Hand bei der Gestaltung seiner kleinen Republik. Wer dort umgebracht wird, warum und wann, ist eine innere Angelegenheit der Tschetschenischen Republik, die de facto mehr wie ein Protektorat des Suzeräns Russland erscheint, kein wirklich vollgültiger Bestandteil der Föderation.

Derweil lebt Ramsan Kadyrow wie der Prophet im Schlaraffenland. Er kontrolliert die Erträge der Raffinerien in Grosny, und großzügige Subsidien aus Moskau und Riad füllen seine Konten. Übrigens gilt er als Verehrer der Deutschen, vielleicht aus Dankbarkeit für das Ansinnen der Wehrmacht 1942, zusammen mit der geplanten Eroberung der kaspischen Ölfelder auch die Kaukasusvölker vom Bolschewismus zu befreien. In Kadyrows Garagen stehen Rolls-Royce und Bentleys, Dutzende Geländewagen der Häuser Porsche und Mercedes sowie einer von weltweit zwanzig tarngrünen Lamborghini Reventón – kurioserweise alles Automarken in deutscher Hand.

Der Kaukasus ist das genetische Archiv des ganzen Kontinents. Von Reichtum und Ressourcen abgeschnitten, blühen dort alle Gefühle der Menschheitsgeschichte: Ehrsucht, Kampfeslust, der Wille zur Macht und zum Mord und zur Liebe … Gastfreundschaft, Gottesfurcht, nie gekannte Herzensgröße und Neugier. Wenn ich wüsste, mir blieben sechs Monate zum Leben – es wäre nicht der schlechteste Ort, dem Tode entgegenzufeiern.

Bulat Okudschawa, der kaukasische Barde, hat es 1967 in einem seiner vielen Lieder, dem *Grusinischen Lied*, ausgedrückt:

Weinsaat in warme Erde drück ich,
küsse die Reben, sammle reife Trauben,
und rufe die Freunde, das Herz für die Liebe geöffnet ...
Warum sonst leben auf dieser ewigen Welt?*

So etwas hatte sich der Schöpfer auch gedacht, als er das weite Tal zwischen den Gebirgsketten des Kaukasus zu seinem Wohnsitz erkor. Warum nichts daraus wurde, erzählt uns eine Geschichte aus dem Land der angesäuselten Poeten:

Als Gott den Völkern ihre Wohnstätten zuwies, kamen die Georgier zu spät – sie waren eingekehrt, hatten gefeiert und getrunken. Als sie erkannten, dass die Erde verteilt und nichts für sie übrig war, brachen sie in Tränen aus, verzweifelten und stammelten vor Gott, dass sie doch jeden Becher nur zu seinen Ehren geleert hätten. Da erbarmte er sich und gab ihnen das Land, das er für sich reserviert hatte.

Das antike Kolchis, welches zusammen mit dem östlich gelegenen Flusstal der Kura, die von den Einheimischen Mtkwari genannt wird, ungefähr das heutige Georgien bildet, gehört zu den uralten Kulturräumen am Schnittpunkt von Asien und Europa. Als griechische Kolonisten aus Milet dort vor mehr als zweieinhalbtausend Jahren ihre ersten Niederlassungen gründeten, existierte bereits seit vielen Jahrhunderten ein bronzezeitliches Königreich mit einer hochentwickelten Stadtkultur. Das Land zwischen den Gebirgen ist fruchtbar, das Klima mild; die hohe Gipfelkette im Norden schützt es vor der kalten russischen Luft, die um ein geringes niedrigere im Süden vor Sand und Trockenheit.

* Übersetzung Th. F.

Nachdem der Kommunismus Europa zweigeteilt hatte, wurde Tiflis zum Paris des sozialistischen Lagers. Die kulinarische Ehre war verdient, denn die georgische Küche birgt umwerfende Geschmackserlebnisse. Die Konkurrenz aus Thailand, Frankreich oder China braucht das Land nicht zu scheuen. Andernorts wenig bekannte Zutaten, originell und kreativ zubereitet, schenken der georgischen Küche ihren ganz eigenen Charakter: Granatapfelkerne, Berberitzen, roter Pfeffer, eine Fülle an Gewürzkräutern, Safran, Minze und Ysop, Pflaumen, Knoblauch, Essig, Walnüsse, marinierte Käse ... Heftige Geschmacksempfindungen herrschen vor, Kontraste von Süß, Sauer, Bitter, getragen von der warmen Schärfe des Pfefferkorns, nicht von der kalten der Chilischote.

Als Vorspeise Gerichte, die man mit der Hand essen kann: dampfende *Chatschapuri* (mit Käse gefülltes Fladenbrot), *Zozchali* (kleine gekochte Fische) und *Chinkali* (Teigtaschen mit schwer gepfeffertem Schaffleisch). Danach vielleicht ein *Huhn Tabaka*, flachgeklopft und mit einem Gewicht beschwert in der Pfanne gebraten, außerdem *Pchali* aus gehacktem Spinat, Granatapfelkernen, Walnusspaste und Kräutern. Zum Dessert geschmorte Quitten mit gemahlenen Walnüssen bestäubt.

Anregungen für ein einfaches Mahl, und wenn ein Fremder am Tisch sitzt, wird es dabei sicher nicht bleiben.

Auch an vorzüglichen Suppen herrscht kein Mangel. Auf der Moskwa vier Kilometer oberhalb des Kreml liegt ein Restaurantschiff fest vertäut an der steinernen Uferböschung. Es heißt *Skaski Wostoka* (Märchen des Ostens), ein Paradies für Liebhaber der kaukasischen Küche. Neben anderen kulinarischen Wundern steht *Chasch* auf der Karte: Gewässerte Kalbsfüße werden stundenlang in Wasser gekocht, bis das Fleisch vom Knochen fällt und Knorpel und Sehnen zu Gallert geworden sind. Kein Gewürz verirrt sich in die Suppe, erst im Teller begegnet sie einem Berg aus frisch gehacktem Knoblauch,

Koriandergras, Selleriekraut und Petersilie. Daneben auf dem Tisch stehen geriebener, scharfer Rettich, das kaukasische Fladenbrot *Lawasch*, bündelweise Basilikum, Estragon und Dill sowie die unerlässliche Flasche Wodka.

Drei Dinge gibt es, mit denen Chasch sich nicht verträgt: Kognak, Frauen und Tischreden. Es ist die Suppe für den ganz frühen Morgen, wenn die Nacht am dunkelsten ist, kurz bevor der Tag anbricht und lange vor dem Frühstück. Zu einer solchen Stunde will kein Mann mehr reden. Bis zur nächsten Nacht gehören die Frauen zur Vergangenheit, und außer klarem Wodka will man Schädel, Hirn und Leber um diese Tageszeit nichts mehr zumuten.

Die »Märchen des Ostens« servieren rund um die Uhr, und zum Chasch kommen die Männer in ihren schweren schwarzen Geländewagen nach einer langen Nacht voller Geschäfte, *Lap Dance* und Glücksspiel. Chasch gibt es ohnehin erst ab vier Uhr früh. Wer Chasch bestellt, will mit seinen Freunden allein sein, schweigen und seine Fehler vergessen.

Ein Lehnwort aus dem Georgischen, das längst seinen Eingang in die russische Sprache gefunden hat, ist *Tamadá*. Das ist der Zeremonienmeister, der in ganz Russland bei keinem offiziellen Beisammensein, wenn nur ein Tisch in der Mitte steht mit Wodka, Kognak, Wein und Speisen darauf, fehlen darf. Der Tamadá kommandiert den Verlauf, ist für das Silentium verantwortlich und teilt die Toasts zu, ohne die nicht getrunken werden darf. Wer zwischendrin nippt, outet sich als Alkoholiker.

Als erster erhebt der Gastgeber sein Glas und begrüßt den ranghöchsten Gast, nach einer Pause folgt der Dank des Gastes, der dritte Toast gehört den schönen Frauen – selbst wenn nur Männer anwesend sind. Sollten Frauen mit zu Tische sitzen, haben sie die gleichen Rechte wie jeder anwesende Mann, nur wird der Kellner ihnen keinen Wodka einschenken, sondern Wein. Wenn Frauen sich betrinken, tun sie es miteinander und untereinander.

Wein ... Seit sechstausend Jahren tragen die Reben im Kaukasus schwere Frucht; Hunderte Sorten wachsen an den windgeschützten vulkanischen Hängen. Weiße und rote, Weine mit komplizierten, alten Namen, die den Menschen am Zarenhof so flüssig über die Lippen gingen wie die der großen Güter im Bordeaux. Kein Tag, an dem an Stalins Tafel nicht *Kindsmarauli* oder *Chwantschkala* ausgeschenkt wurde.

Dabei braucht der kaukasische Wein, für unsere heutigen Zungen jedenfalls, Gewöhnung. Die Industriegewächse aus der Neuen Welt gehen glatter, problemloser den Schlund hinab. Der Ausbau der *Alexandrouli, Katschitschi, Mzwane, Siska* und anderer Sorten erfolgt nach alter Väter Sitte. Wie einst bei den deutschen Weinen liegt das Ziel nicht auf dem hohen Alkoholgehalt und dem Ausgären der letzten Zuckerreste.

Mit am folgenreichsten war die Vernichtung von altem, über Generationen weitergegebenem Wissen durch Kommunismus, Kollektivierung und Prohibition. Jahrzehnte reichten aus, das Erbe von Jahrtausenden zu zerstören. Die Wunden sind noch lange nicht verheilt. Außerdem die vielen Fälschungen ... Es gibt Kenner, die fassen einen exportierten georgischen Wein gar nicht erst an.

Ein deutscher Dichter hat die unausweichlich drohende Zukunft niedergeschrieben und unter Tränen umarmt: Heinrich Heine 1855, im Jahr vor seinem Tod, im Vorwort zur französischen Ausgabe der *Lutetia*. Es ist ein Abgesang nicht nur auf die georgischen Reben, und die Rede ist beileibe nicht nur vom Kommunismus:

»(...) mit Grauen und Schrecken denke ich an die Zeit, wo jene dunklen Ikonoklasten zur Herrschaft gelangen werden: mit ihren rohen Fäusten zerschlagen sie alsdann alle Marmorbilder meiner geliebten Kunstwelt, sie zertrümmern alle jene phantastischen Schnurrpfeifereien, die dem Poeten so lieb waren; sie hacken mir meine Lorbeerwälder um, und pflanzen darauf Kartoffeln; die Lilien, welche nicht spannen und arbeiteten, und doch so schön gekleidet waren wie König Salomon, werden ausgerauft aus dem Boden der Gesellschaft, wenn sie nicht etwa zur Spindel greifen wollen; den Rosen, den müßigen Nachtigallbräuten, geht es nicht besser; die Nachtigallen, die unnützen Sänger, werden fortgejagt, und ach! mein ›Buch der Lieder‹ wird der Krautkrämer zu Tüten verwenden, um Kaffee oder Schnupftabak darin zu schütten für die alten Weiber der Zukunft.«

Was können wir Nachgeborenen uns zum Troste sagen? Dass auch der Untergang seine Reize hat? Die Marmorbilder sind zerschlagen, die Lorbeerwälder und die Reben lange schon umgehackt, die Lilien und alle Rosen verblüht. Schnurrpfeifereien gibt es nur noch bei den Öffentlich-Rechtlichen. Die alten Weiber sind nicht weniger geworden. Immer noch reichen die Kartoffeln nicht, sie alle satt zu kriegen; wenigstens ist der Kaffee billiger geworden.

Gib mir eine Nachtigall, Leben, lass sie singen, und lass mich alt werden vor dem Tod.

Ist Russland ein Kolonialreich? Die Vielzahl der Nationalküchen, die das Land sich einverleibt hat – buchstäblich einverleibt –, legt die Antwort nahe. Und doch fällt sie am Ende, das kennen wir inzwischen, uneindeutig aus. Was die slawischen Bruderländer Ukraine und Weißrussland betrifft, so ist die Feststellung am einfachsten. Extremisten halten zwar sowohl die Ukraine als auch Weißrussland für ehemalige russische Kolonien, aber das erinnert schwer an König-Ludwig-Verehrer, die Bayern mit Deutsch-Südwest verwechseln.

Hätte die russische Geschichte jemals ein wirklich föderales Staatsmodell hervorgebracht, dann lebten die drei Nationen heute ohne nennenswerte Probleme unter einem Dach. Doch dem ist nicht so. Und wenn Berlin, um bei dem Beispiel zu bleiben, sich die Rolle anmaßte, die Moskau ganz selbstverständlich für sich in Anspruch nimmt, wären Bayern und Württemberg längst schon wieder souveräne Staaten.

Im Kaukasus liegen die Dinge anders, jedoch nicht einfacher. Für einen guten Teil der dort siedelnden Völker sind die Russen als Slawen Fremde, als Christen jedoch Glaubensbrüder. In den Grenzgebieten der Religionen bestimmt das den Unterschied zwischen Sein und Nichtsein. Buchstäblich.

Am eindeutigsten ist noch das Verhältnis der Armenier zur langjährigen Schutzmacht. Neben den Griechen waren sie die großen Leidtragenden der jahrhundertelangen Einwanderung muslimischer Turkvölker aus Zentralasien. Zurückgedrängt in die Gebirge des Südkaukasus und des Taurus, wurde das zähe Volk zum Spielball der Auseinandersetzungen zwischen Persern und Osmanen, bis schließlich das heutige Armenien 1829, nach dem siebten Russisch-Türkischen Krieg, dem Zarenreich zugeschlagen wurde.

Auch Aserbaidschan, obschon komplett islamisch, hält auf gute Beziehungen zum russischen Nachbarn. Der immer mächtiger werdende Iran im Süden steht den mehrheitlich schiitischen, turkstämmigen Aseris zwar religiös nahe, gehört jedoch einer anderen Volksgruppe an. Letztlich war es die russische Annexion der aserischen Khanate im ersten Drittel des 19. Jahrhunderts, die dem Norden Aserbaidschans (die Mehrheit des Volkes, über zwölf Millionen Menschen, lebt im Iran um die Stadt Täbris herum) die spätere Eigenstaatlichkeit ermöglicht hat.

Schwierig ist das russische Verhältnis zum dickköpfigen Georgien. Es ist das älteste Staatsgebilde auf dem Territorium der früheren UdSSR, Erbe zweier Königreiche aus der Frühantike, einer der ersten christlichen Staaten der Welt – die Georgier haben einigen Grund, vor niemandem das Haupt zu senken. Zwei Jahrtausende waren sie weitgehend unabhängig, Vasallen der Römer, später der Byzantiner, aber immer in komfortabler Randlage, fern und weitgehend unzugänglich. Im Mittelalter folgte eine Blüte sondergleichen, bis schließlich im 15. Jahrhundert die Rivalitäten zwischen den immer stärker werdenden Türken und Persern dem Idyll ein Ende setzten. Die nächsten drei Jahrhunderte brachten Verarmung, Unterdrückung und massiven Zerfall.

Es nimmt nicht wunder, wenn das geschlagene georgische Volk in der aufstrebenden christlichen Großmacht im Norden seinen Rettungsanker sah. Gewaltige Sympathien schlugen den Russen entgegen, und es verdankt sich nur der mangelnden Sensibilität der Zaren und ihrer Berater, dass sie diese nicht in ihrem Sinne wirken ließen. 1801 wurde die eine Hälfte Georgiens, das sogenannte östliche Königreich, mit einem Federstrich annektiert, in späteren Jahrzehnten auch die restlichen Gebiete. Die Zustimmung der georgischen Stände wurde erkauft oder erzwungen. Die massive Russifizierung, die in der zweiten Hälfte des 19. Jahrhunderts einsetzte, ließ den Zorn nur wachsen, der sich schließlich während der ersten, der kleinen Revolution von 1905 entlud.

Unmittelbar nach der großen Revolution von 1917 erklärten die Georgier ihre Unabhängigkeit, ebenso wie ihre Nachbarn in Armenien, Aserbaidschan und im Nordkaukasus – dann wurden sie alle nach zwei, drei Jahren wieder eingefangen. Heim in den Sozialismus.

An die nicht ganz zweihundert Jahre unter russischer Herrschaft erinnert man sich in Georgien eher ungern. Es ist dasselbe wie im Baltikum. Im Verhältnis zu ihren kleinen Nachbarn zeigen die Russen seit jeher wenig Geschick. Sie sind keine begnadeten Florettfechter. Immer wieder fühlt man sich an den Satz erinnert: »Wer nur einen Hammer hat, sieht in allem einen Nagel.«

Dabei beherrschen die Russen sehr wohl die Instrumente der Diplomatie. Aber irgendwo an einer verborgenen Stelle ihrer großen Seele sitzt ein Knopf – wenn ein kleiner Nachbar den drückt, vergessen sie sich selbst, ihre Vernunft und ihr Eigeninteresse. Dann gibt es nur noch den Hammer.

Armenien, Aserbaidschan, Georgien – drei alte Staatsgebilde. Aber Kabardiner, Balkaren, Osseten, Tschetschenen, Inguschen, Adigejer, Dagestaner, Alanen, Karatschaier, Tscherkessen, Abasinen ... fast zwanzig Völker am Nordrand des Großen Kaukasus, wo liegt deren Zukunft? Sind es alles russische Kolonien?

Überkommenen Kriterien, die für Kolonien gelten, halten sie nicht stand: keine Rohstoffe, keine Südfrüchte, kein Zuckerrohr, kein Kaffee, kein Kakao. Kulinarisch wahrscheinlich das beste Schaschlik der Welt, zudem kräftige Hammelgerichte. Und Gastfreundschaft ohne Ende. Nächtens Wildschweinbraten im Kreis der Jäger in den Bergen.

Die Welt des Nordkaukasus ist anachronistisch, nicht von dieser Zeit. Es sind vergessene Völker, zäh und unnachgiebig, die wie Strandgut in wilden Bergtälern überdauern; wie ethnische Mumien hat die Zeit sie konserviert. Den größeren unter ihnen, voran den Tschetschenen, gibt ihre Stammeszugehörigkeit Kraft, auch der Islam, und ihr Überleben steht nicht in Frage. Wie jedoch die Zukunft gestaltet werden kann, jedenfalls im Sinn der deutschen Wörter vernünftig und fruchtbar, weiß niemand.

Nachdem die Russen gegen Mitte des 19. Jahrhunderts ihre kaukasischen Eroberungen im Süden konsolidiert hatten, verwandten sie Jahrzehnte darauf, die widerborstigen Stämme am Nordhang der Berge zu unterwerfen. Beide Seiten führten einen Guerillakrieg ohne Gnade, am grausamsten und ausdauerndsten in den benachbarten Regionen Tschetschenien, Inguschetien und Dagestan. Ganze Bergtäler holzte die russische Armee ab, um dem Gegner die Rückzugsgebiete zu rauben. Sie kappte die Wasserversorgung der Dörfer, und auf der anderen Seite warfen sich Frauen und Kinder in den ungleichen Kampf.

Seit Georgien, Aserbaidschan und Armenien nach dem Ende des Kommunismus in die Unabhängigkeit entlassen wurden und Russland mit dem nordkaukasischen Rest dasteht, ist die Lage erst recht unbefriedigend. Eine realistische Lösung gibt es nicht einmal auf dem Papier. Die russische Politik, lokalen Führern freie Hand zu lassen, sofern sie nur alle separatistischen Bestrebungen unterdrücken, mag kurzfristig Erfolg versprechen. Allerdings funktioniert sie nur, bis der lokale Führer dem nächsten Attentat zum Opfer fällt. Autorität und Loyalität sind flüchtige Qualitäten. Hinzu kommt, dass der Konflikt sich längst selbst nährt; weder die russischen Offiziere noch die Separatisten, die beide am Handel mit Waffen und Erdöl verdienen, sind an einem Ende interessiert.

Die hausgemachten kaukasischen Lösungsmodelle sind kaum attraktiver. Die Tschetschenische Republik Itschkeria, nach dem Ende der Sowjetunion 1991 einseitig ausgerufen, bot keine Perspektiven für die islamischen Nachbarvölker in der Region. Das 2007 proklamierte Kaukasische Emirat hat für die christlichen Völker keinen Platz. Ohnehin bleibt alles eine Kopfgeburt, solange Moskau noch Truppen aufbieten kann. Die Zukunft der Region hängt nicht zuletzt auch davon ab, mit welchem Ehrgeiz die Türkei und der Iran, Russlands alte Gegenspieler im Süden, im verbleibenden Jahrhundert ihre Ziele abstecken.

Vom Kaukasus nach Zentralasien: ein Sprung über das Kaspische Meer in die Wüsten von Karakum und Kysylkum, an deren südlichem Rand sich die Seidenstraße erstreckt, der uralte Handelsweg zwischen Orient und Fernem Osten. Im 19. Jahrhundert lagen dort die Khanate Chiwa und Kokand, das Emirat Buchara und kleinere Herrschaften nahe der Grenze zum chinesisch dominierten Xinjiang, hoch im Ferganatal am Fuß des Tienschan.

Bei den Russen hieß die Region bis zur afghanischen Grenze einfach nur Turkestan. Afghanistan, das wussten sie damals schon, war ein respekteinflößendes Land von gänzlich eigener Art, mit stolzen und kriegerischen Menschen, in deren Angelegenheiten Fremde sich besser nicht verstrickten.

Jahrzehntelang war die Region zwischen der russischen Steppenstadt Orenburg im Norden und dem Vorposten der East India Company im Hindukusch, der Stadt Peschawar, Austragungsort eines der bizarrsten Konflikte der Kolonialgeschichte. Zwei Großmächte, vor Ehrgeiz und Selbstbewusstsein strotzend, wetteiferten um die Macht in Zentralasien, und beiden war klar, dass dieses Ziel mit Armeen von hunderttausend und mehr Soldaten nicht zu erreichen war. Denn woher in den Wüsten so viel Wasser, Fleisch, Getreide nehmen?

Der englische Agent Arthur Conolly, Autor des 1834 erschienenen Buches *Journey to the North of India through Russia, Persia and Afghanistan*, dem 1842 auf Geheiß des Emirs von Buchara der Kopf abgeschlagen wurde, hat den Konflikt *The Great Game* getauft, das Große Spiel. In Russland gab der deutschstämmige Außenminister Graf Nesselrode ihm den Namen Schattenturnier. Das Turnier erstreckte sich über bald ein Jahrhundert bis kurz vor dem Ersten Weltkrieg, und es hatte Stil. Es forderte Menschenleben, doch verglichen mit den massenmordenden Kriegen seiner Zeit war es geradezu ritterlich.

Nicht Divisionen gaben den Ausschlag, sondern entschlossene, abenteuerlustige Männer auf beiden Seiten: Orientalisten, Offiziere, Wissenschaftler – Einzelkämpfer.

Die Engländer, aufgeschreckt von den russischen Erfolgen gegen Osmanen und Perser im Kaukasus, drückten vom Hindukusch nach Norden, Russland vom Rand der kasachischen Steppe in entgegengesetzter Richtung, und beide waren hungrig auf mehr. Immer weiter schob das Russische Reich seine Grenze gen Süden. 1865 wurde Taschkent annektiert, 1868 Samarkand und Buchara. Das Russische Imperium reichte jetzt bis zum Amu-Darja, dem antiken Oxus.

Die Engländer setzten dagegen. Aus Sorge, Afghanistan zu verlieren, hatten sie 1838 eine Marionettenregierung in Kabul installiert, die jedoch schon vier Jahre später abgesetzt wurde. Sechzehntausend, Briten, Verbündete und Tross, flohen in Richtung der indischen Grenze, doch nur ein einziger englischer Arzt kam durch. Eine seitdem oft überhörte Warnung an ausländische Mächte, sich am Hindukusch nie wieder blicken zu lassen.

Auch alle weiteren Versuche, Zentralasien für die britische Krone zu gewinnen, blieben wirkungslos. Disraeli, der englische Premier, diente seiner Königin sogar die indische Kaiserwürde an, um sie auf eine Rangstufe mit dem Zaren zu heben. Ergebnislos. 1878, als die Afghanen der Entsendung eines russischen Gesandten nach Kabul zugestimmt – und die eines britischen verweigert – hatten, schickte er vierzigtausend Mann über die Grenze. Drei Jahre später war auch dieses Kontingent zum Rückzug gezwungen. Erneut wurde die afghanische Unabhängigkeit bestätigt, und einen Gesandten gab es im Ergebnis für keine der Seiten.

Im eigentlichen Zentralasien, den Khanaten und Emiraten der Wüste nördlich der afghanischen Grenze, entschieden die Russen das Spiel für sich in einer blendenden Partie aus einfühlsamer Diplomatie und Rücksichtslosigkeit. Afghanistan blieb das uneinnehmbare Wüstenland, der wilde, unzähmbare Puffer zwischen zwei Kolonialreichen, dem russischen und dem britisch-indischen. Und Russland war saturiert.

Zentralasien, das waren die eigentlichen Kolonien des russischen Imperiums. Wladimir Putin, der die Auflösung der Sowjetunion als größte geopolitische Katastrophe des 20. Jahrhunderts bezeichnet hat, fühlt den gleichen Phantomschmerz wie viele Engländer 1947 nach dem Verlust Britisch-Indiens. Gemeinsam mit der europäischen Weltherrschaft wurden im 20. Jahrhundert auch die Kolonialreiche abgewickelt; die UdSSR war nur als letztes an der Reihe.

Heute ist das alte Turkestan in fünf unabhängige Staaten zerschnitten, die nichts mit den früheren Khanaten und wenig mit der ethnischen Zugehörigkeit ihrer Bevölkerung zu tun haben. Es sind die »Stans«, wie die amerikanische Presse sie tituliert: Kasachstan, Kirgistan, Tadschikistan, Turkmenistan, Usbekistan. Für die Architektur dieser Weltgegend ist die untergegangene Sowjetunion verantwortlich, analog zu den Grenzziehungen der europäischen Kolonialmächte in Afrika.

Es sind Länder zwischen Asien und Europa, befruchtet vom Erbe des Orients, muslimisch seit dem achten Jahrhundert. Die Region hat die wissenschaftliche und geistige Blüte des Islam ebenso durchlebt wie das Weltreich der Mongolen. Ulugh Beg, der Fürst von Samarkand und Enkel des Eroberers Tamerlan, veröffentlichte 1437 einen Sternenkatalog, der exakter war als der des Ptolemäus und erst eineinhalb Jahrhunderte später von dem Dänen Tycho Brahe übertroffen wurde.

In den fünf Staaten, die in diesen Grenzen nie zuvor existiert haben, ist die Clan-Zugehörigkeit wesentlich stärker als die nationale; ihren Weg in die Welt müssen die meisten erst noch finden. Die unmittelbaren Nachbarn Russland, China und der Iran, die Türkei aufgrund alter ethnischer Verbundenheit, aber auch die Amerikaner als letzte globale Großmacht, alle wetteifern um Einfluss und Mitsprache in der Region. Ob es den fünf Ländern gelingt, die ausländischen Einflüsse im Gleichgewicht zu halten, welche Zukunft die sich herausbildenden Präsidialdynastien haben und wie weit der fundamentalistische Islam an Boden gewinnt – noch ist es zu früh für ein Urteil.

Der große Vorteil einer ehemaligen Kolonialmacht liegt in der dauerhaften Bereicherung der heimischen Herdkultur. Die deutsche Nation hat dieses Glück nie erfahren; dreißig Jahre Kolonialzeit reichen nicht zur Assimilation fremder Gerichte. Und so weiß niemand von der Hühnersuppe mit gestampften

Erdnüssen, die in Togo (1884 bis 1914 deutsche Kolonie) noch heute als Delikatesse gilt.

Nun wird Deutschland durch seine Kleinstaaterei entschädigt, die eine Fülle prachtvoller Regionalküchen hinterlassen hat. Da brauchen wir keine fremdländischen Importe. Im Grunde ist es bedauernswert, dass Deutschland in der Vergangenheit nie Kolonie gewesen ist, nicht einmal zur Römerzeit. Stellen wir uns vor: Labskaus, Dippehas, Eisbein, Himmel und Erd, Armer Ritter, Handkäs mit Musik und Leipziger Allerlei auf den Menükarten der Welt, zwischen Mulligatawny, Couscous, Chop Suey und Schaschlik.

Denkt man an die zentralasiatische Küche, drängen sich zwei Utensilien auf, die alle Kochkultur der Region bestimmen: *Mangal* und *Kasan*.

Vom *Mangal*, einem kastenförmigen metallenen Holzkohlegrill, der besonders für Schaschlik benötigt wird, war bereits die Rede (vgl. S. 61).

Der *Kasan* ist eine Art schwerer, gusseiserner Wok. Traditionell thront er auf einem breiten, runden, nach oben offenen und holzgefeuerten Kanonenofen. Es gibt hundert Gerichte, die man darin zubereiten kann; eines ist der König, Fixstern der usbekischen Küche, Glücksbringer der Neuvermählten. Es ist der *Plow* in seinen Varianten – nach der Art von Fergana mit kleinen Fleischstücken, oder Samarkand mit großen, oder Buchara mit Rosinen, oder wie sie ihn in Schadybekski mit Mandeln und Pflaumen zur Hochzeit zubereiten, oder im Dampf mit Hühnerfleisch nach al-Maghrib, mit Pferdewurst, mit Welsfilet…

Plow ist kein Nationalgericht, wenn es denn keine Nation der Händler und Reisenden gibt. Plow ist das Produkt der Seidenstraße und der mongolischen Eroberungen, die Frucht aus der Berührung der zentralasiatischen Viehzüchter mit den Reisbauern der chinesischen und indischen Ebenen. Es ist die Speise der Karawanen, die auf dem langen Weg vom

Dreistromland her durch Berge und Wüsten nach China zogen und retour, an den Oasen haltmachend, in Chiwa, Buchara, Samarkand. Er ist mit dem indischen Pullao und Biryani verwandt und in allen jemals persisch oder türkisch beherrschten Gebieten als Pilaf oder Pilaw oder Polowo bekannt. Nicht unwahrscheinlich, dass die spanische Paella derselben Wurzel entstammt; erst die Muslime haben den Reis auf die Halbinsel gebracht, unter der Herrschaft des Kalifats in al-Andalus.

In Usbekistan, wo die Menschen nicht besonders national gestimmt, sondern Allah und ihrer Sippe verpflichtet sind, ist jeder Plow ein duftendes Dankeschön. »Der Arme isst Plow«, heißt es, »der Reiche isst nur Plow.«

Die Zubereitung ist den Männern vorbehalten; vor jeder Hochzeit versammeln sich die männlichen Verwandten der Braut bei Tageseinbruch lange vor dem Frühstück und kochen den Hochzeitsplow, bereichert um saftige Rosinen, Früchte und fette Nüsse, für das mittägliche Festmahl.

Seine Bedeutung für eine gute Ehe behält der *Plow* auch nach der Hochzeit bei. Da einige Hadithe am Donnerstag, dem ersten Tag des muslimischen Wochenendes, Geschlechtsverkehr zu Mittag und in der Nacht empfehlen, aßen die Männer in den Zeiten vor Viagra an diesem Tag Plow mit Pferdefleisch und Wachteleiern.

Ein guter Plow verlangt Fingerspitzengefühl und Erfahrung. Das Rezept ist lang, und Kochmuffel können direkt zum Moskauer Spaziergang weiterblättern. Aber da Liebe durch den Magen geht, will ich es nicht unterschlagen. Wer sich herantraut, muss die Nerven mitbringen, es nach einem missglückten Versuch ein zweites und ein drittes Mal zu probieren. Dampft der Plow aber locker und mit unverwechselbar intensivem Duft auf dem *Ljagan*, dem großen, bunt glasierten usbekischen Keramikteller, dann ziehen die Düfte Eurasiens, des Orients und der Wüste durch alle Räume. Kreuzkümmel, Knoblauch, Karotten und Hammelfleisch.

Allahu Akbar. Gott ist groß.

Alles beginnt mit einem anständigen Schlegel vom Lamm, nicht zu jung, sorgfältig entbeint und von Sehnen und Fett befreit, außerdem gut dreihundert Gramm vom Fettsteiß. Ein Kilo Reis (kein Langkorn), in kaltem Wasser eingeweicht. Ein Kilo Karotten von einer trockenen Sorte, die Treibhauskarotten im Supermarkt enthalten zu viel Wasser. Des weiteren ein halbes Kilo gehackte Zwiebeln, nicht grob, nicht fein. Vier Knoblauchzwiebeln (ganze Zwiebeln, keine Zehen), zwei unbeschädigte Chilischoten, zwei Handvoll eingeweichte Kichererbsen, Kreuzkümmel, Pfeffer und Salz.

Das Fleisch, ein gutes Kilogramm, schneiden wir in drei oder vier Teile. Händisch (nicht mit der Küchenmaschine) schneiden wir die Karotten in vier oder fünf Zentimeter lange Streifen von gut einem Millimeter im Querschnitt. Warum händisch: Die Streifen aus der Küchenmaschine geraten zu dünn, und wenn das Gemüse dann noch wasserhaltig ist, schmilzt es zu Möhrenmus.

Nun gibt es in Europa keine Fettsteißschafe, auch wenn deren Fleisch (das Fett wird im Schwanz eingelagert) so viel schmackhafter ist als das der verbreiteten Rassen. Fettsteißschafe sind die Basis aller persischen und zentralasiatischen Hammelgerichte. Wer nicht das Glück hat, einen der wenigen Züchter von Karakuloder Hissarschafen zu kennen, der findet Fettschwänze auch im türkischen Supermarkt nicht.

Macht aber nichts, wir ersetzen das Fett durch eine Mischung aus Sonnenblumen- und Olivenöl. Man kann Körperfett vom Schaf hinzugeben, doch das macht keinen großen Unterschied. Besser ist, man wählt von vornherein ein erwachsenes Tier, damit das Ganze auch nach etwas schmeckt. Milchlämmer gehören sowieso ans Euter, nicht unters Messer.

Als erstes kommen die gehackten Zwiebeln ins dampfende Öl. Die Flamme bleibt hoch, damit das Wasser aus den Zwiebeln rasch verkocht. Dann das Fleisch, wobei genug Fett im Kasan sieden muss, damit die Stücke rasch bräunen. Im Zweifel ist es besser, sie nacheinander anzubraten; wichtig ist, dass die Poren sich schließen und eine schöne braune Schicht das Fleisch umgibt.

Als nächstes folgt ein Viertel der Karottenstreifen. Die Flamme bleibt hoch, es wird fleißig umgerührt, und sobald der Duft von Kabul, Samarkand und Taschkent die Küche erfüllt, kommen die restlichen Karotten hinzu – jetzt schon nicht mehr umrühren. Des weiteren etwas Wasser, auf dass alles knapp bedeckt ist. Diese Mischung, eigentlich ein Lammtopf mit Karotten, lassen wir dreißig oder vierzig Minuten zugedeckt sanft köcheln. Es schadet nicht, wenn es etwas länger wird. Im Ergebnis erhalten wir den *Syrwak*, die Basis eines jeden Plows.

Der fertige Syrwak wird gesalzen, dann kommt ein guter Esslöffel Kreuzkümmel darüber – zuvor im Mörser leicht zerstoßen! – sowie die ungeschälten Knoblauchzwiebeln und ganzen Chilischoten. Auf der Oberfläche verteilen wir die eingeweichten Kichererbsen und schließlich – vorsichtig und am besten mit einem Schaumlöffel – den abgewaschenen und abgetropften Reis. Der Reis darf auf keinen Fall mit dem Syrwak vermischt werden.

Dann wird Gas gegeben; die Flüssigkeit soll rasch aufkochen, damit das würzige Fett nach oben steigt und vom Reis aufgesaugt wird. Gleichzeitig drücken wir von oben leicht an, verteilen die Flüssigkeit gleichmäßig und gießen, falls erforderlich, tröpfchenweise Wasser nach, ohne die Reisschicht zu beschädigen.

Wenn die Flüssigkeit nach einigen Minuten von der Oberfläche verschwindet, wird die Flamme klein gedreht. Als Faustregel gilt, dass die oberste Lage Reis zu diesem Zeitpunkt bissfest sein muss; sind die Körner zu hart, muss vorsichtig nachgegossen werden. Der Kasan bleibt dabei unbedeckt. Nach zwanzig oder dreißig Minuten sollte man mit dem Löffel prüfen, wie hoch die Flüssigkeit in den unteren Lagen steht. Schlimmstenfalls teilen wir den Plow vorsichtig mit dem Holzspatel, so dass ein Loch entsteht, oder wir häufen die Reisschicht zur Mitte hin auf. Beides lässt die Flüssigkeit rascher verdampfen. Der Plow kann auch vierzig oder fünfzig Minuten auf dem Herd bleiben, Hauptsache ohne Deckel. Wichtig ist, dass am Ende nur mehr ein Bodensatz aus würzigem Fett übrig ist.

Beeindruckend macht sich das Ganze gestürzt auf dem bereits erwähnten Ljagan, auf dem die Fleischstücke und die Knoblauchzwiebeln wie eine Krone auf dem Reisberg liegen. Doch Plow schmeckt ebenso gut direkt aus dem Topf. Vorsicht mit den Chilischoten! Dazu gibt es *Lipjoschki*, das sind leicht gesäuerte Brotfladen, außerdem heißen, schwarzen Tee und Fruchtsaft. Das Ganze braucht ein wenig Übung, doch selbst ein misslungener Plow schmeckt besser als gar keiner. Wodka trinken darf nur der Koch und auch das nur während der Zubereitung; der leicht ölige Schnaps passt allerdings perfekt zu den krossen Fettschwanzgrieben.

Wem das alles zu kompliziert klingt, der erstehe ein Flugticket nach Taschkent (ab Frankfurt direkt, mehrmals in der Woche) und besuche am Vormittag, und zwar unbedingt vor elf oder zwölf Uhr, das *Zentralasiatische Zentrum des Plows*, ein großes Restaurant im Norden der Stadt. In fünf oder sechs riesigen Kasanen, die nebeneinander auf gemauerten Öfen im baumbestandenen Innenhof des Restaurants stehen, schmoren dort jeden Morgen Unmengen duftenden, dampfenden Plows. Auf drei Etagen des zum Hof hin offenen Lokals sowie unter den Bäumen auf ebener Erde sitzen die Gäste an Tischen mit rotweiß karierten Decken. Speisekarten gibt es nicht; die Gäste ordern Plow, Lipjoschki und *Atschik-Tschutschuk*, einen Salat aus Tomaten, Zwiebelringen und Chili. Getrunken wird auch hier nur schwarzer Tee, der im ganzen Osten so genannte *Tschai*.

An die zweitausend Portionen serviert dieses Lokal täglich. Am frühen Nachmittag ist die Pracht verzehrt, das Restaurant schließt. Dann liegt der Hof verlassen. In den Sommermonaten brennt die Sonne ohne Erbarmen. Wenn sich die Mittagsstunde neigt, zwitschern Vögel in den grünen Zweigen, die Erinnerung an Hammel und Karotten hängt in der Luft, man lässt den letzten Schluck Tschai am Gaumen sprudeln, schließt die Augen und weiß, dass hinter den Bergen China beginnt und im Süden Afghanistan.

XII.
MOSKAUER SPAZIERGANG

Es gibt das Moskau jenseits der Sehenswürdigkeiten, die der Reiseleiter auf dem Programm hat: Kreml, Roter Platz, GUM. Auch vom Bolschoi und den Dutzenden anderer Theater, den Konzertsälen, den über einhundertachtzig Museen wird hier keine Rede sein.

Dahinter liegt das Moskau der Erinnerungen, der Träume, der Nacht.

Beginnen wir beim Hippodrom, der Moskauer Pferderennbahn. Von hier aus wurden 57 000 deutsche Kriegsgefangene am Vormittag des 17. Juli 1944 als graue, geschlagene Kolonnen im Triumphzug der Sieger durch die Stadt getrieben. Eine ungeheure Masse Mensch in Feldgrau, Feldgrün und Schwarz, die frisch von der Schlacht (die Heeresgruppe Mitte war zusammengebrochen) auf das offene Feld im Innern des Renn-Ovals gekarrt worden war.

Das bisschen Andenken sind sie uns wert, erst recht jene, die nicht mit Hurra und Heil Hitler auf den Lippen gen Osten gezogen sind. Auch solche waren mit dabei. Viele haben weder Moskau noch die Heimat je wiedergesehen.

Das Hippodrom, das heute zwei Bahnen hat – je eine für Trab- und für Galopprennen –, liegt abseits der Leningrader Chaussee, die ihren Namen trotz der Rückbenennung der nördlichen Hauptstadt in St. Petersburg behalten hat. Die Rennbahn existiert seit 1834, damals war sie, was selbst nur wenige Moskauer wissen, die älteste auf dem Kontinent – Kontinent nach englischem Verständnis, denn auf den Inseln gab es Pferderennbahnen schon weitaus früherer.

Beim ersten Besuch traut man seinen Augen nicht – wo findet man so viel freie Fläche unmittelbar neben dem Zentrum einer Zehnmillionenstadt? Der langgestreckte Bau ist nicht sonderlich einnehmend. Ergänzungen der Nachkriegszeit haben den Portikus, der einmal klassizistisch war, aus den Proportionen gerissen. Der Sport der Gentlemen besaß auch unter dem

Kommunismus seinen Reiz; nur während zweier Jahre unmittelbar nach der Revolution war der Betrieb unterbrochen, dann kamen die neuen Herren auf den Geschmack.

Man kann sich kaum vorstellen, wie sie damals, 1944, Zehntausende Gefangene in Gruppen von je sechshundert, zwanzig Mann breit die Marschkolonne, in Richtung Leningrader Chaussee geführt haben. Heute ist es ein Fußweg von fünf Minuten durch die stillen Seitenstraßen des Stadtteils Begowaja, wo im Sommer Liebespaare Hand in Hand auf dem Trottoir schlendern und auf den Bänken zu beiden Seiten der Hauseingänge altersgebeugte Rentner sitzen.

»Großer Walzer« hieß die Propagandaveranstaltung im Kreis um den siegreichen Stalin, ein Spektakel für die Weltpresse, denn seit der Landung der Alliierten in Frankreich sechs Wochen zuvor war der sowjetische Vormarsch in der internationalen Berichterstattung auf Rang zwei verdrängt worden. Nun hatte Stalin seine zweite Front, aber die raubte ihm alle Aufmerksamkeit.

Es war ein Pressespektakel nach sowjetischer Manier. Den weltgewandten US-Presseoffizieren hatte man wenig entgegenzusetzen, und im Vergleich mit den gutgenährten amerikanischen Soldaten sahen die abgemagerten Rotarmisten längst genauso aus wie ihre geschundenen Gegner. Aber 57 000 Gefangene durch Moskau zu treiben wie ein römischer Imperator, gefolgt von Spritzenwagen, deren Wasserstrahl die Stadt vom Schmutz der Eroberer reinigten, das hatte archaischen Stil. Das sollten die Westalliierten erst einmal nachmachen.

Zweiundzwanzig deutsche Generäle an der Tête, den Blick missmutig zu Boden gerichtet, begleitet von einer sowjetischen Reitereskorte mit spiegelblanken Lederstiefeln. Dahinter zwanzig Mann breit die Kolonnen der Geschlagenen. Zwanzig, dann wieder zwanzig und wieder zwanzig und wieder zwanzig. 57 000 insgesamt. Ohne Illusionen marschierten sie stadteinwärts bis zum Majakowskiplatz, wo heute das Hotel »Peking« steht. Dort teilte sich die Kolonne; je eine Gruppe schwenkte nach links und nach rechts auf den Gartenring. Nach vier Stunden war das Spektakel vorüber. Die Männer konnten von Glück sagen, dass Sommer war. Einige wenige, man sieht es auf den erhaltenen Fotografien, haben die Kraft zu einem Lächeln gehabt – oder den Galgenhumor.

Wer heute über denselben Gartenring fährt, die annähernd kreisrunde, achtspurige Straße, die das Moskauer Stadtzentrum umgibt, ahnt nicht, dass dort noch vor zweihundert Jahren die Stadtgrenze verlief. Auf der Stadtseite standen die *Osabnjakí*, die hölzernen Palais der Kaufleute und Adeligen mit ihren Gärten, und nur vereinzelt entlang der Straße nach St. Petersburg und im Westen wuchs die Stadt über den Ring hinaus. Noch unmittelbar vor der Revolution lag das Hippodrom – gerade zwei Kilometer außerhalb des Gartenrings – inmitten weithin offener Felder.

Heute ist dieselbe Straße breiter ausgebaut als eine deutsche Autobahn und vollgestopft rund um die Uhr. Wie ein Reif aus Blech schieben sich Zehntausende Autos im Schrittempo um das russische Herz. Der Gartenring ist das Symbol des ungeheuren Wachstums dieser Stadt.

Zwei verheerende Kriege, die verheerende Revolution und die verheerende Kollektivierung der Landwirtschaft haben Heimatlose nach Moskau getrieben, Strandgut großer Zeiten nebst Begabten und Ehrgeizigen. Für die einen war Moskau die größte, für die anderen war es die letzte Hoffnung.

Schon immer war die Stadt die Sehnsucht aller Provinzblumen, die sich das Träumen leisten konnten. »Nach Moskau, nach Moskau, nach Moskau«, seufzt die von ihren zwanzig Lebensjahren enttäuschte Irina in Tschechows *Drei Schwestern*. Im Mahlstrom des 20. Jahrhunderts, dieses ungeheuren Fleischwolfjahrhunderts, sollte alles möglich werden. Völker wurden entwurzelt, viele fanden ein neues Zuhause, einige fanden Moskau, Millionen fanden den Tod.

Seit 1920 hat sich die Einwohnerzahl der russischen Hauptstadt verzehnfacht. Der Faktor ist noch höher, rechnet man erst die Einzugsgebiete hinzu. Keine andere europäische Großstadt ist im letzten Jahrhundert mit einem derartigen Tempo gewachsen. Mit derselben Geschwindigkeit wurde das Land der Industrialisierung unterworfen und eine nie gekannte soziale Dynamik ausgelöst.

Vor Jahren korrigierte mich ein junger, erfolgreicher Unternehmer, als ich die Wunden bedauerte, die der Kommunismus dem Land geschlagen hat. Ich dürfe die positiven Seiten nicht übersehen, hielt er entgegen. Seine Großeltern waren Bauern gewesen in der abgelegensten Provinz, und ohne den Kommunismus wäre sein Vater niemals Ingenieur geworden.

Er hat recht gehabt. Nach dem Untergang des Zarenreichs wurde der soziale Boden nach Kräften umgegraben, frische Potentiale wurden aus den dunkelsten Schichten ans Licht geholt. Keine andere europäische Revolution der vergangenen Jahrhunderte hat ein derartiges Vakuum erzeugt durch physische Vernichtung und Vertreibung, verbrannte Erde, wo es kurz zuvor noch, wie es schien, stabile, reiche und fest verwurzelte Schichten der Gesellschaft gab.

Die Entwicklung in Deutschland nach 1933 unterschied sich davon in der Größenordnung, nicht in der Qualität. Die Ausrufung der Republik 1918 hatte die gesellschaftlichen Umwälzungen nur angestoßen. Vollendet haben sie die Nationalsozialisten nach 1933. Die Weimarer Republik war aller Sozialdemokratie zum Trotz ein bürgerlich-elitärer Staat; erst Adolf Hitler hat die verhassten »feinen Leute« abserviert und den Boden bereitet für die spätere Massendemokratie. Das Zurückstutzen der alten Eliten hat gewirkt, nicht nur in der DDR, die das begonnene Werk bereitwillig fortführte. Der breite Konsens nach 1989 gegen die Rückgabe der im Osten enteigneten Rittergüter – gerade unter den sogenannten Konservativen – hat gezeigt, wie gründlich die Besen, ob braun oder rot, zuvor gefegt hatten.

Die Enkel und Urenkel der Revolutionsgewinner, ob von 1917 (Russland) oder von 1933 (Deutschland), haben weder Grund noch Interesse, die Verhältnisse umzukehren. Mir gefiel die Offenheit, mit welcher der junge Moskauer Unternehmer das eingestand, weder leugnete er seine Herkunft noch das Gute, das er dem Kommunismus verdankte.

Im Jahr 1944 stand noch kein Denkmal für Wladimir Majakowski auf dem Triumphplatz. Heute überragt er unübersehbar, riesig und überlebensgroß den Parkplatz vor dem Hotel »Peking« – der Dichter der Revolution. Dafür trug der Platz damals seinen Namen. Irgendwann wird der Partei aufgefallen sein: Zu viel Majakowski ist auch nicht gut.

Aufrecht im gut geschneiderten Anzug hat der Bildhauer ihn Ende der fünfziger Jahre in Bronze gebannt, innehaltend zwischen Gehen und Stehen, mit durchgedrücktem Kreuz und geschwellter Brust, den Charakterkopf mit den zurückgekämmten Haaren stolz zur Seite gewandt. Man spürt förmlich, wie ihm vor Selbstbewusstsein der Kragen platzt.

Hier kommt der neue Mensch. Fort mit dem schwachen, morschen Geschlecht; die Zukunft gehört den Starken mit dem feurigen Blick. Stark im Blut und im Geist und im kommunistischen Glauben.

Was für ein Kontrast zum alten Denkmal für Nikolai Gogol, das früher am Gogolewski Boulevard stand. Es stammt aus den frühen Jahren des 20. Jahrhunderts; vornüber gebeugt auf grob zugehauenem Stein sitzt der Dichter unter den Falten seines weiten Mantels, Ukrainer und doch der russischste aller russischen Literaten, mit hängenden Schultern und abgewandtem Kopf in tiefer Abscheu vor sich selbst. Das ist kein neuer Mensch. Das ist der zweifelnde, verzweifelte Dichter in seiner tiefen Krise, nicht lange vor dem Fastentod.

Dann, 1952, stand plötzlich ein anderes Denkmal an derselben Stelle, ein aufrechter Gogol im Mantel mit Pelerine, nicht hässlich, nur harmlos. Stalin und seine Genossen, die täglich daran vorüberfuhren, hatten den Anblick des depressiven Zweiflers nicht ertragen. Die tausend Zwischentöne, die bourgeoise Dekadenz der Trauer, der Kontrast der feinen, großzügigen Linien mit den groben Oberflächen – das alles war zu viel für die kommunistischen Simpel. Jedenfalls wurde ein neuer Gogol bestellt. Realistisch, sozialistisch, gehaltlos.

Es ist das reine Glück, dass die alte Statue hinter Klostermauern überdauerte und heute, nicht weit von ihrem angestammten Platz, im Garten des Gogol-Museums am Nikitski Boulevard wieder einen Platz unter dem Moskauer Himmel hat.

Majakowski, der revolutionäre Expressionist, ist keine leichte Kost. Für die Russen, die trotz Playstation und Wodka (oder wegen des Wodkas?) mehr Gedichte lesen und zu rezitieren wissen als andere Völker, gehört er zu den ganz Großen. Wie tief die Liebe zu den berühmten Dichtern reicht, zeigt sich am besten im russischen Humor.

Ein Beispiel: die Zahlengedichte, dadaistisch anmutende Wortspiele, die sich in der Tat bis in die Zwischenkriegszeit zurückverfolgen lassen. Wer sie im einzelnen verfasst hat, ist unbekannt. Gedichte sind Wortmusik, und Noten haben keine Bedeutung. Also kann man Worte ersetzen durch Laute ohne sinnvollen Zusammenhang, in diesem Fall durch Zahlen. Trotzdem wird der Dichter nicht vergessen – sein Musikstil, der Rhythmus und die Klangfarbe, alles macht ihn unverwechselbar.

Die Zahlengedichte sind für die russische Sprache komponiert, aber das Prinzip ist auch Ausländern verständlich:

A. S. Puschkin:
17 30 48
140 10 01
126 138
140 3 501

W. W. Majakowski:

2 46 38 1

116 14 20!

15 14 21

14 0 17

S. A. Jessenin:

14 126 14

132 17 43.

16 42 ... 511

704 83.

170! 16 39

514 700 142

612 349

17 114 02

Sergej Jessenin war ein Bauernsohn mit einem atemberaubenden poetischen Talent. Siebzehn Lebensjahre hat er im
Gouvernement Rjasan gelebt, bevor er 1912 nach Moskau kam.
Sein Heimatdorf Konstantinowo liegt auf einer Anhöhe knapp
vierzig Meter oberhalb der Oka. Die Oka, ein Fluss, der zuvor
bei der Stadt Kolomna das Wasser der Moskwa aufgenommen
hat, windet sich hier in ihrem unregulierten Bett durch die hügelige Ebene und mündet in Nischni Nowgorod in die Wolga ein.
 Unmittelbar zu Füßen des Dorfes Konstantinowo beschreibt der Fluss, in fast verstörendem Bruch mit den sanften
Linien der Bilderbuchlandschaft, die nach allen Seiten hin von
Grenzenlosigkeit erzählt, eine scharfe S-Kurve. Weit geht der
Blick über sie hinweg in die Ferne. Jessenins Elternhaus steht
am oberen Rand des Abhangs, heute befindet sich dort ein
kleines Museum, man tut ein paar Schritte und hat das ganze
Panorama vor Augen. Das Dorf geht in die Wiesen über, die im
Frühsommer wie vor hundert Jahren ein Meer aus weißen, blauen und roten Blumen sind.

Für einen Tagesausflug in der Kombination mit Jasnaja Poljana, dem Gut von Leo Tolstoi, liegt Konstantinowo zu weit im Nordosten, aber wer die Zeit hat, in Kolomna Station zu machen, kann ausgiebig beide Dichtertempel besichtigen und dazu noch den Kreml der alten russischen Provinzstadt, ein imposantes Bauwerk mit einem Museum und munteren jungen Leuten, die auf den Kremlmauern ihr interaktives altrussisches Programm anbieten: Bogenschießen, Schwertkampf, Messerwurf.

Majakowski, Puschkin, Jessenin, Gogol ... Die großen russischen Dichter sind der Stoff für Legenden. Sie starben alle früh und unnatürlich; so ist es in diesem Land, in dem oft erst der Tod die Menschen mit ihrer Heimat versöhnt.

Der eifersüchtige Puschkin, scharfzüngig, ehrpusselig, Veteran mehrerer Duelle, verheiratet mit einer der schönsten Frauen der Stadt und ständig um Rang, Ruf und Ansehen besorgt, lässt sich auf dem Höhepunkt seines Schaffens auf ein Duell mit seinem eigenen Schwager ein.

Gogol verfällt dem religiösen Wahn und opfert unter Fastenqualen seinen Leib, um seine Seele zu retten.

Jessenin und Majakowski, zwischen deren Werk Welten liegen, gehen zugrunde an der Revolution und den sowjetischen 1920ern, einer Zeit, so ungeheuerlich, wie man sie keiner schöpferischen Seele wünschen mag. Jessenin, gerade einmal dreißig Jahre alt und zum fünften Mal verheiratet, hängt sich 1925 in seinem Zimmer im Leningrader Hotel »Angleterre« am Heizungsrohr auf. Ein halbes Jahrzehnt später erschießt Majakowski sich in Moskau, sechsunddreißig Jahre alt.

Nur bei Lenins Aufbahrung 1924 im Säulensaal des vormaligen Adelsclubs, direkt neben der heutigen Staatsduma, war die Zahl derer, die dem Toten die letzte Ehre erwies, größer gewesen. Aber da wusste das Volk schon, was roter Terror war, und nicht jeder kam freiwillig und mit Tränen auf den Wangen. Die

Hunderttausende, die zu Jessenins und Majakowskis Särgen kamen, hatte niemand bestellt.

Beide Dichter standen zu Lebzeiten unter strengster Kontrolle der Sicherheitsorgane; Informanten der *Tscheka*, der »Außerordentlichen Kommission«, aus der später der KGB hervorging, protokollierten jedes ihrer Worte, jeden Schritt. Zäh halten sich bis heute Zweifel an den vermeintlichen Selbstmorden; viele sind überzeugt, in Wirklichkeit seien beide im Tscheka-Auftrag ermordet worden.

Majakowskis Grab liegt auf dem noblen Klosterfriedhof Nowodewitschi, der während der Sowjetzeit zur VIP-Nekropole aufstieg. Jessenin, der niemandem als Sänger der Revolution galt, fand seine Ruhestätte auf dem Wagankowoer Friedhof, inmitten von Künstlern, großen Gescheiterten und klugen Oppositionellen. Dafür wurde sein Sarg, umringt von Tausenden, im Kreis um das Puschkin-Denkmal herumgetragen, das damals noch, um hundertachtzig Grad gewendet, auf der gegenüberliegenden Seite der Twerer Straße stand. Ein Triumphzug für einen toten Dichter.

Denkmäler verraten viel. Sie sind nicht zuallererst Ausdruck individuellen Schaffens, sondern vor allem immer auch Ergebnis einer Auswahl, eines Prozesses, der die Stimmungen und den Geschmack einer gesellschaftlichen Elite bündelt.

Für die Antike bestimmen die Kunsthistoriker den Wechsel von Aufstieg, Blüte und Niedergang anhand von Kapitellen, Tempelfriesen und Statuen. Die Begriffe sind auf alle Kulturen anwendbar. Auf eine archaische Phase mit einfachen, symbolschweren und oft religiös geladenen Formen folgt die Klassik, die Perfektion des Stils bei fortwirkender Konzentration auf das Wesentliche. Erst der Verlust der Bodenhaftung läutet das Ende ein: überbordende Dekadenz, Beliebigkeit, Flachheit, Massengeschmack.

Russland ist Europa in den fünfhundert Jahren bis zur Oktoberrevolution durch alle wesentlichen Phasen gefolgt.

Auch an der späten und wohl letzten Blüte der westlichen Kultur, der Moderne, hat das Land wesentlichen Anteil. In ihren ersten Jahrzehnten bis weit über den Oktober 1917 hinaus war kaum ein Boden fruchtbarer für die neuen Ideen als der russische. Die russische Avantgarde, Djagilews *Ballets Russes*, Konstruktivismus, Malewitschs *Schwarzes Quadrat*, das unerschöpfliche jüdische Erbe mit Künstlern wie Chagall, El Lissitzky, Eisenstein ... Wo konnte eine solch hochgespannte Epoche auf mehr Resonanz stoßen als bei den vernunftvergessenen Russen.

Doch dann fiel, um 1930, der Vorhang für die Moderne, scharf wie das Messer einer Guillotine.

Die Gegner im Großen Vaterländischen Krieg, Deutschland und die Sowjetunion, waren in Wahrheit synchron geschaltet. In beiden Ländern unterlag die neue Zeit auf voller Linie. Ihre Gegner, die Verängstigten, denen alles zu schnell ging, die nicht verstanden, wo die Zeit sie hintrieb, scharten sich um Ideologien von Männerkraft, neuem Menschen, aufrechtem Gang und Stolz. Die auf Fortschritt und Veränderung drängenden Kräfte wurden in die Wissenschaft und die Technik verbannt. Alles übrige – Alltagsleben, Kunst, öffentlicher Raum – beherrschte die kleinbürgerliche Sehnsucht nach Harmonie, Symmetrie, Ruhe und Ordnung. Mehr hatten die Herren Revolutionäre nicht gelernt, die roten wie die braunen.

Seitdem ist weit über ein halbes Jahrhundert vergangen. Mit kräftiger Nachhilfe hat Deutschland den Weg zurück in die Zeit gefunden. Vom alten Niveau in Kunst und Wissenschaft können wir nur träumen. Immerhin verfügen einige der ausländischen Architekten, die in unserem Land Projekte verwirklichen, über deutsche Wurzeln. Ganz ohne Ironie: Nach allem, was unsere Vorfahren der Intelligenz angetan haben, ist das schon etwas.

Russland hat es schwerer; zwölf Jahre wegzuwerfen ist leichter als siebzig. Der Weg in den europäischen Mainstream wird vom überwiegenden Teil der Gesellschaft abgelehnt, auch weil ein Bauchgefühl den Russen sagt, dass dieser Mainstream mehr Vergangenheit als Zukunft hat.

Wie kommt die Intelligenz, die früher auf den schönen Namen Intelligenzija hörte, mit den neuen Verhältnissen zurecht? In der Architektur gibt es interessante Ansätze, spielerisch wie in Asien und vor allem unbehindert vom Anpassungsdruck an den Westen. Ob es wahr ist, dass in Moskau nicht alle Architekten schwarze Pullover tragen?

Auf der Malus-Seite der neuen Zeit stehen die öffentlichen Denkmäler. Ihr Niveau kann nur noch theoretisch unterboten werden.

Das Verschwinden des zerknirschten Gogol 1952 war nur das Präludium. Der neue Gogol ist immerhin noch akzeptabel, ohne Spannung und Haken, erst recht ohne Widerhaken, aber von solidem Handwerk und keine Beleidigung für den Dichter. Auch der Übermensch Majakowski auf dem Triumphplatz macht nicht den Eindruck, als müsste der Poet sich seiner selbst wegen im Grabe umdrehen. Man muss die Statue nicht mögen, aber sie hat etwas Authentisches … Doch, man kann sich vorstellen, dass solch ein Menschenheldenbild zu anderer Zeit ein Leitmotiv war.

Sergej Jessenin hat überhaupt erst zum hundertsten Geburtstag ein Denkmal in Moskau geschenkt bekommen, da war es schon vorbei mit Spuk und Kommunismus. Zuvor gab es lediglich seinen Grabstein, grob zugehauener Marmor, aus dem sein Oberkörper wächst. Mir gefällt er nicht. Jessenin war kein Dorfpoet mit Stirnlocke und treudoofem Blick. Nur weil einer aus dem Bauernstand kommt und die russische Landschaft in Versen beschreibt wie seit Puschkin keiner, die Nebelkrähen auf verschneiten Feldern ohne Horizont, blaue Kornblumen und Pappelsamen im Wind, ist er noch kein genialer Tölpel.

Sein Geburtstagsgeschenk, die Statue von 1995 auf dem Twersker Boulevard, ist schlicht missraten. Herzig anzuschauen und mit ebendieser Stirnlocke steht der gute Junge auf einem billigen, runden Sockel aus dunklem Granit. Von einem Dichter, der im Selbstmord endet, hat er nun gar nichts an sich. Dafür sieht er nett aus. Das einzige, was an ihm auffällt, ist noch sein Geschlechtsteil, das sich scharf unter der Hose abzeichnet. Vielleicht ist er wirklich ein Dorfpoet. Oder ein Traumschwiegersohn.

Wie soll man diesen Stil, diesen Unstil nennen? Ist das Sozialistischer Realismus ohne Sozialismus? Das Wort *poschly* wurde bereits vorgestellt. In der Bildenden Kunst hat es eine ähnliche Bedeutung wie Kitsch. Gartenzwerge gedeihen in Russland nicht, um so mehr hingegen die Denkmalsentwürfe von monumentaler Banalität. Leider werden viele davon realisiert; dann bleibt nur Trauer um Tonnen teurer Bronze.

Etwa im Fall von Surab Zeretelis vierundneunzig Meter hohem Denkmal für Peter I. im Moskwafluss einige hundert Meter oberhalb des Kreml, kurz vor der alten von Einemschen Schokoladenfabrik. Der extravagante Bürgermeister Juri Luschkow hat es 1997 dort aufstellen lassen. Ursprünglich war der bronzene Riese, der mit einer Fackel in der Hand auf dem Vorschiff seiner im Vergleich winzigen Karavelle steht, überhaupt als Christoph Kolumbus gedacht und die monströse Konstruktion als Monument zu Ehren des fünfhundertjährigen Jubiläums der Entdeckung Amerikas. Nachdem die Regierungen der USA, Spaniens und auch einiger südamerikanischer Länder dankend den Kopf geschüttelt hatten, blieb nur noch eine einheimische Lösung. Aus dem Seefahrer wurde der Zar, Künstlerfreund Luschkow spendete einen 1-A-Standort, und Moskau besaß einen monumentalen Gartenzwerg mehr.

Nach dem Untergang der großen Ideologien und der enttäuschten Hoffnungen macht sich ein Hang zur Niedlichkeit breit. Man besinnt sich auf die imperiale Vergangenheit, auf Aristokratie und Fabergé und *grand monde,* aber bitte alles in kleinen Dosen, homöopathisch und möglichst anspruchslos.

Nur nicht wieder für mächtige Ideen leiden.

Bleiben wir bei den Moskauer Denkmälern. Den Gipfel – damit ist dann auch Schluss – bildet die 1999 auf dem Alten Arbat aufgestellte Bronze des Ehepaares Puschkin. Die ist nun die Niedlichkeit vom Scheitel bis zum Sockel. Wie aus Pappmaché für eine Kaufhausmesse steht das Paar in der Fußgängerzone, geziert händchenhaltend auf einer runden Plattform, die aussieht, als würde sie sich drehen, wenn man Geld einwirft. Er ein bakkenbärtiger Stutzer im Frack mit aufgefaltetem Jabot, sie eine Provinzschöne bei ihrem ersten Besuch in St. Petersburg. Man betrachtet den angeblichen Dichter von allen Seiten und stellt fest: Das kann nur ein Tanzlehrer sein. Wäre Puschkin noch am Leben, er hätte den Bildhauer längst schon im Duell niedergestreckt.

Jessenin auf dem Twersker Boulevard, die Puschkins am Arbat, wie alle Denkmäler stehen sie für ihre Zeit. Ihre Erschaffer – und die meisten anderen Staatskünstler der postsowjetischen Epoche – haben die gleiche Biographie, tragen die gleichen Orden und Ehrenzeichen: Verdienter Künstler der Sowjetunion, Volkskünstler der Sowjetunion, Volkskünstler Russlands. Man sieht förmlich, wie sie in jungen Jahren Leninköpfe aus totem Gips gegossen haben, im Akkord.

Abgebrühte Scharwenzler, die noch jedes Regime überleben. Nie durch Widerspruch oder kreative Ideen aufgefallen, so stehen sie in den Vorzimmern des Kreml, der Gouverneure und der Bürgermeister und flöten den Mächtigen Komplimente ins Ohr. Womöglich gefallen ihre Werke ja den vielen draußen im Lande, die schon wieder mit Veränderung und Unvorhergesehenem kämpfen.

Verlassen wir den Arbat, der ohnehin nur noch eine zugige Fußgängerzone ist. Mit jeder renovierten Fassade wird die

Straße steriler, auch wenn der Name immer noch Erinnerungen an Bohème, Künstlertum und sowjetische Subkultur weckt, auch im Ausland seit Rybakows Roman *Die Kinder vom Arbat (Deti Arbata)*. Die Zeiten sind lange verflogen. Irgendwann werden auch die Straßenhändler mit den gefälschten Pelzmützen der Roten Armee bürgermeisterlich entfernt, und der Arbat wird eine autofreie Einkaufsstraße für die Bewohner des schicken Viertels um die Seitengassen herum.

Gehen wir zurück zum Gogol-Boulevard und werfen einen letzten Blick auf den Dichter in seinen beiden Gestalten, keine vierhundert Meter voneinander entfernt, dann weiter den Boulevard entlang bis zum Puschkinplatz – unbedingt zum Puschkinplatz mit dem Denkmal, um vom großen Meister etwas anderes zu sehen als die Tanzpüppchen.

Auf der Twerskaja wenden wir uns nach rechts in Richtung Kreml, auf den Weg, den alle Petersburger Zaren zumindest einmal im Leben genommen haben. Für zweihundert Jahre war die Stadt in den Hintergrund gerückt, doch das Bewusstsein dafür, wo die Macht wurzelte, blieb wach. Kein russischer Zar ist jemals woanders gekrönt worden als in der Mariä-Entschlafens-Kathedrale, russisch *Uspenski sobor*, im Moskauer Kreml, von Iwan dem Schrecklichen, dem ersten Träger des Titels, bis zum unglücklichen zweiten und letzten Nikolaus.

Die Twerskaja, benannt nach dem großen Konkurrenten zur Mongolenzeit, dem Städtchen Twer nordwestlich der Metropole, wird oft als wichtigste Einkaufsstraße in Moskau beschrieben. Das stimmt nicht ganz; sie ist ein buntes Gemisch aus Restaurants, Parfümerien, den besten Buchgeschäften der Stadt, einigen Hotels und Wohnbauten für die Nomenklatura der Stalinzeit, auch heute noch Adresslage mit hohen Mieten trotz der miserablen Luft. Zum Einkaufen gehen die meisten Menschen woanders hin. Vielleicht sollte man sagen, sie ist die breiteste Einkaufsstraße der Stadt, je nach Verkehrsdichte mindestens sechsspurig.

Die Fassaden reichen acht Stockwerke hinauf. Die Neigung im Straßenverlauf, die zusammen mit der leichten Biegung immer neue Perspektiven eröffnet, verleiht der Twerskaja großstädtisches Gepräge, auch wenn – oder gerade weil – ihr Gesamteindruck pompös, zusammengewürfelt, kalt und abweisend ist.

Die Straße ist das Einfallstor aus Nordwesten. Ob mit man mit dem Wagen kommt oder vom Flughafen Scheremetjewo, der Weg in die Stadt führt über die Twerer Straße. Wer aus St. Petersburg das erste Mal nach Moskau kommt, noch ganz gefangen von den gelb-weißen Fassaden an dunklen Kanälen und der nebelhaften Eleganz der Newa-Ufer, für den ist die Twerskaja der Lackmustest. Der herrische Majakowski, die hässlichen Fronten der Stalinbauten, viel zu viele Autos und dazwischen der ganze deplazierte Werbeflimmer – eine Stadt ohne Sinn und Verstand.

Moskau ist kein Weib, das jedem zu Gefallen ist. Wen die Stadt kaltlässt, der darf sich auf den Heimflug freuen.

Andere, Einheimische und Zugereiste, Inländer und Ausländer gleichermaßen, kommen nicht los von der riesigen, lauten, unordentlichen und grandios hässlichen Metropole. »Doch hängt mein ganzes Herz an dir« – die zärtlichen Worte, die Theodor Storm in dem Gedicht *Die Stadt* für sein kleines Husum fand, können auch an den Moloch Moskau binden.

Keine zwei Häuserblöcke hinter dem Puschkinplatz stadteinwärts steht ein Hotel, das ein ganz eigenes Kapitel der deutsch-russischen Beziehungen verkörpert. Es wurde 1911 gebaut, hieß nach der Revolution »Lux« und später »Zentralnaja«. Sein Schmuckstück ist der große, von der Straße aus zugängliche Saal im Erdgeschoss mit den hohen, stuckverzierten und prachtvoll ausgemalten Decken und Wänden.

Der Saal war einst das Ladengeschäft der Bäckerdynastie Filippow, die das Hotel errichtet hat und lange Zeit als beste ihrer Zunft in ganz Russland galt. Das Filippowsche Weizenbrot, kunstvoll in feuchte Leintücher gewickelt, wurde an den Zarenhof in St. Petersburg und auf die Speisetafel sibirischer Gouverneure geliefert.

Eine Episode, die uns einen Begriff von der Gewitztheit der Familie gibt, ist vom Vater des ersten Hotelbesitzers, Iwan Maximowitsch, aus der Mitte des 19. Jahrhunderts überliefert.

Eines schönen Tages wird der Bäcker zum Moskauer Generalgouverneur gebeten, der im heutigen Bürgermeisteramt schräg gegenüber residiert. Der hohe Herr ist aufgebracht; er hat eine gebackene Kakerlake in einem Brotlaib entdeckt. Filippow nimmt das Brot, mustert es von allen Seiten, bricht es, schluckt die Kakerlake hinunter, schüttelt den Kopf und erklärt, er verstehe den Gouverneur nicht. Die Rosine sei doch delikat gewesen, frisch, noch ein wenig feucht, genau wie sie sein soll. Der Gouverneur hält die Luft an, dann steigt der Zorn in ihm hoch, und er schlägt mit der Faust auf den Tisch: verarschen könne er sich selbst. Der Bäcker solle keinen Schmarren reden ... Rosinen im Weizenbrot – eine ordinäre Kakerlake sei das gewesen.

Filippow sucht unter vielen Bücklingen das Weite. Nach einer Stunde spricht wieder vor, erhält gnädig Einlass und überreicht dem Gouverneur ein dampfendes, lockeres und unübertrefflich wohlschmeckendes Weizenbrot – voll saftiger, süßer Rosinen. Von wegen es gibt keine Rosinen im Weizenbrot.

Niemand wird herausfinden, ob die Geschichte wahr oder erdacht ist. Zuerst kam der Krieg, dann die Revolution. Der Sohn des Bäckers floh nach Paris und hinterließ Geschäft, Hotel und privates Palais seinen eigenen Söhnen; denen nahmen die Kommunisten Haus und Hof, bis schließlich alles, Geschichten, Bäcker und Brot, zwischen den Mühlsteinen jenes glorreichen Jahrhunderts verschwand.

Bis auf den heutigen Tag wissen die Moskowiter jedenfalls, woher die Rosine im Wappen der Filippows kommt. Und selbst diejenigen, die nie davon gegessen haben, erinnern sich an das köstliche Brot aus der *Bulotschnaja* in der Twerer Straße 10.

Das Hotel der Filippows bleibt noch einer anderen Episode wegen im Gedächtnis der Nachwelt. Für Hunderte von ausländischen Kommunisten, darunter viele Deutsche, war es in den Jahrzehnten nach der Oktoberrevolution ein – allerdings nicht immer lebensrettender – Zufluchtsort. Das »Lux« war die Absteige der Komintern, der Kommunistischen Internationale. Die Führungsriege der späteren DDR hat dort ebenso die Nazizeit über ausgeharrt wie – zumindest zeitweise – Ho Chi Minh, Josip Broz Tito, Tschou En-lai, Herbert Wehner und viele andere. Wer von den Hotelbewohnern die Säuberungen Ende der dreißiger Jahre überstanden hatte, auf den wartete eine große Zukunft im sozialistischen Lager der Nachkriegszeit.

Die Zusammenarbeit deutscher und russischer Kommunisten war eng und intensiv, von der Gründung der Sowjetunion bis zum Ende der Deutschen Demokratischen Republik. Beschreibt man die Beziehungen beider Völker als einen alten, knorrigen Baum mit mächtiger Krone, dann bildet diese Epoche einen starken Seitenast, der verdorrt ist, zu dem kein frischer Saft mehr steigt, dessen Holz in Form vieler Erinnerungen aber noch lange erhalten bleibt.

Längst ist der Kommunismus als Staatsdoktrin verschwunden, bald wird man sagen: vor über einer Generation. Gleichzeitig hält sich der Glaube, dass Kommunisten von besseren und lautereren Motiven beherrscht wurden als ihre Gegenspieler. Die KPD der Weimarer Republik, die Kommunistische Internationale, selbst das Projekt DDR – für viele ihrer Vorkämpfer verkörperten sie bei aller Zwiespältigkeit auch einen humanistischen Wert.

Im kollektiven russischen Gedächtnis lebt dieses Motiv fort. Wer das Verhältnis des Landes zu seiner jüngeren Geschichte verstehen will, muss diesen Wert ernst nehmen. Dem tut auch der stalinistische Terror, der im »Lux« wie in einem Brennglas gewütet hat, keinen Abbruch.

Im Moskauer Vorort Krasnogorsk, etwas außerhalb des Autobahnrings im Nordwesten der Hauptstadt gelegen, gibt es das Museum der deutschen Antifaschisten. Der Begriff ist in Deutschland desavouiert, maßgeblich durch eine nachgeborene Szene junger Extremisten, die nach Manier der SA und in der Farbe der SS unter dem Signum »Antifa« ihren Hass auf die Straße tragen.

Aus russischer Sicht bleibt der Begriff legitim. Auch im Bewusstsein der breiten Bevölkerung (nicht nur im offiziellen Sprachgebrauch) wurde der Große Vaterländische Krieg gegen den Faschismus geführt, nicht gegen Deutsche, Italiener oder andere Völker der sogenannten Achsenmächte.

Die Krasnogorsker Sammlung mit vielen Dokumenten zur Vorgeschichte, zur Emigration und zum kommunistischen Widerstand ist sehenswert. Das Museum liegt auf dem Gelände des Kriegsgefangenenlagers Nr. 27, das als Durchgangslager für hohe Offiziere diente. Im Februar 1943 trafen dort der deutsche Feldmarschall Paulus und dreiundzwanzig gefangene Generäle aus dem Stalingrader Kessel ein. Ein halbes Jahr später wurde, ebenfalls in Krasnogorsk, das Nationalkomitee Freies Deutschland ins Leben gerufen, ein von der sowjetischen Führung und den kommunistischen Emigranten initiiertes Instrument, Wehrmachtssoldaten aufzurütteln und zum Überlaufen zu bewegen.

Technisch gesehen war das Unterfangen weitgehend erfolglos. Wie der Widerstand des 20. Juli 1944 lag sein Wert im Symbolischen; der Welt und nicht zuletzt dem russischen Volk wurde gezeigt, dass die deutsche Armee nicht nur aus Parteigängern Hitlers bestand, auch nicht nur aus einer in Kadavergehorsam an ihren Fahneneid geketteten feldgrauen Masse.

Die durchweg konservativen Mitglieder des Bundes Deutscher Offiziere, der sich parallel zum NKFD in Krasnogorsk formierte, Männer um den Stalingrad-General Walther von Seydlitz und den Bismarck-Urenkel Graf Einsiedel, wussten, dass die Emigranten den Bund und auch das Komitee für ihre eigenen Ziele gebrauchten und missbrauchten. Sie nahmen es hin, weil diese Ziele moralisch immer noch höher standen als jene, die die deutsche Führung zur selben Zeit in der Heimat und den besetzten Gebieten verfolgte. Die Offiziere wollten nicht das Deutschland der Kommunisten, aber sie wollten dem der Nazis ein Ende setzen. Und sie wollten vor allem keinen Krieg mehr gegen Russland führen, getreu den Worten, die der Eiserne Kanzler 1890 in großer Entschiedenheit äußerte:

»Was wollen wir von Rußland oder Rußland von uns? ... eine Erwerbung, und ich werde meine Worte niemals zurücknehmen, von etwas über Memel hinaus, ist ein Verbrechen nicht bloß gegen uns, sondern gegen ganz Deutschland ...«

Nun, das Verbrechen ist vollbracht, und das Memelland ist auch dahin. Die Verbindung von Linken und Konservativen alten Schlages, die sowohl das Nationalkomitee Freies Deutschland als auch den 20. Juli 1944 charakterisierte, fand in der Gesellschaft, die im Dritten Reich entstanden war und aus der später die Bundesrepublik hervorging, wenig Widerhall. Das deutsche Bürgertum hatte andere Vorstellungen von der Zukunft.

Der Kommunismus, darin unterscheidet er sich von allen anderen politischen Bewegungen der neueren Zeit, hat unter seinen eigenen Anhängern mehr Opfer gefordert als unter seinen Gegnern. Deutsche, Russen ... die Nationalität war ohne Belang. Der stalinistische Terror in seinem ganzen Ausmaß war ein Irrsinn, wie er in der Geschichte seinesgleichen sucht, in seiner Singularität nur der Shoa vergleichbar.

Die Erschaffung des neuen Menschen ist misslungen, aber jene, die daran geglaubt haben, allzu optimistisch, naiv vielleicht, mindestens auf einem Auge blind, verdienen unser Andenken. Gerade die deutschen Kommunisten, die ihrem Volk in der Zeit vor 1945 einen größeren Dienst erwiesen haben als diejenigen, die aus vermeintlicher Vaterlandsliebe ihrem Führer bis zum bitteren Ende die Treue hielten.

Auf halber Strecke zwischen Puschkinplatz und Kreml, unterhalb des Hotels »Zentralnaja«, das umgebaut wird und bald als Hotel »Lux« wiederauferstehen soll, liegt der Twerer Platz gegenüber dem Moskauer Rathaus. Als wollte er den Bürgermeistern zeigen, wer Herr im Hause ist, thront dort die Reiterstatue des mächtigen Juri Dolgoruki auf ihrem Sockel. Gebieterisch streckt der Stadtgründer, der Sohn des Kiewer Herrschers Wladimir Monomach, den rechten Arm aus und deutet damit seinen Beinamen an: *Dolgoruki* heißt Langarm. Kaum jemand glaubt, dass der bronzene Reiter aus den fünfziger Jahren des letzten Jahrhunderts stammt; was da steht, sieht aus wie solides Denkmalshandwerk aus dem Jahrhundert zuvor.

Die Twerer Straße ist angefüllt mit Erinnerungen. Einem aufmerksamen Beobachter fallen, wenn er Rathaus und Dolgoruki hinter sich gelassen hat und den kremlnahen unteren Teil der Straße erreicht, die polierten Sockel aus rotem Granit auf, mit dem auf beiden Seiten die Erdgeschosse einiger Häuserfronten verkleidet sind, am eindrucksvollsten die der Nummern neun und elf unmittelbar vor dem Hauptpostamt.

Die Verkleidung besteht aus karelischem Granit, Moss in der Fachsprache, und Labradorit aus der Gegend um Ylämaa, der auch das 1930 errichtete Lenin-Mausoleum schmückt.

Ein großes Schicksal war den Steinen aus Finnland bestimmt. Sein Herr saß in der Berliner Wilhelmstraße, ein Antialkoholiker, der vom Siegen besoffen wurde und 1941 nicht nur das Unternehmen Rotbart, Barbarossa, befahl, sondern gleich auch die Errichtung eines angemessenen Monuments in der Hauptstadt des, wie er sich ausdrückte, slawischen Untermenschen.

Aber erstens kommt es anders und zweitens als man denkt.

Als die deutsche Front ab Dezember 1941 zu weichen begann, blieb keine Zeit, die schweren Granitblöcke auf dem Rückzug mitzuschleppen, und die Sendung, die sich schon in der Nähe der Stadt Moschaisk befand, fiel der Roten Armee in die Hand. Deutsche Gefangene haben nach dem Krieg die Häusersockel in tadelloser Wertarbeit mit den strengen roten Steinen verkleidet.

Kriegsgefangene waren auch beim Bau der sogenannten Sieben Schwestern eingesetzt, die heute noch zu den Wahrzeichen der Stadt gehören. Gemeinsam mit der Basilius-Kathedrale prägen die als Zuckerbäckerarchitektur geschmähten Hochhäuser mit ihren Stacheldächern und den ausladenden Ornamenten das Bild von Moskau in der Welt.

Die sieben (ursprünglich acht) Schwestern waren als Zacken eines wilden Sterns gedacht, in der Mitte der riesige Palast der Räte, der Sowjetpalast. Eine dreihundert Meter hohe, alles überwältigende Pyramide aus den Albträumen der Mayas oder Babylonier, gekrönt von einem metallenen Lenin schier unglaublichen Ausmaßes. Hundert Meter hoch allein die Statue und sechstausend Tonnen schwer sollte der Messias der Werktätigen fern in den Wolken thronen. Jeder Glockenturm und jedes Minarett würden dagegen so zwergenhaft sein wie der Glaube an den alten, toten Gott.

Das waren die Träume, die man hatte, als der Fortschritt noch heilig und die Zukunft noch grenzenlos war. Der Plan, dem Befreier der Welt ein grandioses Bauwerk zu widmen, war schon in den zwanziger Jahren entstanden. Passend in der Symbolik sollte der Palast, der mit vierhundertzwanzig Metern das höchste Bauwerk der Welt gewesen wäre, die größte Kirche der orthodoxen Christenheit ersetzen, die Christi-Erlöser-Kathedrale, mit deren Bau hundert Jahre zuvor flussaufwärts des Kremls begonnen worden war.

1931 wurde der Architektenwettbewerb ausgeschrieben, an dem sich Koryphäen wie Walter Gropius, Le Corbusier und

Albert Kahn beteiligten – die russische Moderne lebte und lockte noch, der Übergang zum sozialistischen Klassizismus war noch nicht vollzogen. Im Dezember desselben Jahres wurde die Kirche gesprengt. Das Fundament für den riesigen Bau, dessen Design Stalin schließlich aus verschiedenen russischen Entwürfen zusammenstellte, war 1939 fertiggestellt, zwei Jahre später, 1941, stand die Stahlkonstruktion der unteren Stockwerke. Im Juni griffen die Deutschen an.

Über die einheitliche Formensprache der totalitären Länder, allen vorweg Deutschland, Russland und Italien vor 1945, ist viel spekuliert und viel geschrieben worden. Dabei macht sich das Ensemble aus acht Schwestern um den geplanten Sowjetpalast (die achte am Standort des ehemaligen Hotels »Rossija« flussabwärts des Kreml ist nie errichtet worden) nachgerade bescheiden aus im Vergleich zu Albert Speers gigantischen Visionen für die Welthauptstadt Germania. Den Moskowitern muss man im Gegenzug zugestehen, dass sie den größeren Teil ihrer Pläne in die Tat umgesetzt haben.

Nur der Palast ist erfreulicherweise nie entstanden. Während der Schlacht um Moskau wurde der Stahlrahmen abgetragen; das Material wurde bei der Verteidigung der Stadt eingesetzt. Nach dem Krieg hatten sich die Prioritäten geändert. Wohnraum tat not, keine Jubelhallen für Zehntausende. Außerdem hatte der Krieg die ideologischen Fronten entschärft. Die Kirche und die traditionellen russischen Werte waren aufgewertet worden, Agitation und Propaganda verloren an Bedeutung.

Fünfzehn lange Jahre lag das fertige Fundament, groß genug für eine ägyptische Pyramide, verwaist am Moskwafluss. 1959 wurde in der Gründung ein Freibad eingerichtet, das größte Freibad der Welt – getreu dem megalomanen Spiritus loci –, beheizt auch bei dreißig und mehr Grad Kälte. In kalten Winternächten stand eine weiße Wolke aus Wasserdampf hoch über dem hell erleuchteten Pool. Viele Moskauer trauern ihm nach, darunter manche, die dennoch froh waren, als die Kathedrale in den neunziger Jahren an derselben Stelle wiedererstand, wo sie über sechzig Jahre zuvor an einem nebligen Dezembertag nach zwei mächtigen Explosionen in einer Staubwolke zusammengesunken war.

Die ganze Geschichte ist russisch durch und durch. Seine größte Kirche zu zerstören und Gott durch hundert Meter Lenin ersetzen zu wollen – wer bringt das fertig? Ein solcher Tanz mit dem Teufel hat Stil.

Und von uns Deutschen hat man behauptet, wir seien ein faustisches Volk. Unsinn. Was fährt der Böse da im Schauspiel schon für Ernte ein: einen verwirrten Gelehrten und ein armes Gretchen am Galgenstrick. Nein, wir sind keine Schauspieler. Wenn wir der Hölle dienen, dann im richtigen Leben, gründlich, mit Stumpf und Stiel und hinter einer Mauer aus Befehl und Gehorsam.

Spektakel, das ist Moskau. Grausam und blutig, aufgeführt von gottzermarterten Herrschern wie dem schrecklichen Iwan und Stalin, dem ehemaligen Seminaristen. Wenn es ein Schlachtfeld gibt, wo Gott und Teufel sich treffen, dann nicht Frankfurt oder Berlin.

So ist es auch mit dieser Kathedrale. Einem grandiosen Plan muss etwas Grandioses weichen: der größte Dom der orthodoxen Christenheit dem größten Revolutionär der Welt. Und dann hat man den Schlamassel. Nach der Zerstörung lähmt die Zeit, das Geld reicht vorn und hinten nicht, und alles Tun ist so profan. Pfähle einrammen, Beton schütten ... Dabei will man doch den neuen Menschen schaffen.

Der Teufel hat gewonnen, aber Gott ist stärker.

Irgendwann lässt die Aufmerksamkeit nach, andere Dinge werden interessanter, und ein Provisorium entsteht, mit dem endlich alle glücklich sind. Ein Schwimmbad, eine Freude für die ganze Familie. Bis eine neue Generation herangewachsen ist, neue Herren; die schütteln verwundert den Kopf über das Vorgefallene und bauen die Kirche wieder auf.

Russischer geht es nicht.

Moskau ist die Stadt der uneingelösten Versprechen. Zwei davon kennt jeder Tourist nach seiner ersten Kremlführung: die Zarenkanone, aus der nie geschossen wurde, und die Zarenglocke, die nie geläutet hat.

Nun soll die bald fünfhundert Jahre alte Riesenkanone angeblich doch ein einziges Mal benutzt worden sein, geladen mit Kartätschen, einem Haufen grober Kieselsteine. Ein Schuss mit den Steinkugeln, die aufgeschichtet neben ihr liegen, würde den bronzenen Lauf in Stücke reißen.

Auch die zweihundert Tonnen schwere Zarenglocke am Fuß des Großen Iwan, des höchsten Glockenturms in Russland, gehört in die Kategorie der enttäuschten Hoffnungen. Nach bald dreihundert Jahren ist sie immer noch die schwerste Glocke der Welt. Als sie noch im Gussbett lag, ist bei einem Feuer ein Stück von elf Tonnen herausgebrochen. Nach hundert Jahren schließlich hat man sie aus der Erde geholt und an ihren heutigen Platz geschafft. Geläutet hat sie nie.

Noch ein Beispiel: Nikita Chruschtschows bombastische Worte vor dem Parteitag 1961: »Diese Generation wird im Kommunismus leben.«

Aufholen! Überholen! Und vorwärts schreiten.

Was hat diese Stadt nicht schon an Unsinn gehört. Ein Wunder, das die Moskauer daran nicht verzweifeln. Abgebrüht sind sie, zynisch im Guten wie im Bösen, mit allen Wassern gewaschen. Wenn heute ihr Bürgermeister verkündet, es werde nur noch gutes Wetter geben, dann haben sie auch dafür nur ein müdes Lächeln.

Die Erinnerungen sind blutig, die Hoffnungen werden enttäuscht, die Träume nicht wahr. Wohin flüchten? Zumindest die jungen Moskauer haben eine Antwort: in die Nacht.

Ängste, Wünsche, Sorgen, Sehnsüchte ... Der Norden hat das russische Temperament im Griff wie Permafrost. Da gibt es nur zwei Gegengifte: Wodka und Champagner. Obdachlos oder gefangen im Tausend-Quadratmeter-Penthouse, am Ende macht nur der Anteil der Fuselöle im Nationalgetränk einen Unterschied.

Moskau zählt zu den Mekkas des internationalen Nachtlebens. Wobei erstaunlich ist, wie rasch die Stadt diesen Weg zurückgelegt hat: Was vor gut zwanzig Jahren als bürgerliche Verkommenheit galt, bewegt sich heute auf Weltniveau. Wenn die Behörden geschlossen haben und die Politiker im Bett liegen, weiß man nicht mehr, worin Moskau sich von anderen Städten unterscheidet. Nachts kommt die ganze Welt; sie ist da, wenn die Sonne untergeht. Aus dem Nichts geboren, hat das Nachtleben längst schon den Mainstream zwischen Tokio und London erreicht.

Vorüber sind die Zeiten des »Hungry Duck«, der legendären Bar, auf deren langer Theke in den Jahren nach der Perestroika die jungen Mädchen sich auszogen, unaufgefordert, gratis und komplett, BH und Höschen, angetrieben von der neuen, unerhörten Freiheit und dem billigen Fusel am Ende der mittwöchlichen Ladies Night. Auch die Zeitschrift *The eXile*, die ab 1997 noch den kurzen Rest der wilden Neunziger mit angelsächsischem Sarkasmus begleitete, gibt es nicht mehr.

Alle Geheimnisse sind gelüftet.

Exklusiv ist im Moskauer Nachtleben nichts; in dieser Hinsicht ist es eine der demokratischsten Städte der Welt. Das marxistische Dogma »Jeder nach seinen Fähigkeiten, jedem nach seinen Bedürfnissen« hat seine Gültigkeit behalten, übersetzt in die postsowjetische Wirklichkeit: Wer zahlen kann, bekommt, was er will. Jeder Millionär kann sich alles leisten, und niemand wird fragen, woher der Reichtum stammt. Ererbt hat ihn sowieso (noch) keiner.

Verzweifelt versuchen die Tanzbars, mit Gesichtskontrolle, Klubkarten und Mitgliedschaften die Illusion des Abgehobenen zu schaffen. Elite ... kein anderes Wort weckt so viel Sehnsucht, so viel Begierde in dieser Stadt. Wer will nicht dazugehören? Fitness-Studios, Saunaclubs, Autowäschereien – von allem und jedem gibt es eine VIP-Variante. *Soho is good for your image* – immer wieder laufen die sechs Wörter über die Monitore in den »Soho Rooms« am Moskwa-Ufer, einen Steinwurf vom Nowodewitschi-Kloster, dem Top-Club am Anfang des zweiten Jahrzehnts.

Geld ist der Schlüssel, Geld und die Kenntnis der angesagten Marken, ein guter Friseur und einige Gesichtsübungen vor dem Spiegel; auf den coolen Look kommt es an. Alles kein Herrschaftswissen. Von *Vogue* bis *Harper's Bazaar*, übersetzt und adaptiert wird der Zeitgeist am Kiosk verkauft. Wer nicht zum Lesen kommt, für den gibt es Stilberater und Persönlichkeitsgestalter; die bieten auch den Grundkurs »Wie werde ich interessant?«.

Man muss den Moskauern eines lassen: Das Ergebnis ist, bisweilen, perfekt, jedenfalls was das Äußere betrifft, jedenfalls bei den Damen.

Dabei ist das Nachtleben eigentlich eine Zeitmaschine, die zwei, drei Jahre in die Vergangenheit führt. Moskau ist keine Trendsetter-Stadt. Was sich woanders als Avantgarde und letzter Schrei etabliert hat, wird aufgeblasen und nachgebaut – größer, schwerer, länger, breiter, höher. Daher sind Besucher aus dem Ausland so begeistert. Was sie sehen, ist ihnen nicht unbekannt, es überfordert nicht, aber die Ausmaße ... Rekord.

Zwei Jahre dauert es, bis ein neuer Club, die letzten internationalen Trends aufgreifend, geplant, finanziert und eingerichtet ist. Sterne-Restaurant cum Edeldisko, Swarovski-Kristalleuchter und Ledersofas, Fusion als Küchenphilosophie – auch Altbekanntes hat seinen Reiz.

Es ist nicht die Art der Moskowiter, unablässig neue Ausdrucksformen zu erfinden; dazu sind sie schlicht zu konservativ. Nicht alle Menschen treibt die Neugier um. Der russischen Psyche ist der Drang, die Sucht des Westens nach immer neuem Sinn in immer neuer Form fremd. Form ist ein Symbol des Dazugehörens, sie hat keine Bedeutung an sich. Formen sind Zeichen, kein Selbstzweck, sie dienen der Verständigung ... Ich bin, du bist.

Natürlich will man wissen, was in Miami, Schanghai oder Valencia in ist. Aber mehr auch nicht. Das Morgen ist ein Ding für wenige, die meisten sind froh, wenn sie mit dem Gestern zufrieden sind. Einigen spielt das Heute in die Hand. Das ist die Moskauer Klientel! Bewährtes in monumentalen Größenordnungen ist die lokale Spezialität, und niemand soll sagen, sie beherrschten es nicht.

In den »Soho Rooms« kostet der VIP-Tisch auf dem Balkon oberhalb der Tanzfläche, geschützt hinter einer verzierten, gusseisernen Balustrade, eine halbe Million Rubel die Nacht – Vorkasse. Der Betrag entspricht zwölftausend Euro, ein Deposit, das in etwa die Rechnung deckt. Der Tisch, an den gut zehn Personen passen, bleibt nie leer.

Die Coolen, die nicht jede Kopeke zählen müssen, reservieren ihn für sich allein oder bringen einen Freund mit. Auf jeden Fall drei schöne Frauen, genug *Dom Perignon* für alle und immer eine Flasche Imperia, den besten Wodka aus dem Hause *Russki Standart*, quarzgefiltert und göttlich. Dazu vielleicht ein paar Sushi-Rollen.

Eine Unterhaltung im Sturm der Bässe ist unmöglich. Die Frauen tanzen nie als erste, nie allein und nie mit jemand anderem.

Die DJs aus Chicago, London oder Berlin wissen das; in Moskau legen sie für die Männer auf, nur in Moskau, in keiner anderen Stadt. Sie fliegen am späten Nachmittag ein, am nächsten Morgen schlafen sie drei Stunden und sind am Mittag wieder in der Luft, vielleicht um zehntausend Dollar reicher als am

Vortag. Dann schütteln sie den Kopf; nirgendwo sonst werden solche Summen gezahlt.

Der eigentliche Grund für den Hype, der die »Soho Rooms« sofort nach ihrer Eröffnung umgab, lag außerhalb des Clubs und heißt auf neurussisch *Feiskontrol*. Seit Abschaffung der kommunistischen Nomenklatura mit ihren eigenen Lebensmittelgeschäften, Schneidern und Friseuren ist Feiskontrol der erste Versuch einer Wiedereinführung der Aristokratie. Es ist der ultimative Test der Moskauer Gegenwart: Bin ich cool oder ein Loser?

Nicht im »Pangea« in Singapur, nicht im »Maya« in London und auch nicht im »Cubic Club« in Macau wird das Ritual mit solcher Hingabe zelebriert wie allnächtlich vor den »Soho Rooms« und anderen Moskauer Clubs.

Die übrigen Clubs der Welt selektieren über den Preis. Dort bleiben nur die schlimmsten Ausreißer vor der Tür; alle übrigen werden schon sehen, was sie davon haben. Nicht so am Moskwa-Fluss. Die »Soho Rooms« sind nicht überteuert – was kann man sagen gegen sechs Euro für ein kleines Bier. Jede schmuddelige Rotlichtkneipe auf St. Pauli verlangt mehr.

Es war das »Djagilew«, der legendäre Club der frühen Putin-Ära, dem wir die neue Rangordnung verdanken. Geld, wenn jeder zuviel davon hat, taugt nicht mehr als Gradmesser für den Unterschied. Pawel Pitschugin, der unter dem Namen Pascha Feiskontrol eine Legende des Moskauer Nachtlebens war, hat im »Djagilew« Stilgeschichte geschrieben. Zahnarzt oder Kieferorthopäde soll er angeblich sein, aber die Welt kennt ihn nur als Türsteher vor dem einstmals angesagtesten Club der Stadt.

Das »Djagilew« war benannt nach dem genialen Impresario der *Ballets Russes*, dieser letzten Blüte der alten Zivilisation vor dem Einzug der Krautkrämer und Ikonoklasten. Dabei hat Strawinskis *Feuervogel*, den Sergej Djagilew 1910 in Paris uraufgeführt hat, mit dem Trance-House-Techno-Mix der Clubs so wenig zu tun wie *Snegurotschka*, das russische Schneeweißchen, mit einem Sadisten vom KGB. Aber es geht um symbolische Werte. Jedenfalls stand der Club im Februar 2008, gerade zwei Jahre alt und auf der Höhe seines Ruhms, eines Nachmittags plötzlich in Flammen und ging lodernd unter in einer weithin leuchtenden Feuersbrunst.

Viele Mädchen haben geweint, als sie die Nachricht hörten, lange Nächte hindurch, und blieben untröstlich, bis die »Soho Rooms« die Herzen der Reichen und der Promis eroberten und die ihrer Sputniks, die mit ihnen oben schwimmen wie Schaum auf fetter Brühe.

Feiskontrol ist die zelebrierte Provokation, die allabendliche Bestätigung für die Stolzen und Verwöhnten: Ich bin noch wer. Das aussortierte Strandgut schimmelt auf der Straße dahin. Gesichter wie Buschwindröschen, im Winter biedere Nerzjacken um die schmalen Schultern oder im Sommer Rüschenblusen … Da helfen auch keine ellenlangen Beine. Mit den Männern ist es nicht anders; wer daherkommt wie aus der Technischen Hochschule, hat keine Chance. Auch Manager, die wie Manager aussehen, und sei der Anzug maßgeschneidert und die Taschen dick, haben schlechte Karten.

Die Logik liegt auf der Hand; man will das, was man sich unter neuer Elite vorstellt. Das sind die, die alles haben, und am besten von allem ganz viel: Geld, Schönheit, Witz, Phantasie und Oberwasser. Es ist der Traum, anders zu sein. Sich endlich unterscheiden zu dürfen.

Pascha Feiskontrol ist die Legende der Moskauer Türsteher. Der Herzog von York, Bruder des britischen Thronfolgers, blieb in seinem Filter ebenso hängen wie einige Chefs von Dolce & Gabbana, die er nicht einmal zu ihrer eigenen Veranstaltung ließ.

Vor dem »Soho« stehen andere, die ihren Job kaum schlechter verrichten. Der Stil ist minimalistisch, leise, effizient, zwei kurze

Fragen, der Körper antwortet. Bewegt er sich nicht, gibt es kein Vorbei. Wird der Kopf geschüttelt, war es das letzte Wort. Leicht haben es nur die Stammgäste; die breiten Schultern drehen sich zur Seite und öffnen den Durchlass ins Glück.

Es sind traurige Gestalten, die nicht durch das Netz kommen. Bei weitem nicht nur Trittbrettfahrer werden abgewiesen, auch solche, deren Chauffeur in der S-Klasse auf der gegenüberliegenden Straßenseite wartet. Wenn es einen Mann trifft, hat er sofort das Telefon am Ohr und macht seinem Ärger Luft. Schließlich hat man mächtige Freunde, Partner, die im Club schon lange warten ... Bestimmt ist alles ein Missverständnis.

Die Mädchen dagegen schauen ratlos drein. Sie sind so dünn und zerbrechlich. Diejenigen, die nur zum Anschaffen gekommen sind, suchen Blickkontakt zu Männern, die ihr Schicksal teilen. Nachts muss man nehmen, was kommt. Und wer weiß, vielleicht steigt der Glücksstern noch.

Wer im globalisierten Nachtleben Geheimnisse sucht, findet sie auch in Gstaad und Marrakesch nicht. In Moskau breiten sich die internationalen Ketten aus, etwa das »Pacha«, ein Hochpreis-Franchise aus Ibiza mit an die dreißig Tanzbars auf der ganzen Welt. Die Proletarisierung auf hohem Niveau hat die Stadt erreicht, und der Überdruss schleicht durch die Nacht wie Gift. Alle Wünsche werden erfüllt außer dem einen: dass es morgen endlich interessanter wird.

Jetzt rächt sich, dass alles käuflich ist ... Häuser, Richter, Politiker, Frauen, Unternehmen, Parlamentssitze. Was für Geld zu haben ist, hat keinen Wert.

Dennoch wäre es falsch zu glauben, die Reichen und Mächtigen blickten voller Neid nach London, Paris oder New York, wo die Verhältnisse statischer sind. Wo es Herrenclubs gibt, in denen ein Ölmilliardär, dessen Vater noch Tankwart war, allenfalls für seinen Enkel einen Aufnahmeantrag stellen kann.

Nicht die heutige Generation. Da ist noch viel zuviel Unsicherheit, um auf das allabendliche Gebalge zu verzichten. Das reiche Moskau schillert. Es möchte so gerne abgehoben sein; ein FSB-Vorsitzender forderte vor einiger Zeit sogar die Wiedereinführung des Dienstadels. Gleichzeitig lechzt die Seele nach der täglichen Bestätigung, dass es wirklich das eigene Ich ist, das jede Feiskontrol besteht. Ich, Ich, Ich, der Gewinner. Nicht die frierenden Jammerlappen da draußen.

Manche bezeichnen die Verhältnisse als dekadent. Ich kann das nicht nachempfinden. Kultureller Niedergang misst sich nicht am zur Schau getragenen Reichtum oder am Tempo der Verschwendung. Dekadenz definiert sich anders, widersprüchlicher. Ein dekadentes Leben erzählt vom Verlust der Wurzeln und der inneren Fülle, von der Leere, die der Zweifel hinterlässt, von der ausweglosen Flucht in die Oberflächlichkeit. Dekadenz ist, wenn Ästhetik an die Stelle der Wahrheit tritt.

Die Russen, von der Geschichte um fast ein Jahrhundert betrogen, sind überhaupt erst dabei, Begriffe wie Ästhetik und Wahrheit vom Schutt des Kommunismus zu reinigen. Von Dekadenz kann keine Rede sein. Und dass jemand wie Roman Abramowitsch sich drei oder vier Megajachten leistet, ist nicht dekadent, sondern kindisch.

Das uferlose Treiben der reichen und weniger reichen Russen nährt sich aus einem ganz anderen Quell. Es ist die uralte Praxis der Feier, unheilig bacchanalisch, aber bewährt. Gefeiert wurde in Russland immer, und gefeiert wird immer werden. Die archaischen, die sakralen Wurzeln reichen tief. Nicht einmal die Wodkaseligen auf der Parkbank führen ihr Glas ohne Trinkspruch zum Mund, und wenn der nur aus zwei gelallten Worten besteht. Gott und die Genien werden beschworen, und die Urbedeutung des Wortes *spirt* – Spiritus, Geist – ist in den Köpfen lebendig. In schlechten Zeiten betet man um Regen, in guten um die Vergebung der Sünden.

Das ist anders als im Westen, wo das Trinken wie jede Handlung des täglichen Lebens aus dem sakralen, dem heiligen Raum herausgelöst ist. Feiern gilt nur noch als ungesunde Form der Erholung.

Wie soll man da die Russen verstehen?

Chris Helmbrecht stammt aus Deutschland, ist Anfang Vierzig, drahtig und tätowiert. Die intelligenten Augen, die morgens um sechs noch hellwach sind, blitzen über einem verschmitzten Grinsen aus seinem Gesicht. Er ist Werber, Blogger, Autor – *Fucking Moskau* (2013) – und Partyproduzent. Sein Label heißt *Labelfucker*, und es kommt an. An Wochenenden mietet er Clubs, Nachtbars, leere Büros oder Fabrikhallen. Feiskontrol ist kein Fremdwort, aber es wird flexibel gehandhabt. Die Besucher erhalten eine SMS mit dem Passwort; auch bei Chris schwebt ein Hauch von Dazugehören über den Veranstaltungen.

Chris arbeitet mit einer neuen Generation, viele sind gerade mal fünfundzwanzig. Diese Kids sind während der Perestroika zur Welt gekommen, und sie sind so zwiegesichtig wie ihr Land. Tagsüber angepasst, manche vielleicht bei den *Naschi* organisiert, den »Unsrigen«, der Jugendorganisation der Kremlpartei (man kann ja nie wissen …), des Nachts fixiert auf den Westen als die Quelle aller zeitgenössischen Kultur.

In dieser Generation, für die nicht einmal mehr Trotz ein Grund ist, nostalgisch zu sein, ist die Verachtung für den *Sowok*, die Spezies des gewöhnlichen Sowjetmenschen, besonders ausgeprägt. Es ist eine ästhetische, keine politische Verachtung. Zuweilen wächst sie in Verachtung für die eigene Herkunft aus; es gibt dafür ein Wort, das keiner Übersetzung bedarf: *Xenopatriot*.

Die Szene ist bunt gefächert. Jeder Trend kommt irgendwann an, zwei Jahre später als in Europa und fünf Jahre nach den USA. Längst schwappt die Hipster-Welle nach Russland und quält die Mittelklassejugend. Brillen mit Plastikgestell, schräger Pony,

Tennisschuhe, Röhrenhosen ... oder von allem das Gegenteil. Helden sind diejenigen, die alle Regeln so brechen, dass sie trotzdem dazugehören.

Hipster sein, hip sein, ist teuer, und das schmale Spektrum akzeptabler, wiedererkennbarer Marken steigert den Druck. Label sind noch wichtiger als anderswo. Es gibt Clubs, denen muss Chris versprechen, dass er keine Hipster im Schlepptau bringt. Diese Klientel ist unbeliebt. Nach einer Woche Shopping bleibt vielen nur noch das Geld für zwei Glas Wasser.

Seit dem Abgang des Kommunismus gibt es nur eine einzige Ideologie: Statusdenken. Ist das Auto kleiner als das des Nachbarn, bin ich out. Wessen Selbstbewusstsein steht schon auf so festen Füßen? Und erst mit Zwanzig? Die Generation, die heranwächst, hat keine Chance, sich durch etwas anderes zu unterscheiden – oder Zugehörigkeit zu demonstrieren – als durch das, was sie sich leisten kann.

Der Hit ist das Maybach-Taxi zu dreihundert Dollar die Stunde. Viele Kunden sind junge Studenten, und es sind nicht diejenigen, deren Väter einen in der Garage haben. Da wird lange gespart für eine Tour mit der Freundin im Fond; so beeindruckt man den weiblichen Nachwuchs.

Diese jungen Männer sind die Moskauer Variante der Metrosexuellen, ein Wort aus dem Angelsächsischen, wie immer findig im Benennen von Phänomenen und Trends. Der kardinale Gegenentwurf zum retrosexuellen russischen Männerbild gehört auch in Moskau zum Straßenbild: grazile Zwanzigjährige in engen Jacken aus schwarzglänzendem Leder, sorgfältig die Schläfenhaare nach vorn gebürstet, Creme und Puder im Gesicht und eine Freundin an der Seite. Urbane, selbstverliebte junge Männer, die sich die Körperhaare zupfen, Kosmetikprodukte kaufen, zur Maniküre in Schönheitssalons gehen und sich fünfmal vor dem Spiegel drehen, bevor sie das Haus verlassen. Keine Schwulen – sie spielen nur mit dem Weib im Mann. In

Amerika stellen sie das letzte Aufgebot der Konsumgesellschaft, in Russland, hinter den Stars und dem Weltraumschrott aus den »Soho Rooms«, das dritte von vorn.

Zugehörigkeit und Abgrenzung, Identität, Flucht aus der amorphen Masse und vor dem unzulänglichen Ich ... Noch treibt es die Zwanzigjährigen an jedem Wochenende in die Nacht. In zwei, drei Jahrzehnten sitzen sie tagsüber an den Schalthebeln. Bis dahin werden sie ihrer selbst und ihres heutigen Lebens satt geworden sein. Es ist diese Generation, die irgendwann den gleichzeitigen Bruch mit der kollektiven Vergangenheit und der neureichen Restauration vollziehen wird. Zu gegebener Zeit, ohne Pathos, ohne moralische Pose. Russland wird kein 1968 erleben; es wird ein Vorgang *en passant*. Die jungen Menschen sind viel zu abgeklärt, um großen Wahrheiten anzuhängen.

Sie haben begriffen, wie sehr wir unsere Lebenslügen brauchen, seien wir auch noch so stark und aufgeklärt. Niemand wird sie den Erwachsenen, den Eltern und Großeltern, zum Vorwurf machen. Die kommende Generation ist desillusioniert und klug; das ist ihre Chance.

In *Schtrafbat*, einer russischen Fernsehserie, gibt die Krankenschwester Swetlana ihrem geliebten Saweli Zukerman diese Worte mit auf den Weg, bevor er in den Tod geht im Feuer der deutschen Artillerie: »Alle Menschen glauben an Gott, auch wenn sie denken, es nicht zu tun.«

Im Moskauer Club »Kult«, gleich links neben dem DJ, sind Dutzende großer, bunter Glühbirnen über einem Lüftungsschacht drapiert. Wie neunundneunzig Luftballons. Schräg davor steht ein silberweiß geschmückter Weihnachtsbaum. Die elektrischen Kerzen blinken zur Musik, und wenn es laut wird, glüht der Baum wie das Tor zum Paradies. Studenten frequentieren das Lokal, der DJ legt ruhigen Trance auf, nach ein Uhr nachts werden die Rhythmen härter.

Am Tisch neben dem Weihnachtsbaum sitzt ein achtzehnjähriges Mädchen mit einem Engelsgesicht und hohen Stiefeln hinter seinem Laptop; eine gezackte grüne Linie oszilliert im Takt der Bässe. Das Mädchen küsst den Jungen, der neben ihr sitzt; unbeobachtet zuckt die grüne Linie weiter.

Und plötzlich wird Moskau winzig klein, passt in jede Handfläche. Plötzlich begreifen wir alles in dieser Stadt, in diesem Land. Es gibt achtzehnjährige Engel, neunundneunzig Luftballons und Weihnachtsbäume im Lamettakleid. Die Menschen werden nicht verlernen, Russen zu sein. Rasch kommt der Frühling, und die Zukunft beginnt.

Es ist Anfang Januar.

Frohes neues Jahr.

XIII.
EUROPA ODER NICHT EUROPA

Am 5. September 1973, ein Jahr vor seiner Ausbürgerung, schickt der Dichter Alexander Solschenizyn einen Brief mit dem folgenden Schlusswort an die Führer der Sowjetunion.

»Was ich zu sagen hatte, habe ich gesagt. Ich bin (...) 55 Jahre alt und habe vielfach bewiesen, dass ich materiellen Werten abhold bin und den Tod nicht scheue. Sie halten eine solche Lebensauffassung für unüblich – bitte sehr, hier haben Sie sie.«*

In dem Brief fordert er nicht die Freiheitsrechte des Individuums oder die Demokratie nach westlichem Vorbild. Im Gegenteil, der erste Abschnitt des Briefes steht unter dem Titel »Der Westen auf den Knien«.

Russland eine Zukunft auf dem Boden der europäischen Aufklärung und der westlichen Zivilisation zu sichern, hat Solschenizyn, der Fixstern am Himmel der antikommunistischen Emigration, nie angestrebt. Sein Feind war die Lüge, nicht die Diktatur. Nicht das System von Marx, Lenin und Stalin war schuld am Elend des russischen Volkes, sondern das Böse im Menschen. Solschenizyn hat es im *Archipel Gulag* so formuliert:

»Die Linie, die Gut und Böse teilt, verläuft nicht zwischen Staaten, nicht zwischen Klassen, nicht zwischen Parteien – sie verläuft durch jedes einzelne menschliche Herz.«**

Was der Dichter von seinem Volk und seiner Regierung verlangte, war die Rückkehr zur Wahrheit, die Abkehr von der ideologischen Verlogenheit im Kleinen wie im Großen.

Im weitgefächerten Meinungsspektrum der sowjetischen Dissidenten bildete Solschenizyn den Gegenpol zu den liberalen Westlern, für die exemplarisch sein Zeitgenosse Andrej Sacharow

* Übersetzung Th. F.
** Dto.

stand. Solschenizyn war der Erbe Tolstois und Dostojewskis, dichterisch wie intellektuell; er war es auch, der die romantische Fackel der Slawophilen bis ins 21. Jahrhundert trug. Sacharow dagegen war der messerscharf urteilende Atomwissenschaftler, ob am Reißbrett oder in politischen Dingen. Der Vater der sowjetischen Wasserstoffbombe und Konstrukteur der Zar-Bombe, des mächtigsten jemals gezündeten Sprengsatzes, gehörte bis in die Sechziger hinein zum engen Kreis der Sowjetelite. Dann wandelte er sich binnen weniger Jahre zum Menschenrechtler, zur lebenden Nichtregierungsorganisation, auch wenn dieser Begriff damals noch nicht geläufig war.

Seine Desertion, die Abkehr vom real existierenden Sozialismus und die Hinwendung zu den individualistischen Bürgerrechten nach westlichem Vorbild, war ein Affront, für den er mit Verbannung und Isolation zahlen musste. 1986 holte Michael Gorbatschow ihn nach Moskau zurück; der alten Elite waren endgültig die Ideen ausgegangen.

Zwei Nobelpreisträger und zwei Antikommunisten, wie sie unterschiedlicher nicht hätten sein können: der Physiker Sacharow und der Metaphysiker Solschenizyn.

Sacharow hat die neue Zeit nicht mehr erlebt, Ende 1989 erlag er in Moskau einem Herzinfarkt. Seine Ehefrau Jelena Bonner, die ihn um 22 Jahre überlebte, trug später wesentlich zum Entstehen der russischen Bürgergesellschaft bei.

Der slawophile Solschenizyn erlebte den Westen derweil aus erster Hand, widerwillig als zwangsweise Ausgebürgerter, dafür immerhin siebzehn Jahre lang auf einem 20-Hektar-Anwesen bei Cavendish im nordöstlichen US-Staat Vermont nahe der kanadischen Grenze. Er zweifelte nie an seiner Rückkehr in die russische Heimat, sprach bis zum Schluss nur gebrochenes Englisch und hing an seiner Mission. Jahrzehnte zuvor hatte man ihm zwei faustgroße Tumoren aus dem Leib operiert, im Abstand weniger Jahre in GULag-Hospitälern. Da war er keine Vierzig gewesen, und sein Leben war schon so gut wie nichts mehr wert.

Doch weder KZ, Krebs, Verfolgung oder Verbannung richteten ihn zugrunde; er muss gewusst haben, dass das Schicksal eines ganzen Volkes ihn trieb.

Dennoch kamen nach 1991 die Westler zum Zuge, die Konkurrenten aus der Sacharow-Tradition, ehrenwerte Dissidenten, deren Vorhaben, aus der UdSSR ein westlich-demokratisches Russland zu formen, jedoch ebenso scheiterte wie die Hoffnung der Bolschewiken auf eine klassenlose Gesellschaft.

Demokratie, Menschenrechte, Bürgerrechte ... Der Westen unterfüttert seine Ideale mit dem Fundament einer jahrhundertealten Praxis: Institutionen der Selbstverwaltung, Zünfte, Räte, Bürgerschaften und lokale Gerichtsbarkeit; einheitliche Überzeugungen und Ziele; die jahrhundertealte, schmerzhafte Übung der Gewaltenteilung; schließlich der Dualismus von Kirche und Staat.

Demokratie einfach so aus dem Ärmel schütteln – da wird nichts draus.

Und so verdorrten die hohen Erwartungen der Russen am lebenden Holz. Privatisierungschaos und hysterische Bereicherung, blutrünstiger Raubtierkapitalismus, die neidgelbe Fratze der bürokratischen Mafia – das alles haben wir erlebt. Glücksritter aus West und Ost, trübe Fettaugen auf der Suppe, alles schwappte über das heilige Russland hinweg.

Wer im Slalom der Epoche geschickt die Kurven nahm, konnte nach 2000, als Putin und seine Ex-KGB-Mitstreiter der wilden Jagd ein Ende setzten, im Westen noch eine Premium-Dividende einfahren. Die Namen sind Legion: Beresowski, Gussinski, Bill Browder, Chodorkowski ... Wer laut genug »Haltet den Dieb« schrie und der Westpresse ordentlich liberalen Honig um den Bart strich, fand, falls erforderlich, politisches Asyl, in jedem Fall lukrative Verträge und demokratischen Heldenstatus.

Gelogen wurde, dass sich die Balken bogen. So sehr, dass der 1994 in die Heimat zurückgekehrte Solschenizyn vier Jahre später die Annahme des neugestifteten Andreas-Ordens, des höchsten russischen Verdienstordens, verweigerte. Seine Wandlung vom Kämpfer gegen den Stalinismus zum entschiedenen Kritiker der real existierenden russischen Demokratie polarisiert auch nach seinem Ableben 2008. Die liberale Intelligenzija, für die der Autor des *Archipel GULag*, der *Krebsstation* und des *Iwan Denissowitsch* jahrzehntelang eine Lichtgestalt war, hadert mit dem Vermächtnis seiner beiden letzten Jahrzehnte. Dazu gehört auch Solschenizyns Verhältnis zu Putin. Nach einem Besuch des frischgewählten Präsidenten im September 2000 bei dem altersgrauen Dichter äußerte dieser sich durchaus positiv über den ehemaligen KGB-Offizier. Offensichtlich hatten die beiden Männer, deren Werdegang unterschiedlicher kaum hätte sein können, Gemeinsamkeiten entdeckt: ihren Patriotismus, den Glauben an einen starken russischen Staat und die Ablehnung des westlich-liberalen Gesellschafts- und Geschichtsmodells.

Schon vor Putins erstem Zusammentreffen mit dem Dichter warnte Anatoli Tschubais, der Vater der russischen Privatisierung 1992–94, dass der Kurs des neuen Mannes an der Spitze allzu sehr von den Ideen Solschenizyns beeinflusst sei. Prophetisch schreibt der Petersburger Politologe Eduard Ponarin im Herbst 2000:

»Allem Anschein nach ist Präsident Putin auf der Suche nach einer politischen Identität und ideologischen Legitimation. Mangels realistischer Alternativen könnten Solschenizyns Ideen in der Tat zum prinzipiellen Element einer neuen russischen Identität werden – und das nicht nur auf der Ebene des Staates, sondern für die Gesellschaft.«[*]

Rückblende in die russischen Neunziger, als die Freiheit überschwappte. Das Leben war »a Hetz«, wie man in Wien sagt, jedenfalls mit Valuta, einer großen Wohnung in Moskau und einem West-Kfz, vorzugsweise gepanzert. Nun ist Leben immer

[*] Übersetzung aus dem Engl. Th. F.

auch Spiel, Wette und Risiko. Viele sind bravourös gesprungen, doch wer zählt die Verlierer? Und niemand soll sagen, die Kinder der sowjetischen Nomenklatura hätten nicht zu leiden gehabt.

Nach unserer Ankunft im Sommer 1992 hatten wir im *Posjolok Akademikow* in Abramzewo nördlich von Moskau, einer Datschensiedlung der Mitglieder der sowjetischen Akademie der Wissenschaften, ein Wochenendhaus gemietet. Vielleicht drei Dutzend geräumige Holzhäuser reihten sich dort um ein Straßenoval, jedes von knapp einem Hektar Mischwald umgeben, solide und zweistöckig gebaut mit acht Zimmern und außerdem, in gebührendem Abstand nahe einer Toreinfahrt, ein zweites, kleineres Haus samt Garage für den Chauffeur.

Es klingt grandioser, als es in Wirklichkeit war. Die Ausstattung war schlicht bis ärmlich, die Möbel waren verschlissen – was hatte die untergehende Sowjetunion bau-, sanitär- und küchentechnisch schon zu bieten? Innenarchitekt und Designer waren unbekannte Berufe.

Für Russen jedoch war Ambramzewo 1992 der Inbegriff des Privilegs. Die Häuser hatten Qualität – deutsche Kriegsgefangene hatten die Siedlung Anfang der fünfziger Jahre errichtet, eine von insgesamt vier im Moskauer Umland, mit denen Stalin die Loyalität der Akademiemitglieder erkaufte.

Unser Haus für den Chauffeur blieb unbewohnt. Die Nachbarn hatten ihre vermietet oder der älteren Generation als Ausgedinge überlassen. Die meisten pflegten ein distanziertes Verhältnis zu diesem Teil ihres Besitzes. Zur Blütezeit der Siedlung, so behaupteten die Zeitzeugen, sei der Chauffeur auch der KGB-Zuträger gewesen.

An jenen frühen Wochenenden in Abramzewo vibrierte die Zeit. Seit dem Abzug der Kriegsgefangenen in den fünfziger Jahren waren wir die ersten Deutschen auf dem Gelände. Eine traumgleiche Offenheit prägte die Jahre. Ein Nachbar, alt und faltig – hieß er Wladimir Alexandrowitsch? – hatte in Sacharows

Gruppe an der sowjetischen Atombombe mitgearbeitet. Er liebte Deutschland, das Land, das er nicht kannte, liebte Wagner und geriet in Rage, wenn die Rede auf *Tristan und Isolde* kam: »Die dümmste Oper aller Zeiten, aber diese Musik ... die göttlichste Musik der Welt.«

Es ist zwanzig Jahre her, und jedes seiner Worte klingt mir heute noch im Ohr.

In Abramzewo lernte ich Russisch – nicht in Moskau im Büro, wo alle Englisch sprachen. Dort im Wald, nahe der Quelle mit dem silberhaltigen, heiligen Wasser, das auch im tiefsten Winter nicht gefror, schlug die deutsche Seele Wurzeln in dem riesigen Land, das den Sacharows und den Solschenizyns zu gleichen Teilen gehört. Und den Herrschern, den Iwans und Stalins und Putins. Und dem freien Kosaken, der mit Flüchen um sich wirft und auf alle Mächtigen spuckt und sie verachtet.

Es war kein Zuckerschlecken für die Nachkommen der privilegierten Akademiker. Silvester 1992: Mischa, übernächster Nachbar zur Rechten, Vater dreier magerer Töchter, richtete die Neujahrsfeier aus. Hoch türmten sich die Schneewehen um das Haus; Streifen aus Leintuch, in Mehl und Wasser gewendet, dichteten schon seit dem Herbst die zugigen Fensterritzen ab. Auf dem Tisch standen Roggenbrot, Krautsalat, Buchweizengrütze und versalzen eingelegte Heringe.

Noch heute gibt es die Geschenke in Russland in der Neujahrsnacht – nicht an Weihnachten. Auch der Weihnachtsbaum heißt auf Russisch Neujahrstanne, Jolka, und wird erst zur Silvesternacht geschmückt. Ein Residuum des Kommunismus. Und was waren das für Geschenke! Erbärmliche Kugelschreiber, Armbänder aus dünnem Stoff, Taschenbücher aus zweiter Hand. Die Augen der kleinen, mageren Mädchen glänzten deswegen nicht weniger.

Hinzu kam, dass es keinen Wodka gab. Die einheimische Produktion lag am Boden, und der importierte Stoff war unbezahlbar. Für Mischa. Wir hätten eine ganze Kiste schwedischen *Absolut* aus Moskau mitbringen können, aber ich wusste, es hätte den Abend zerstört. Mischa hatte eingeladen. Und er wusste, wie man sich hilft. In den Kiosken der Stadt wurde französischer Industriealkohol (Alkoholgehalt 95 Prozent) zu einem Dollar der Liter verkauft. Heute ist das Zeug längst verboten und verschwunden. Mischa machte daraus Angesetzten, am Vortag mit heiligem Wasser gestreckt, Knoblauchzehen und getrocknete Chilis hinein – das Resultat war ein Molotowcocktail zur inneren Anwendung.

Vor ein paar Jahren war ich wieder dort, aus Neugier. Fast zwei Jahrzehnte waren verstrichen. Ich hätte es sein lassen sollen. Die Grundstücke sind zerstückelt; wo die Holzhäuser der kommunistischen Akademiker sich bescheiden ins leuchtende Herbstlaub einfügten, stehen nun protzige, aus den Proportionen geratene und viel zu nah an den Zaun gerückte Villen aus rotem Ziegel. Es ist wie im wirklichen Leben: Nicht mehr der Abstand bestimmt den Rang des Menschen in der Gesellschaft, sondern nur noch seine Masse, sein Fett.

Wie ein Rudel tollwütiger Hunde brach die Freiheit nach 1991 über das immunschwache Russland herein, zerriss die schon während der kläglichen Perestroika-Jahre angeschlagene Gesellschaft. Über Nacht galt das Gesetz des Dschungels; im Mief des Kommunismus war das Land zu Bett gegangen und wachte unter Schakalen und Hyänen auf.

Schocktherapie nannte sich die Wirtschaftspolitik des Dreigestirns aus Präsident Boris Jelzin, Premierminister Jegor Gaidar und Privatisierungschef Anatoli Tschubais. Binnen zwei, drei Jahren war die Operation vollbracht, das sowjetische Wirtschaftssystem amputiert und das russische Volk reif für die Reha.

Die kurzfristigen Konsequenzen waren katastrophal. Nach der Rubelkrise 1998 hatte Russland den Tiefpunkt erreicht. Von elf Millionen Barrel täglich war die Rohölförderung auf knapp fünf Millionen gefallen. Die Produktion von Maschinen und Ausrüstungen lag um 75 Prozent unter der von 1991. Erschreckend war auch die demographische Entwicklung: Nach einem Höchststand der Lebenserwartung 1986, bei Männern etwa 65 Jahre (was inzwischen wieder erreicht ist), waren es 1994 keine 58 Jahre mehr.

Schock und Privatisierung waren jedoch nicht umsonst. Die Tatsache, dass Jelzin, Gaidar und Tschubais das Ganze schnell, wenn auch extrem schmerzhaft, hinter sich brachten, legte das Fundament für die wirtschaftliche Auferstehung. Irgendwer musste den Schrott wegräumen, den die Kommunisten mit ihrer Planwirtschaft hinterlassen hatten. Ein Ländchen wie Weißrussland, klein und unbedeutend, kann sich zwanzig Jahre als »Themenpark UdSSR« über Wasser halten – zumal, wenn jenseits der Grenze ein Sponsor in Gestalt des großen russischen Bruders sitzt. Das riesige Russland wäre mit einer solchen Politik schon in den Neunzigern implodiert.

Dafür, dass Russland nach einer historisch gesehen kurzen Frist wieder auf die Füße gekommen ist, dass es seine Demographie in den Griff kriegt und im Konzert der Mächte wieder seinen angestammten Platz einnimmt, gebührt der Dank auch den Reformern. Doch der Preis war verdammt hoch. Wer den Neunzigern nachweint, weil damals angeblich Demokratie herrschte und Russland dem Westen so nah war wie nie zuvor, erinnert an einen antiken Römer, dem ein besonders reizvoller, kurzweiliger Gladiatorenkampf nicht aus dem Kopf geht. Mit Dollarscheinen und einem Rückflugticket in der Tasche waren die Jahre ein einziger Krimi, schon wahr, viel spannender als die im Westen so geschmähte, stabile Putin-Zeit. Fragt man hingegen einfache Menschen danach, wie sie die Neunziger durchlebt haben, fallen die Antworten ganz anders aus. Die Namen der liberalen Politiker Gaidar und Tschubais stehen neben Gorbatschow und Jelzin in den Augen der Bevölkerung noch lange auf der Liste der bestgehassten Landsleute.

Inzwischen haben Russland und der Westen sich aneinander müde gerieben. Die Ukraine-Krise 2014 war nur der willkommene Anlass, einander endlich herzhaft die Meinung zu geigen. Man braucht die rationalen Argumente beider Seiten nicht zu wiederholen, man braucht sie nicht einmal zu kennen. Die Beteiligten waren sichtlich froh, die Maske des Lächelns endlich ablegen zu können, durchzuatmen und zu schimpfen. Die russischen Politiker, weil sie sich seit Jahren hingehalten und nicht ernst genommen fühlen, und die westlichen, weil Russland partout nicht einsieht, dass man es nur zu seinem eigenen Besten einfangen und zähmen will.

Sauer sind sie alle, jeder auf jeden. Der Geduldsfaden ist gerissen. »Fuck the EU!«, sagt die Europabeauftragte der US-Regierung, Victoria Nuland, dem Kiewer US-Botschafter Geoffrey Pyatt am Telefon. Der russische Vize-Premier Dmitri Rogosin twittert: »Bald zeigen wir euch, was ihr für welche seid und was wir von euch halten!« Und die Tea-Party-Heroine Sarah Palin verkündete in ihrer Rede auf der Conservative Political Action Conference im März 2014: »Das einzige, was einen *bad guy* mit einer Atombombe stoppt, ist ein *good guy* mit einer Atombombe.«

Die sogenannte internationale Gemeinschaft, deren Regelwerk die *good guys* aus dem Westen paternalistisch-fürsorglich verwalten, taugt nicht für das so widerborstige wie riesige Russland. Dabei waren der Beitritt zum Europarat 1996 und die Aufnahme in die G8 zwei Jahre später durchaus ernst gemeinte Integrationsschritte, auch die analogen Bestrebungen der ersten Putin-Jahre. Erst heute, im Rückblick, bereuen einige russische Politiker, wie sehr ihr Land sich vom Glanz des Westens hat blenden lassen. Während Moskau sich im Kreis der G8 sonnte, wurden nämlich die Gremien der Schwellen- und Entwicklungsländer wie Gruppe der Zwanzig und G33, in denen Russland (anders als die übrigen BRICS-Staaten) kein Mitglied ist, vernachlässigt.

So häufig in Russland von der »chinesischen Karte« die Rede ist, die man angeblich jederzeit spielen könne, wird eben doch gerne verschwiegen, wie bequem den Russen die europäische Nachbarschaft war und ist. China liegt auch mental deutlich weiter weg als Berlin oder London. Wenn es heute im Verhältnis zu Europa kriselt, dann nicht, weil die Moskauer Politik innerlich nach Osten wandert. Es ist der Westen, dessen neokonservative Eliten ihren Staaten seit Ende des Kalten Krieges einen neuen Politikstil verordnet haben: vorgeblich werte- und nicht mehr interessenbetont, an den eigenen Vorstellungen von Demokratie und Menschenrechten orientiert und strikt universalistisch: »Westen ist überall.« So lautet auch der programmatische Titel eines Beitrags des Historikers und Publizisten Paul Nolte, der 2013 in der Zeitschrift *Die politische Meinung* erschien.

Was die längste Zeit der Geschichte zu den respektierten inneren Angelegenheiten eines anderen Staates gehörte, sei es die Wahl seiner Gesellschaftsform, Gesetzgebung und Rechtsprechung, das Verhältnis der Religion zum Staat oder die Stellung ethnischer, sexueller und anderer Minderheiten, das begleiten westliche Politiker und Medien heute mit einem Endlos-Konzert an immer gleichen Stellungnahmen. Jeder kennt die Beispiele der jüngsten Zeit: Pussy Riot, Schwulen-Gesetzgebung, Chodorkowski, Magnitski. Bis hinauf zum Minister hat man dazu im Westen immer einen Kommentar bereit, am liebsten getwittert und meist nicht nur einen.

Für Neokonservative gehört das alles zum großen Projekt der Universalisierung ihrer Werte (von Kritikern auch – mit Bezug auf Rudyard Kiplings Gedicht *The White Man's Burden* – als postkoloniale Variante der »Bürde des weißen Mannes« abgetan). Der herrschenden Meinung zufolge wächst die Welt zum vielzitierten globalen Dorf zusammen, und Washington und Brüssel wollen bestimmen, wo das Rathaus steht. Sanktionen und als *ultima ratio* das militärische Potential der

USA verleihen dieser Politik, die das westlich-demokratische Gesellschaftsmodell proaktiv nach außen trägt, den erforderlichen Nachdruck.

Nun kommt es jedoch vor, dass das im konkreten Fall belehrte Land die Dinge anders sieht und die »universalen Werte« anders auslegt. Wenn dieses Land dann noch so groß ist wie Russland, unter den Top Ten der Weltwirtschaft rangiert, Atomwaffen besitzt und überhaupt gewohnt ist, sich nicht viel hineinreden zu lassen, ist jedenfalls der verbale Konflikt programmiert. Der Schatz an russischen Mutterflüchen bietet den Politikern breite Auswahl, und sie nutzen sie.

Wer in seinem Herzen nur Erbsen zählen kann, dem bleibt Russland für immer fremd. Man kann den Russen hundertmal vorrechnen, dass es zu ihrem Nachteil ist, sich der wohlwollenden Geopolitik des Westens zu verweigern – sie werden sich nicht anpassen. Daran ändern auch die Besserwisser nichts, die ihnen erklären, wie ökonomisch dysfunktional ihr Land ist und immer war – das wissen sie auch so. Unabhängigkeit und Freiheit, die nicht zuletzt zum Leben eines jeden einzelnen Russen gehören, machen einen Teil des materiellen Rückstands wett. Russland existiert nicht für das Bruttosozialprodukt. Es wird nie ein Schwabenland im Großformat.

Spätestens 2013 kam es innerhalb der russischen politischen Elite zu einem Umdenken. Warum zähneknirschend am Katzentisch des Westens hocken, mühsam in der Defensive Terrain verteidigen und bei den G8-Treffen gute Miene zum bösen Spiel machen, wenn man doch geradsogut auf Angriff schalten und dagegenhalten kann? Zur selben Zeit muss ein kluger Kopf im Kreml die Wahlergebnisse der Rechtskonservativen in Ungarn, Frankreich und anderen Ländern verfolgt und daraus seine Schlüsse gezogen haben. Die Erkenntnis war eindeutig: Die europäischen Bevölkerungen stehen alles andere als homogen hinter der Generallinie ihrer Politeliten.

In der Folge wurden Kurs und Tempo geändert. Russland blies zur weltanschaulichen Attacke. Präsident Putin im September 2013 vor dem Internationalen Diskussionsclub »Waldai«:

»Wir sehen, dass viele euro-atlantische Länder im Begriff sind, sich faktisch von ihren Wurzeln loszusagen, von den christlichen Werten, dem Fundament der westlichen Zivilisation. Ethische Grundlagen werden ebenso negiert wie jegliche traditionelle Identität in nationaler, kultureller, religiöser und sogar geschlechtlicher Hinsicht. Kinderreiche Familien werden von der Politik auf dieselbe Ebene gestellt wie gleichgeschlechtliche Partnerschaften – bedien dich bei Gott oder bedien dich beim Teufel. Die Politkorrektheit geht so weit, dass ernsthaft über die Registrierung von Parteien mit pädophilem Programm gesprochen wird. In vielen europäischen Ländern schämen die Menschen sich und haben Angst, ihren Glauben zu bekennen. Feiertage werden abgeschafft oder so umbenannt, dass ihr eigentlicher Anlass verschwindet – ihre geistig-moralische Wurzel. Und dieses Modell versuchen sie in aggressiver Manier allen anderen aufzudrängen, der ganzen Welt. Ich bin überzeugt, dies ist der direkte Weg in Richtung Degradierung und Primitivität, in eine tiefe demographische und moralische Krise.«[*]

Damit war der Fehdehandschuh geworfen. Die weiteren, dem Tenor nach ähnlichen Ausführungen des Kreml-Chefs im Dezember 2013 anlässlich seiner Rede zur Lage der Nation und später im Umfeld der Ukraine-Krise ließen keine Zweifel am neuen Kurs. Russland hat seine uralte Rolle wiedergefunden, die Rolle als eines der konservativsten Länder Europas. Der russischen Mentalität ist sie auf den Leib geschneidert. Russen sind keine Revolutionäre; 1917 war in tausend Jahren die eine große Ausnahme. Vom »Dritten Rom« im 16. Jahrhundert bis

[*] Übersetzung Th. F.

zur Heiligen Allianz mit Preußen und Österreich nach 1815 – immer stand Russland auf Seiten der strengen Legitimität und für Recht, Ordnung und Stabilität gegen alle Formen von Aufruhr und Veränderung von unten.

Russlands Gegenmodell zur universalistischen, liberalen Zivilisation des Westens hat Tradition. Schon im frühen 19. Jahrhundert diente der philosophische Begriff der »Russischen Zivilisation« zur Abgrenzung von den aufklärerischen Bestrebungen in Westeuropa. Die Russische Zivilisation ist die Waffe der Slawophilen gegen die Fraktion der sogenannten Westler. Protagonisten wie Dostojewski, Tolstoi, Berdjajew und Solschenizyn haben den Begriff über annähernd zwei Jahrhunderte hinweg prominent gemacht. Nicht der Amerikaner Samuel Huntington hat als erster über den *Kampf der Kulturen* geschrieben, sondern weit über hundert Jahre vor ihm der Russe Nikolai Danilewski 1869 in *Russland und Europa*.

Der Begriff der Russischen Zivilisation hat immer dann Konjunktur, wenn, ausgelöst durch innere und äußere Krisen, die russische Seele sich auf die Suche nach sich selbst begibt. Zu dem Thema existieren dicke, engbedruckte Bände. Ein wenig Ironie ist am Platz, doch es wäre grundfalsch, den ganzen Komplex hinwegzudefinieren. Erleben wir doch aktuell, wie sich das russische Geistesleben und die russische Politik nach einer Phase intensiven Kopierens und Übernehmens aus dem Ausland (im Westen fälschlicherweise immer noch Modernisierung genannt) wieder dem Saft der eigenen Wurzeln zuwenden.

Was charakterisiert nun die Russische Zivilisation in der politischen Wirklichkeit? Ganz sicher die Bedeutung der autoritären Vertikale (ob im Kreml oder im Produktionsbetrieb) bei gleichzeitiger Rücksichtnahme auf Mehrheitsmeinungen und Mehrheitswünsche, außerdem die Betonung des Kollektivs in Abgrenzung zur herausragenden Stellung des Einzelnen, wie sie im Westen gang und gäbe ist. Im Selbstverständnis ihrer Verfechter besitzt die russische Demokratie ohnehin mehr demokratischen Gehalt als das westliche Alternativmodell: Mehrheits- gegen Minderheitsdemokratie. So finden auch die mehrheitsfähigen Projekte im politischen Prozess die größte Unterstützung. Der im Westen ausgeprägte Schutz der individuellen Selbstverwirklichung gegenüber Gruppeninteressen tritt dagegen in den Hintergrund. Minderheiten werden in ihrem Existenzrecht geschützt, genießen jedoch bei weitem nicht die Förderung und die Entfaltungsmöglichkeiten. Überhaupt liegt der Schwerpunkt auf Einheit, während Vielfalt als Schwäche und Gefahr empfunden wird.

Das Aufhebens, das im Westen um die Rechte sexueller Minderheiten gemacht wird, gilt den allermeisten Russen als Zeichen purer Dekadenz. In Russland ist es viel einfacher: Sexuelle Minderheiten gibt es, sollen sie machen, was sie wollen, solange sie niemanden dabei stören. Und wen stört es, was der Nachbar hinter zugezogener Gardine treibt? Diese grundpragmatische Sicht auf die Dinge der Welt und des Lebens ist charakteristisch für die in ihrem Kern unpolitische und ideologieferne russische Gesellschaft.

Die Berührungspunkte mit der Neuen Rechten in Westeuropa sind offensichtlich und werden von beiden Seiten gesehen und genutzt. Des öfteren war die Vorsitzende des französischen Front National, Marine Le Pen, seit 2013 zu politischen Gesprächen in Russland. Russische Vertreter sind zu Gast bei überregionalen Treffen der europäischen Rechten, so Ende 2013 beim Parteitag der italienischen Lega Nord in Turin. Nationalisten wie der Duma-Abgeordnete Sergej Baburin sprechen offen davon, dass die europäischen Rechtspopulisten der russischen Politik als Fünfte Kolonne dienten. Baburin nennt in einem Interview, das er am 17. Mai 2014 dem Internetportal *Swobodnaja Pressa* gab, die Ziele der Zusammenarbeit: die Befürworter eines Europas der Völker (anstelle eines Europas der Regionen) zu unterstützen und zugleich jene Kräfte zu stärken, die einer Ausbreitung der NATO auf dem Kontinent entgegentreten. Im Endeffekt, so Baburin, sei das Ziel, die Kolonisierung der Welt im Namen eines Nationen und Kulturen zerstörenden Prinzips zu verhindern: »Die europäischen Rechten versuchen, ihr Haus vor dem Diktat der USA zu schützen.«

Spätestens seit das Wort von der Fünften Kolonne seine Kreise zieht, blicken viele Westeuropäer misstrauisch Richtung Moskau – nicht nur die liberalen Transatlantiker, die Russland stets kritisch gesonnen sind. Könnte es sein, dass die verschlagenen Russen, nachdem sie jahrzehntelang mit Hilfe der europäischen Linken versucht haben, dem Kapitalismus und der freien Welt den Garaus zu machen, ihren Angriff jetzt über den rechten Flügel fahren? Agieren in den Katakomben des Kreml bolschewistische Kader, zu allem entschlossen, wenn es gilt, den Kontinent doch noch bis zum Atlantik zu unterjochen? Das seitens der westlichen Medien geschickt eingesetzte Wort »Restauration« tut ein übriges. Restaurative Politik in Russland – was kann sich dahinter anderes verbergen als ein Zurück zum Marx-, Lenin- und Stalinstaat?

Aus solchen Konstrukten wachsen im Internet ganze Verschwörungstheorien. Dabei ist die Wahrheit hinreichend simpel. Wenn Wladimir Putin im Einklang mit den rechtsintellektuellen Eurasiern den Untergang der UdSSR bedauert, meint er nicht die Strukturen der zentralen Planwirtschaft, sondern das Auseinanderbrechen der russischen Zivilisation und die neue Verwundbarkeit seines Landes. Die russische Westflanke liegt heute so weich und offen wie seit dem 16. Jahrhundert nicht mehr. Die Ukraine-Krise 2014 hat es deutlich gemacht; die Perspektive eines NATO-Beitritts der Ukraine (und irgendwann womöglich Weißrusslands) beschwört Erinnerungen an die schlimmsten Zeiten der Geschichte herauf: polnische und litauische Truppen vor Smolensk, deutsche Landser zwischen Charkow und Kursk, womöglich bald schwedische Grenadiere vor Narwa.

Russland leistet sich ein Elefantengedächtnis. Den Postmodernisten mag die Erkenntnis gegen den Strich gehen, doch im 21. Jahrhundert regiert in uns derselbe alte Adam wie Jahrtausende zuvor. Dass es inzwischen Internet und 3D-Drucker gibt, schert den großen Weltgeist einen feuchten Kehricht. Das russische Elefantengedächtnis erinnert sich an die Kriege gegen die Deutschordensritter, gegen die polnisch-litauische Rzeczpospolita und gegen Schweden vor 1721. Es lehrt Misstrauen. Während die westlichen Politiker beschwören, alle NATO-Soldaten seien »Gute«, bemüht man in Russland einen ganz anderen Vergleich: Wer hätte 1931 vorhergesagt, dass Deutschland zehn Jahre später mit 150 Divisionen in die Sowjetunion einmarschiert? Zehn Jahre, nicht länger als 2005 bis 2015. Noch Fragen?

Zurück zum Wettkampf der Weltanschauungen. Eine im Westen häufige gestellte Frage lautet: Wenn die russische Gesellschaft so überzeugt an traditionelle Werte glaubt, wie erklärt sich dann die hohe Zahl an Abtreibungen? Der Vorwurf trifft, denn obwohl die Pro-Kopf-Zahlen rückläufig sind, hält Russland weiterhin den Weltrekord. Es ist das Resultat einer den Menschen jahrzehntelang eingetrichterten materialistischen Ideologie. 1920 hatte die künftige UdSSR als erstes Land der Welt Abtreibungen unter allen Bedingungen legalisiert. Inzwischen wird das Thema jedoch heiß debattiert; die *New York Times* fühlt sich sogar an amerikanische Verhältnisse erinnert.

Ein anderes, oft gehörtes Argument basiert auf einem Mythos aus den 90er Jahren: der suizidale demographische Trend. Tatsache ist, dass in Russland 22 Jahre lang, von 1991 bis 2013, weniger Menschen geboren wurden als starben. Diese Entwicklung hatte 1999 ihren Höhepunkt erreicht und ist inzwischen gestoppt und umgekehrt. Laut *CIA-Factbook* liegt Russland bei der Geburtenrate im Jahr 2014 knapp hinter den fünf skandinavischen Ländern und vor allen anderen Staaten in Europa – ausgenommen Liechtenstein, Luxemburg und Belgien. Addiert man den Saldo aus Abwanderung und

Zuwanderung, so wächst die russische Bevölkerung bereits wieder seit 2010.

Doch die Russland-Skeptiker sind hartnäckig; sie haben immer noch Pulver auf der Pfanne. Wenn also die Russen, so sagen sie, keine verkappten Bolschewiken sind, warum dann das Heldentheater um Stalin? Warum setzt die Gesellschaft sich nicht ebenso kritisch mit der eigenen Vergangenheit auseinander, wie wir Deutsche es getan haben all die vergangenen Jahrzehnte hindurch?

Darauf gibt es drei Antworten: eine polemische, eine schlichte und eine, die der Wahrheit vielleicht am nächsten kommt. Die polemische: Weil Russen eben Russen sind und keine Deutschen. Die schlichte: Russland hat den Krieg gewonnen. Die dritte Antwort verweist auf die vielfältige und widersprüchliche Hinterlassenschaft aus siebzig Jahren kommunistischer Herrschaft. Außerhalb des GULag hat die Revolution von 1917 auch konkrete Befreiung bewirkt, Potentiale geweckt und die Industrialisierung angeschoben, trotz und ungeachtet der ungeheuerlichen Opfer. Allein der Sieg über die faschistischen Eroberer bleibt, was er war und was er ist: eine mit einem Meer an Blut erkaufte kollektive Heldentat.

Siebzig Jahre lang hat der Kommunismus die Gesellschaft im Schwitzkasten gehabt, drei Generationen lang. Vierzig Jahre waren es in Ostdeutschland, und zwölf Jahre lang regierten die Nationalsozialisten im Deutschen Reich. Zwölf Jahre werfen sich leichter weg als ein ganzes Leben; das ist auch ein Grund. Ein anderer ist, dass die Mehrheit der Russen überzeugt ist, Stalin, der Stählerne, habe ihr Land mit seiner eisernen Faust zum Sieg über die Eroberer aus dem Westen getrieben. Es gibt seriöse Historiker, die da ihre Zweifel hegen, aber ihre Argumente haben für die Volksmeinung keinen Belang. Es führt kein Weg daran vorbei: Der Georgier Stalin wird mit der Zeit ebenso zum nationalen Mythos der Russen aufsteigen, wie der Korse Napoleon es in Frankreich schon lange ist.

Spätestens dann wird der große *Woschd*, der Führer, wie er zu Lebzeiten genannt wurde, nicht mehr für die Ideologie von Marx, Engels oder Lenin stehen, nicht mehr für historischen oder dialektischen Materialismus, nicht mehr für Terror oder GULag oder Holodomor oder die Diktatur des Proletariats. Stalin wird dann das Symbol eines starken, wehrhaften Russlands sein, mächtiger als alle Eroberer im Westen, Süden und Osten zusammen, mächtiger als Faulheit, Feigheit und ewige russische Lethargie.

Der Vielvölkerstaat Russland erscheint Außenstehenden zerbrechlicher, als er in Wirklichkeit ist. Im Alltag wirkt die Russische Zivilisation als Bindeglied. Hinzu kommt ein durchaus vorhandenes Nationalgefühl, das uns aufgrund einer Besonderheit der Sprache verborgen bleibt. Streng genommen ist es nämlich falsch, wenn wir im Deutschen von der Russischen Föderation sprechen. Es heißt *Rossijskaja Federazija*, also Russländische Föderation, nicht *Russkaja Federazija*. Ebenso der Staatsbürger: Korrekt übersetzt heißt es nicht der Russe, sondern der Russländer – *Rossijanin*.

Russki, der Russe, ist eine ethnische Bezeichnung, Russländer nicht. Zwar sind achtzig Prozent aller Staatsbürger Russen, doch insgesamt leben an die hundert Nationalitäten auf dem riesigen Territorium. Der russländische Nationalismus entspricht mehr unserem Verständnis von Patriotismus als von Nationalismus – die ethnische Zugehörigkeit tritt hinter die Staatsangehörigkeit zurück. Nicht ohne Grund sind die Worte Patriot und Nationalist im Russischen weitgehend deckungsgleich; Russland war nie als Staat der Russen konzipiert, sondern ist aus dem alten Moskauer Staat hervorgegangen, ein Imperium auf den Fundamenten eines Stadtfürstentums.

Nationalismus, der sich nicht an ethnischen Identitäten festmacht, sondern sich kulturell und zivilisatorisch definiert, zielt auf Assimilation, nicht auf Integration. An dieser Stelle kommt erneut die Russische Zivilisation ins Spiel. Auf Deutschland übertragen hieße dies, dass Türken, Polen und alle anderen ursprünglichen Ausländer, die in Deutschland leben wollen, sich zur deutschen Sprache, Lebensweise und Kultur bekennten und Deutschländer wären, ohne Deutsche zu sein. Semantisch sind die Russen uns da voraus.

Im universalistischen Westen, wo man das eigene System als Fluchtpunkt allen Fortschritts wahrnimmt, klingt die Vorstellung befremdlich, dass Zivilisationen parallel und gleichzeitig existieren und die Menschheitsgeschichte keinen Gesetzen unterliegt. In Russland, wo nach der postsowjetischen Phase eine neue, weltanschaulich gegründete Staatsräson entsteht, setzt sich der gegenteilige Standpunkt durch. Bei jeder Gelegenheit betonen russische Politiker die Bedeutung einer multipolaren Welt auch in kultureller und zivilisatorischer Hinsicht. Im »Projektentwurf zu den Grundlagen einer staatlichen Kulturpolitik«, den die Zeitung *Iswestija* am 10. April 2014 veröffentlichte, ist ausdrücklich die Rede von einem globalen Kampf der kulturellen Identitäten:

> »Globalisierung bedeutet nicht nur die Wechselwirkung der Kulturen, sondern auch ihre Auseinandersetzung auf allen Gebieten – wirtschaftlich, politisch, kulturell usw. In diesem Kampf ist unser Trumpf unsere einmalige zivilisatorische Identität auf dem Boden unserer historisch-kulturellen Überlieferung und unseres Wertesystems. Dank dieser Identität lebt das russländische Staatswesen seit über tausend Jahren; entsprechend bedeutungsvoll ist die Aufgabe, diese Identität unter den Bedingungen der globalen Auseinandersetzung zu schützen.«[*]

Die Auseinandersetzung wird nicht zuletzt im Rahmen des modernen Informationskriegs geführt. Dabei bringt Russland tech-

[*] Übersetzung Th. F.

nisch und konzeptionell einiges auf die Waage. Der erst 2005 als *Russia Today* ins Leben gerufene Auslandssender *RT* spielt heute bereits mit BBC News, CNN und Al Jazeera in der ersten Liga der internationalen News-Sender. In den USA genießt *RT America* beim jüngeren Publikum auch jenseits rein russischer Themen eine hohe Akzeptanz als inhaltliche Alternative zu den einheimischen Medien. 2013 erreichte der Sender auf Youtube als erster News-Kanal überhaupt mehr als eine Milliarde Klicks.

Häufiger Angriffspunkt der russischen Medien und Politiker sind die doppelten Standards, mit denen der Westen – aus russischer Sicht – seine Hegemonialisierung Ostmitteleuropas begleitet. Gemeint ist damit, dass dem Westen nachgesehen wird, was Russland sich nicht erlauben darf. *Quod licet Iovi non licet bovi*, frei übersetzt: Wenn zwei das gleiche tun, ist es noch lange nicht dasselbe.

Spätestens anlässlich der Krim-Krise 2014 fiel das auch dem westlichen Publikum auf. Als die Politiker und Medien unisono die Loslösung der Halbinsel von der Ukraine und deren Beitritt zur Russischen Föderation als illegale Annexion verdammten, schaute manch einer bei Wikipedia unter dem Schlagwort »Kosovo« nach. 2008 hatte die Abspaltung des Kosovo von Serbien eine Welle diplomatischer Anerkennungen seitens westlicher Staaten ausgelöst. Als auch Moskau die Sezession der Krim mit derjenigen des Kosovo verglich, wiederholte sich das Märchen von des Kaisers neuen Kleidern. Westliche Kommentatoren sparten nicht an logischen Verrenkungen, um den Kaiser Kosovo völkerrechtlich herauszuputzen … Hauptsache, das aggressive Russland mit seiner Krim sah ordentlich nackt dagegen aus. Russische Politiker nennen das doppelte Standards.

Als der Kreml schließlich darauf hinwies, wie unblutig der Anschluss verlaufen war, und an das NATO-Bombardement Jugoslawiens erinnerte, schallte es wie aus einer Kehle zurück: Nicht dieser Vergleich! Sakrileg!

Elf Wochen lang bombardierte die NATO 1999 das souveräne Jugoslawien und warf dabei achtzigtausend Tonnen Sprengstoff ab. Über zweitausend Zivilisten fanden den Tod. Die Bedingungen für ein Ende des Blutbads waren ungleich schärfer als das österreichische Ultimatum an Serbien 1914, das den Weltkrieg auslöste.

Doch man schrieb 1999, und der Westen schwamm ganz hoch oben auf der Welle seines Erfolgs. Wenn man uns nur lässt, wenn man unsere Demokratie nur lässt ...

Kosovo, Krim, Ukraine, Baltikum, NATO-Erweiterung, Eindämmungspolitik ... Die Argumente sind alle bekannt und durchgekaut. Beide Seiten sind überzeugt, im Recht zu sein. Und so wird das Verhältnis zwischen Russland und dem Westen immer mehr zu einer Geschichte unerfüllter Hoffnungen und falscher Illusionen – auf beiden Seiten.

Ist Russland also nicht Europa? Die Antwort hängt davon ab, wie wir Europa definieren. Mit dem Kontinent der »europäischen Werte« in ihrem derzeitigen Zuschnitt ist Russland nicht deckungsgleich. Es steht nicht für die Vielfalt im Zeichen des Regenbogens, nicht für grenzenlose Toleranz, nicht für Multikulturalismus und nicht für die säkulare Gesellschaft. Russland verkörpert, aller kommunistischen Vergangenheit zum Trotz, das konservative, traditionelle, ständische Europa, das einstmals so genannte christliche Abendland. Wer das als »rückständig« abtut, macht es sich gefährlich leicht. Der Fortschritt verläuft nicht linear. Welches der beiden Europas in hundert Jahren noch übrig ist, das werden unsere Urenkel erleben. Totgesagte können erstaunlich lebensfähig sein.

Im zweiten Jahrzehnt des 21. Jahrhunderts haben die Sicherheits- und Wirtschaftspragmatiker in Russland das Sagen, flankiert von den intellektuellen Fackelträgern Eurasiens. Unter deren Dach sammeln sich alle Schattierungen von links bis rechts: Sozialisten, Patrioten, Nationalisten, Monarchisten, eingeschworene Orthodoxe und natürlich die Verteidiger der Russischen Zivilisation.

Das liberale, westlich-demokratische Experiment ist in Russland dauerhaft gescheitert. Sogar der wichtigste Oppositionsführer ist kein Liberaler mehr. Alexej Nawalny ist ein mutiger Kämpfer gegen Korruption, der ansonsten für einen deftigen, ethnisch-russischen Nationalismus steht. Dagegen ist Putin ein Mann der Mitte. Die lange gültige Regel, wonach die Opposition sich aus der prowestlichen Intelligenz rekrutiert, ist gebrochen. Ein Vierteljahrhundert nach Andrej Sacharows Tod schwenkt Russland auf den Kurs von Alexander Solschenizyn ein.

Die von vielen – auf beiden Seiten – nach dem Ende des Kommunismus erhoffte Integration Russlands und des Westens ist ausgeblieben. Russland und die USA stehen sich erneut als Rivalen gegenüber. Wobei die russischen Politiker genau wissen, dass ihr Land weder wirtschaftlich noch demographisch zu den USA oder zu China aufschließen kann.

Auch mit den Ressourcen der halben Milliarde Einwohner einer wirklich geeinten EU könnte Russland nicht mithalten. Moskau kennt aber die Seelenverfassung der Europäer, wenn es um die Schaffung der Vereinigten Staaten von Europa geht. Es kann dort durchaus auf Verbündete zählen – weniger unter den politischen Eliten als in Wirtschaftskreisen und unter der Bevölkerung. Gerade die EU- und Amerika-Kritiker neigen Moskau zu; sie empfinden Sympathie für die selbstbestimmte, auf das eigene Land und seine Interessen fokussierte russische Politik. Deutschland in der europäischen Mitte ist ein Paradebeispiel – gespalten in supranationale Transatlantiker und »Russland-Versteher«.

Es kann nur im russischen Interesse sein, gemeinsam mit den Euroskeptikern in der EU die Entstehung der U.S. of E. zu verhindern. Die russischen Eurasier werden sich also weiterhin am Westen abarbeiten – zumal die Pragmatiker jetzt erst recht auf sie angewiesen sind. Denn nur als weltanschaulich konservatives Land, das sich gegen den westlichen Mainstream stellt, kann Russland in Europa eine gestaltende Rolle spielen. Ein liberales, westlich-demokratisches Russland wäre schierer Abklatsch; nichts Eigenständiges ginge von ihm aus.

So landen also jene, die Russland ins gelobte Eurasien geleiten wollen, wie die Wanderer in der Wüste wieder am Ausgangspunkt: in Europa. Eurasien ist und bleibt ein eminent europäisches Thema. Den Chinesen, die ihres Platzes in der Mitte seit fünftausend Jahren sicher sind, geht das alles am Schuh vorbei. Eurasien ist nicht die Alternative zu Europa, Eurasien ist ein alternatives Europa.

In *Bruder 2*, einem Schlüsselfilm des verstorbenen Regisseurs Alexej Balabanow aus dem Jahr 2000, erklingt ein Titel der russischen Rockband »Nautilus Pompilius«: *Der letzte Brief.* Der Song stammt aus dem Jahr 1985, als Michail Gorbatschow Generalsekretär der KPdSU wurde. Schon nach kurzer Zeit war er zur Hymne der Perestroika geworden, zum Symbol der Sehnsucht nach Freiheit und Westen und des Gefühls nur-fort-von-hier:

Wenn alle Lieder verstummen,
die ich nicht kenne,
schreit mein letztes Papierschiff
in bitterer Luft.

Goodbye America,
wo ich niemals war. Auf Nimmerwiedersehn.
Nimm dein Banjo und spiel mir zum Abschied.
Deine alten Jeans sind mir zu eng.
Zu lange haben sie uns gelehrt,
deine verbotenen Früchte zu lieben.*

* Übersetzung Th. F.

Goodbye America ist ein Codewort, das innige Hassliebe chiffriert. Aus Sehnsucht wird Erkenntnis, später Enttäuschung, Abschied, Trennung. Im Film fliegt der Tschetschenienkämpfer Danila nach Chicago, um dem Bruder eines ermordeten Kameraden zu helfen. Dort trifft er die Nutte Dascha, die Jahre zuvor blutjung aus Moskau nach Amerika gekommen ist. Sie wehrt sich gegen den naiven, ungerufenen Retter. Wir Russen müssen zusammenhalten, sagt Danila.

In *Bruder 2* exorziert Russland seinen eigenen, an der Wirklichkeit gescheiterten Traum vom Westen. Am Ende sitzen Danila und Dascha in der Aeroflot-Maschine zurück nach Moskau, erste Klasse. Dascha bestellt Wodka, doch der Steward darf vor dem Start nichts ausschenken. Streng blickt sie ihm in die Augen, dann streift sie sich langsam, als schöbe sie eine liebgewonnene Lüge in ihren Kasten zurück, die schwarze Perücke vom Schädel:

»Junge, du verstehst nicht, wir fliegen nach Hause.«
Ein Kinderchor singt leise *Goodbye America*.

CHRONOLOGIE

frühes 9. Jh.	Erste normannische Händler kommen von Norden über das Schwarze Meer nach Byzanz
9.–13. Jh.	Kiewer Rus unter der skandinavischen Dynastie der Rurikiden
988	Taufe des Kiewer Fürsten Wladimir nach byzantinischem Ritus
11. Jh.	Blütezeit der Kiewer Rus (Ausdehnung von Galizien bis Nordrussland, dynastische Verbindungen mit Westeuropa)
1162	Verlagerung des Regierungssitzes nach Wladimir östlich von Moskau
ab Mitte 12. Jh.	Blütezeit der Republik Nowgorod (Sitz eines von vier Hanse-Kontoren)
1240–1480	Goldene Horde (Mongolenjoch)
1242	Sieg des Nowgoroder Prinzen Alexander über den Deutschen Orden auf dem Peipussee
1380	Erster Sieg der russischen Fürsten unter Moskauer Führung über die Mongolen (Kulikowo Pole)
1478	Unterwerfung Nowgorods durch Moskau, Ende der Republik
1501	Beginn der Nordischen Kriege um einen dauerhaften Ostseezugang
ab 1510	Der Pskower Mönch Filofei propagiert die Idee von Moskau als dem Dritten Rom
1547	Krönung Iwans IV.
1553	Landung englischer Kaufleute bei Archangelsk am Weißen Meer, Gründung der Muscovy Company

1565–1572   Opritschnina

ab 1580   Kolonisierung Sibiriens

1584   Tod Iwans IV., des Schrecklichen

1596   Union von Brest (Anerkennung der römischen
             Autorität durch die byzantinischen Christen
             im polnisch-litauischen Staat)

1598   Tod des letzten Rurikiden-Zaren Fjodor I.,
             Beginn der »Zeit der Wirren« (Interregnum,
             »falsche« Zaren, Kriege gegen Schweden und
             Polen)

1613   Krönung Michails I., des ersten Zaren aus der
             Romanow-Dynastie

1649   Verschlechterung der Rechtsstellung
             Leibeigener, in der Folge Bauern- und
             Kosakenaufstände

1682   Krönung Peters I.

1696   Gründung der russischen Kriegsflotte

1697/98   Europaaufenthalt Peters I.

1698   Bartverbot

nach 1700   Forcierte Industrialisierung, Militärreformen,
             Bildungsreform, Kalenderreform, Adelsreform,
             Beamtenreform

1703   Gründung von St. Petersburg

1712   St. Petersburg wird Hauptstadt

1721   Ende der Nordischen Kriege (Gewinn
             Kareliens, Ingermanlands und des nördlichen
             Baltikums im Frieden von Nystad)

1721   Ausrufung des Russischen Kaiserreichs

1721 Abschaffung des Moskauer Patriarchats und Ersatz durch ein staatliches Kollegium, den »Heiligen Synod«

1725 Tod Peters I., des Großen

1739 Endgültiger Zugang zum Schwarzen Meer (Asow)

1741–1762 Regierung der Zarin Elisabeth

1757–1763 Russische Beteiligung am Siebenjährigen Krieg gegen Preußen

1762 Krönung Katharinas II., geb. Prinzessin Sophie von Anhalt-Zerbst

1763 Manifest zur Einladung der Wolgadeutschen

ab 1768 Kriege gegen die Türkei (Osmanen)

1773–1775 Pugatschow-Aufstand

1783 Annexion der Krim

1789 Einverleibung der neurussischen Steppe nördlich des Schwarzen Meers vom Dnestr bis zum Asowschen Meer

1795 Dritte, abschließende Teilung Polens zwischen Russland, Preußen und Österreich

1796 Tod Katharinas II., der Großen

1796–1801 Zar Paul III., ab 1798 Großmeister des Malteserordens

1801–1825 Zar Alexander I.

ab 1803 Ansiedlung der Schwarzmeerdeutschen

1809 Finnland kommt zum Russischen Reich

Sommer 1812 Einmarsch der französischen Grande Armée unter Napoleon (Vaterländischer Krieg)

Ende 1812	Rückzug der geschlagenen Franzosen
30.12.1812	Konvention von Tauroggen, Wechsel der preußischen Regimenter zu den Russen
Frühjahr 1814	Einmarsch russischer Truppen in Paris
1815	Heilige Allianz der konservativen Mächte Preußen, Russland, Österreich
1825–1855	Zar Nikolaus I.
1825	Dekabristenaufstand junger Offiziere in St. Petersburg
1826	Gründung der Dritten Abteilung, Vorläuferin von Ochrana und KGB
19. Jh.	Blütezeit der russischen Literatur, Musik und Bildenden Kunst
1853–1856	Krimkrieg gegen England, Frankreich und die Türkei
ab Mitte 19. Jh.	Radikalisierung der linken Opposition, erste Attentate, gleichzeitig Entstehung des Panslawismus und beginnende Auseinandersetzung zwischen »Westlern« und »Slawophilen«
1855–1881	Zar Alexander II.
1858/60	Abtretung weiter Teile der Äußeren Mandschurei durch China an Russland
1860	Gründung von Wladiwostok (»Beherrsche den Osten«) am Pazifik
1861	Aufhebung der Leibeigenschaft
1864	Abschluss der Expansion im Kaukasus
1867	Verkauf von Alaska an die USA
1881–1894	Zar Alexander III.

1887	Abschluss der Expansion in Zentralasien (»Great Game«) an der afghanischen Nordgrenze
1887	Rückversicherungsvertrag (geheimes Neutralitätsabkommen zwischen Deutschland und Russland)
1890	Nichtverlängerung des Rückversicherungs-vertrages durch Deutschland nach der Entlassung Bismarcks als Reichskanzler, in der Folge Annäherung Russlands an Frankreich
ab 1891	Bau der Transsibirischen Eisenbahn
1894–1917	Zar Nikolaus II.
1904–1905	Russisch-Japanischer Krieg (Versenkung der russischen Ostseeflotte bei Tsushima im Japanischen Meer)
1905	Landesweite revolutionäre Unruhen im Anschluss an den sog. Petersburger Blutsonntag
1905	Einberufung des ersten Parlaments (Duma)
1914	Ausbruch des Ersten Weltkriegs, Krieg gegen Deutschland und Österreich
März 1917	Bürgerliche Revolution (»Februar-revolution«), Alexander Fjodorowitsch Kerenski Chef der Übergangsregierung
15. März 1917	Abdankung des Zaren Nikolaus II., Ende der Monarchie
April 1917	Die deutsche Reichsregierung ermöglicht und fi-nanziert Lenin und ca. dreißig kommunistischen Revolutionären die Rückkehr aus dem Exil

November 1917	Kommunistische Revolution (»Oktober-revolution«), danach Sowjetrussland unter Wladimir Iljitsch Lenin
März 1918	Separatfriede mit Deutschland und Österreich im Vertrag von Brest-Litowsk
Juli 1918	Ermordung der Zarenfamilie in Jekaterinburg
1918–1920	Russischer Bürgerkrieg (Weiße gegen Rote mit ausländischer Unterstützung der Gegner der Revolution)
1922	Gründung der Sowjetunion (UdSSR)
ab 1921	Wirtschaftliche Liberalisierung unter der »Neuen Ökonomischen Politik« (NEP)
1922	Josef Wissarionowitsch Stalin Generalsekretär der Kommunistischen Partei der Sowjetunion (KPdSU)
1922	Deutsch-Sowjetischer Vertrag von Rapallo, Beginn einer bis 1933 andauernden Kooperation zwischen Reichswehr und Roter Armee an mehreren Standorten in der UdSSR
1924	Tod Lenins
1927	Ende der wirtschaftlichen Lockerung (NEP), Einführung der staatlichen Planwirtschaft
1928–1932	Kollektivierung der Landwirtschaft mit Millionen Toten u. a. in der Ukraine (Holodomor)
1936–1938	Endgültige Konsolidierung der Macht in Stalins Händen (Moskauer Prozesse, Großer Terror)
August 1939	Deutsch-Sowjetischer Nichtangriffspakt (»Hitler-Stalin-Pakt«)

22. Juni 1941	Einmarsch der Wehrmacht in die Sowjetunion (Großer Vaterländischer Krieg)
31. Januar 1943	Kapitulation der deutschen 6. Armee in Stalingrad (Wende im Kriegsverlauf)
Mai 1945	Eroberung Berlins durch die sowjetische Armee, bedingungslose deutsche Kapitulation
1949	Festschreibung der deutschen Teilung
1952	Angebot an die Westmächte zur Wiedervereinigung eines neutralen Deutschlands (Stalin-Noten)
1953	Tod Stalins
1953–1964	Nikita Sergejewitsch Chruschtschow Generalsekretär der KPdSU
1955	Moskau-Besuch des deutschen Bundeskanzlers Konrad Adenauer, Aufnahme diplomatischer Beziehungen, Entlassung der letzten Kriegsgefangenen
1961	Berliner Mauer
1964–1982	Leonid Iljitsch Breschnew Generalsekretär der KPdSU
1969	Militärisch ausgetragene Grenzkonflikte mit China
ab 1969	Ostpolitik des Bundeskanzlers Willy Brandt (1970 Verträge von Moskau und Warschau mit Anerkennung der deutschen Gebietsverluste 1945)
1979–1989	militärische Intervention der UdSSR in Afghanistan

ab 1986	»Perestroika« (Umbau) unter dem KPdSU-Generalsekretär Michail Sergejewitsch Gorbatschow (seit 1985)
1990/91	Unabhängigkeitserklärungen der baltischen Staaten
Sommer 1990	Zustimmung der UdSSR zur deutschen Wiedervereinigung
August 1991	gescheiterter Putsch hoher UdSSR-Kader, danach Verbot der Kommunistischen Partei
Dezember 1991	Ende der UdSSR, alle ehemaligen Sowjetrepubliken werden unabhängig
ab 1992	Russländische Föderation unter Präsident Boris Nikolajewitsch Jelzin, Preisfreigabe, Privateigentum, Meinungs- und Reisefreiheit u. a.
1992–1994	Voucher-Privatisierung
Herbst 1993	Verfassungskrise, gewaltsame Auflösung des Parlaments
Dezember 1993	Volksabstimmung über die Annahme einer neuen Verfassung
1994–1996	Erster Tschetschenienkrieg
1996	Wiederwahl Jelzins zum russischen Präsidenten
August 1998	Finanzkrise, Rubelabwertung um 60 %, Staatsbankrott, Zusammenbruch des Bankwesens
August 1999	Ernennung Wladimir Wladimirowitsch Putins zum Ministerpräsidenten

September 1999	Bombenattentate auf Wohnhäuser in Moskau und weiteren Städten
1999-2009	Zweiter Tschetschenienkrieg
2000	Wahl Putins zum russischen Präsidenten
ab 2000	Konsolidierung der politischen Macht in den Händen der Moskauer Zentrale, gleichzeitig partielle Rückabwicklung der Privatisierung strategischer Industrien im Energie- und Rohstoffbereich
Dezember 2000	Wiedereinführung der Sowjet-Hymne mit neuem Text
2001	Nach den Anschlägen am 11. September in Amerika enge Zusammenarbeit mit den USA im Kampf gegen den Terrorismus
2002	Geiselnahme im Moskauer Dubrowka-Theater durch tschetschenische Terroristen mit mehr als 170 Toten
2003	Verhaftung des Ölmagnaten Michail Borissowitsch Chodorkowski, prominentestes Opfer im Kampf gegen die sog. Oligarchen, die superreichen Gewinner der Privatisierung
2004	Wiederwahl Putins zum Präsidenten
2004/05	Russische Parteinahme für den ukrainischen Präsidentschaftskandidaten Wiktor Janukowitsch gegen die vom Westen unterstützte »Orange Revolution« in der Ukraine
2000–2007	Binnen acht Jahren Anstieg des Bruttosozialprodukts um 72 % und der Währungsreserven von 12 Mrd. auf über 470 Mrd. US Dollar,

	Reduzierung der Staatsschulden auf 8,5 % vom BIP, Halbierung der Arbeitslosen- und Armutsquote, Steigerung der Realeinkommen um den Faktor 2,5
2007	Putin bei Papst Benedikt XVI. im Vatikan
2008	Wahl Dmitri Anatoljewitsch Medwedews zum russischen Präsidenten, Putin Ministerpräsident
August 2008	Kaukasischer Fünftagekrieg gegen Georgien um die abtrünnigen georgischen Gebiete Südossetien und Abchasien
2009	Wahl des Erzbischofs Kirill zum Patriarchen von Moskau und der ganzen Rus
um 2010	Überwindung der demographischen Krise, Wiederanstieg der Bevölkerung
2011	Einweihung der Ostseepipeline »Nord Stream« von Russland nach Deutschland
2011	Zollunion mit Kasachstan und Weißrussland als Vorstufe zu einer geplanten Eurasischen Wirtschaftsunion
2011/12	Demonstrationen in Moskau und anderen Städten gegen Putins neuerliche Kandidatur für das Präsidentenamt
Mai 2012	Erneute Wahl Putins zum russischen Präsidenten (Amtszeit bis 2018), Medwedew Ministerpräsident
Dezember 2013	Begnadigung und Ausreise Chodorkowskis ins Schweizer Exil
Februar 2014	Olympische Winterspiele in Sotschi

2014 Ukraine-Krise und völkerrechtlich umstrittener Anschluss der Halbinsel Krim an die Russische Föderation (18. März 2014), zunehmende politische und weltanschauliche Konfrontation mit dem Westen

PERSONENREGISTER

AUS DER EDITION SONDERWEGE

Michael Klonovsky
LEBENSWERTE
Über Wein, Kunst, High-heels
und andere Freuden

Dieses Buch geht der Frage nach, wofür es sich zu leben
lohnt. Es geht fast immer um Genuß, häufig auch um Form
und Haltung, aber nie um Luxus. Es geht um Handfestes
und Konkretes, aber nie um die wertlose Münze abstrakten
Zeitgeistgeklingels. Die Frage nach den Lebenswerten
beantwortet der Autor mit einer ins Aphoristische
gesteigerten Lebensklugheit, mal amüsant, mal polemisch.
Sein Kompendium umfaßt Lebenswerte von »Gastronomie«
bis »Ungleichheit«, von »Bücher« bis »Selbstironie«, von
»Klaviermusik« bis »Radfahren« und von »Anzüge« bis
»Schweigen«. Neu in dieser Ausgabe sind die Einträge
»Fußball«, »Hörbücher«, »Kirchen« und »Speisewagen«. –
Peter Sloterdijk pries die vibrierende Sprache von Klonovskys
Feuilletons, und Martin Mosebach zufolge beschreibt dieses
Buch »eine ganz eigene Art zu sein«.

*»Solange Menschen Wein und Oliven anbauen, Sprachen
lernen, Gedichte lesen, beim ersten Sonnenstrahl Tische
auf die Straße stellen, solange Glocken läuten, zwischen all
den Rentnern hin und wieder ein Kind auftaucht, irgendwo
auf einem Klavier Bach gespielt wird und Frauen sich
zurechtmachen, bevor sie das Haus verlassen,
ist nichts verloren.«*
Michael Klonovsky

160 Seiten, 12 x 18,5 cm,
Klappenbroschur mit Fadenheftung
ISBN 978-3-944872-01-8

www.manuscriptum.de

AUS DER EDITION SONDERWEGE

Richard Heinberg
JENSEITS DES SCHEITELPUNKTS
Aufbruch in das Jahrhundert
der Ressourcenerschöpfung

Aus dem Englischen von Helmut Dierlamm

Richard Heinberg ist einer der weltweit
renommiertesten Autoren zum Thema »Peak
Oil«. In diesem Buch wendet er sich einem der
grundlegendsten Probleme der Menschheit zu –
der fast völligen Abhängigkeit von fossilen
Brennstoffen und der Erschöpfung der wichtigsten
lebensnotwendigen Ressourcen. Heinberg läßt keinen
Zweifel daran, daß es bei der Lösung dieser Probleme
um Sein oder Nichtsein der Menschheit geht. Seine
Diagnosen und seine Vorschläge erschüttern unsere
gewohnte Lebensform, die darauf beruht, daß
alles jederzeit für jedermann in beliebiger Menge
möglichst billig verfügbar ist.
Ohne grundlegende Wende im Denken und Handeln,
die auch schmerzhafte Einschnitte und Verzicht
einschließt, kann es keine Zukunft geben.

»Der Gipfel ist überschritten.
Finden wir uns damit ab und gehen
wir an die Arbeit.«
Richard Heinberg

228 Seiten, 23 x 15 cm, Klappenbroschur
ISBN 978-3-937801-88-9

www.manuscriptum.de

AUS DER EDITION SONDERWEGE

Kenneth Minogue
DIE DEMOKRATISCHE SKLAVENMENTALITÄT
Wie der Überstaat die Alltagsmoral zerstört

Mit einem Vorwort von Barry Maley
Aus dem Englischen von Siegfried Kohlhammer

Die Politik dringt immer tiefer in das Privatleben ein.
Der Wohlfahrtsstaat entmündigt den Bürger.
Dieser soll sein Leben nicht mehr in die eigene
Hand nehmen, aber bei der Lösung von
Menschheitsproblemen mithelfen. Die Folge:
Hedonismus tritt neben Größenwahn.
Abhängige treten als Eiferer auf.
Die Demokratie zerstört sich selbst.

»*Das demokratische Telos führt direkt zur
Untergrabung jeder wahren Demokratie. Die
Menschen werden von der Verfassung für weise und
von der Regierung für käuflich und dumm erklärt.
Eine bemerkenswerte Situation.*«
Kenneth Minogue

458 Seiten, 12 x 19 cm, geb., Leinen
mit Schutzumschlag und Leseband
ISBN 978-3-937801-74-2

www.manuscriptum.de

AUS DER EDITION SONDERWEGE

Bernhard Lassahn
FRAU OHNE WELT

Band 1:
»Der Krieg gegen den Mann«

Wir erleben die Frauenquote und die Sexismus-
Vorwürfe, den ewigen Streit um Abtreibung,
Scheidung, Sorgerecht und Unterhalt: Eine tiefe
Unversöhnlichkeit ist zwischen die Geschlechter
gekommen. Die Frau hat freie Bahn auf dem
Arbeitsmarkt, und für ihre Trennung vom Mann
wird sie noch belohnt. Sie genießt Straffreiheit bei
Abtreibung und Schuldfreiheit bei Scheidung. Als
Alleinerziehende darf sie sich vom Mann oder vom
Staat aushalten lassen. Zwar finanzieren auch den
Staat vor allem die Männer, aber das braucht die
ferne Frau nicht mehr zur Kenntnis zu nehmen.
Sie wird »Frau ohne Welt« ...

»Es gibt ein Leben nach dem Feminismus.
Und dieses Leben beginnt mit der Liebe.
Denn mit der Liebe beginnt die Zukunft.«
Bernhard Lassahn

176 Seiten, 12 x 18,5 cm, Klappenbroschur
ISBN 978-3-937801-80-3

www.manuscriptum.de

AUS DER EDITION SONDERWEGE

Frank Böckelmann
JARGON DER WELTOFFENHEIT
Was sind unsere Werte
noch wert?

Eine politische Linke gibt es nicht mehr.
Als historisch eigenständige Kraft ist sie längst
verschwunden. Unsere wohlklingenden Forderungen
wie »Selbstverwirklichung«, »Authentizität«,
»Emanzipation«, »Gleichberechtigung« und
»Vielfalt« sind alles andere als links. Sie verhindern
eben das, was sie versprechen: Begegnung,
Entschiedenheit, Verwirklichung, Individualität,
Welthaltigkeit, Anwesenheit, Gemeinsamkeit. Sie
leiten uns in ein Dasein ohne Herkunft, Heimat,
Nachkommenschaft und Transzendenz.

» Wer sich als ›links‹ tauft, kündigt an,
noch hartnäckiger fordern zu wollen, was alle
anderen ebenfalls fordern.«
Frank Böckelmann

136 Seiten, 12 x 18,5 cm, Klappenbroschur
ISBN 978-3-937801-96-4

www.manuscriptum.de

Lichtschlag in der Edition Sonderwege
© Manuscriptum Verlagsbuchhandlung
Thomas Hoof KG · Waltrop und Leipzig 2014

Satz: Graphische Konzepte, Mettmann. Gesetzt aus Arno Pro
Umschlag: Frank Ortmann, freies grafikdesign, Berlin
Druck und Bindung: CPI books, Ebner & Spiegel GmbH, Ulm

Printed in Germany
ISBN 978-3-944872-06-3

www.manuscriptum.de